人与船
MAN AND CRUISES

涂山 著

江苏凤凰美术出版社

序一

一代人有一代人的使命。在80年代，中国船舶工业响应邓小平"推船出海"的号召融入国际竞争时，谁也没有想到中国会在30年之后成为世界最大的造船国家。10年前，当中国造船业开始探索建造邮轮时，谁也没有想到摘取船舶工业这颗皇冠上明珠的道路会如此充满挑战。

我们这一代人经历了从"文革"到改革开放的全部历史，从"东方红"绕地飞行到"天宫号"太空行走，从"中国天眼"凝望苍穹到"奋斗者号"坐底深海，我们总相信人是要有一些精神的。设计建造出中国第一艘大型邮轮，就是我们这一代造船人理所当然的历史使命。

邮轮是先进制造业和高端服务业融合的载体，是一个国家综合工业实力的集中展示，更是一个民族走向自信、自强，从而充分展示其美学和生活方式的标志。在投身中国邮轮工程期间，特别是经历了世纪疫情以来，我始终在思考：邮轮对于当代中国来说到底意味着什么？

邮轮是世界的，它是海上乐园，体现着不分肤色、不分种族、不分性别也不分年龄的人类对精彩生活的共同向往。作为现代工业体系的产物，不管是中国还是欧洲建造的邮轮，都符合同一套技术标准体系，都共享着全球互连的供应链网络，也都传递着类似的感情色彩。

中国红、阳光黄、大地绿、星海蓝是国产品牌爱达邮轮的基色，恰如"热情""关爱""活力""创想"是人类共同情感的演绎。

但邮轮又是民族的，是多样的，是美美与共但更是各美其美的。嘉年华品牌是美国式的狂欢，歌诗达品牌是意大利的海上风情，冠达品牌有着英国皇家的血统。邮轮是空间的载体，空间是审美与生活方式的最直观展示。什么是中国的美学与生活方式？我没有清晰的答案，但也许与西方的最大差别在于更加贴近自然、更加满足大众需求，从长远看也许这种生活方式更有戏。可能这也是中国式现代化的应有之义吧。

邮轮强调游客的消费体验，注重人与环境的有机融合，这是它区别于普通商船最显著的特征。这种理念透过设计师的笔尖注入到邮轮的布局之中。然而我国的邮轮设计才刚起步，概念设计还未成熟。涂山教授是引领建筑美学设计和邮轮水上环境领域的先锋，他的新作《人与船》通过构建中国邮轮的用户画像、归纳中国邮轮的设计风格，为中国邮轮的概念设计提供了有益的借鉴，为美学体验打开了全新的视角。

我们期待着看到中国式的邮轮，看到它满载着欢乐的人们驶向蔚蓝的大海。

杨国兵

中船邮轮科技发展有限公司党委书记、董事长
中国旅游车船协会邮轮游船游艇分会会长
2022年12月8日

序二

李安的电影《少年派的奇幻漂流》是根据一个真实的故事改编的，该作品不仅超越了他以往的一些作品，而且也已经超越生活，进入信仰的层面。我一直在思考这部电影给我留下的悬念，特别是其中关于人和船的关系。

船有两面性，是介于水和陆地之间的物品。船的双重属性在很多细节里表现出来：一方面，它既坚实又不稳定，给人绝望与希望并存的感觉；另一方面，它既有自由的属性，但身处海洋的环境，它又有自己的困顿。船是漂浮的陆地，它有一个演变的过程，比如说羊皮囊筏，这是我们身处河流文化时的一种渡河工具，后来又出现竹筏、木筏，再后来出现了舟、船。其实，这完全来源于感性，它不是因为浮力，而是要减轻自重的问题。

形态的出现可能源于两方面原因，人的感觉是一个很重要的组成，另一方面是认识，也就是对规律的把握和对真理的认识。在生命从海洋进化而来的过程中，人类远离了水，水从孕育它的母体环境变成了一个既可爱又可怕的东西，因为水会对它的生命产生威胁。由此，船对人的意义在某种程度上便跟进化有关。在海洋这个空旷的环境里，人的心理需要有一个庇护的空间。

船上的生活绝对是另一种体验，船上人会有一种自主的组织行为，很快构建出一个社会的基本结构，在特殊的时候甚至能很快地催生出一种制度和机制。船和人的社会属性的关系，对人的意义很大。

在 2012 年之前，世界上曾经普遍存在着一种恐慌的情绪，这跟一部叫《2012》的电影有关系。《2012》里讲述了一个现代的方舟的救赎行动，这原是《创世纪》里的一个故事，但后续更有意思的是围绕这个方舟进行了一系列的考古行动。电影《2012》给我们再现了那个过程，假想了一次不可能存在的洪水场景，直升飞机吊着长颈鹿、大象在向方舟进发，这场面是非常震撼的。船是漂浮的陆地，船对人类有着特殊的意义，所以当人遭受水害时，它是重生的彼岸。船在这时候总能给人带来希望、庇护和安全感。当我们整个种群受到威胁的时候，船就是一种拯救。

苏 丹

中国工艺美术馆副馆长
中国建筑师协会室内建筑师分会会长
2022 年 10 月

成书之际，父亲涂光祉与世长辞，感谢父亲对我的教育，并以此书纪念他及他有关生命尊严和意义的教诲。

前 言

今天，在上海外高桥造船有限公司举行了中国第二艘大型国产邮轮第一块船体钢板切割仪式，启动了第二条国产邮轮的建设。这标志着中国船舶工业已迈入了"双轮"建造时代。

我国的邮轮产业，特别是邮轮制造刚刚起步，邮轮设计制造技术显得尤为重要。邮轮制造作为一种纯粹的技术，采取"引进、消化、吸收"的方式来处理是行之有效的。了解邮轮的船舶技术对于邮轮消费者来说只是一种隐形存在和必要条件，现代邮轮实际上是一种文化创新产品，其文化生产技术、模式是否同样能通过"引进、消化、吸收"的方式进行，是非常值得探讨的问题。在全球化语境下，邮轮上主要装载的是西方发达国家，尤其是美国的消费文化产品，能够在一定程度上吸引中国乘客登船成行，但同时也产生了一些问题和有趣的现象。理清这些问题，揭示现象背后的本质，是本土文化内容整合创新的基础。邮轮旅游既能提供给中国游客了解外域文化的机会，同时也能使中国游客感到熟悉、顺畅、舒适、安全且有尊严，这需要回到中国人的需要、欲求和理想、行为活动研究，也就是人和船的关系的原点上来进行思考。

本书是对始于2017年的清华大学邮轮研究课题小组的调研的总结和归纳——包括对部署在中国及东亚运行的邮轮的设计、制造、运营及相关文献的收集整理，针对邮轮乘客的问卷、访谈、行为观察、网络评论的研究和聚类分析的总结，以及通过必要的工具建构的中国邮轮用户画像。本书第一至第五章，结合对主要的邮轮公司、在中国运行的邮轮及乘客进行的调研展开相关专题；第六、七章结合对"邮轮上的饮食"以及"邮轮和康养"两个专题讨论，记录这几年来课题组的相关会议及工作坊的内容；第八章则对中国邮轮产业进行了分析和展望。作者的碎片化的写作通过专题将调研素材、案例组织起来，和碎片化阅读相适应，相关章节虽有关联，但各自独立，读者可以根据兴趣进行检索式阅读，各取所需。附录的内容是对清华大学邮轮课题组的一手调研资料数据的简单汇总，也是本书的基础，内容包括：邮轮乘客问卷及分析、中国邮轮用户标签以及近期下水的大型邮轮空间配比数据研究统计，作为基础资料供读者参考。

涂　山

2022年8月于学清园

目 录

1　第一章　"鹰计划"
- 2　　不像船的邮轮
- 10　　翻转极限
- 16　　"海洋光谱号"调研

21　第二章　邮轮和福特主义
- 22　　福特式生产邮轮？
- 31　　品牌的标准化
- 38　　"威尼斯号"调研

41　第三章　"Cruising Italian Style"
- 42　　起源和流转
- 48　　不同的叙事
- 54　　"赛琳娜号"/"辉煌号"调研

69　第四章　大妈"吃"跑了"喜悦号"吗？
- 70　　二次消费
- 80　　通过教育培育消费
- 84　　"喜悦号"调研

91　第五章　邮轮上的行为经济学
- 92　　"不确定获得奖赏"
- 98　　选择和触发
- 104　　"海洋量子号"/"世界梦号"调研

117　第六章　混合的餐饮文化
- 118　麦当劳化的邮轮餐饮
- 120　融合餐饮文化和第三空间
- 130　餐饮研讨会暨工作坊

141　第七章　移动的养老院
- 142　邮轮和老年人
- 148　老龄化生活方式更新
- 152　老龄化生活方式研讨会暨工作坊

161　第八章　全球视野和本土智慧
- 162　美国消费／欧洲制造
- 167　引进、消化、吸收
- 172　基于环境的体验设计

附　录
- 177　2018-2019 年中国邮轮乘客问卷调研
- 197　2019 年中国邮轮游客用户画像
- 202　2012-2018 年下水的大型邮轮空间配比数据研究
- 206　邮轮中英文名称对照

208　**参考文献**
214　**索　引**
217　**感　谢**

第一章
"鹰计划"

"1970年,我们怀揣着一个共同的目标——改变世界游轮旅行的方式,开始了一段航海旅程……但规模和吨位并不足以成为我们的标志……真正让我们脱颖而出的是对游轮体验的变革。" https://www.rcclchina.com.cn/content/brand/story

不像船的邮轮

　　1807 年，世界上第一条商用的汽船"克莱蒙梭"号蒸汽船于在美国哈德逊河投入运行，比于 1830 年在利物浦和曼彻斯特之间商用蒸汽火车的运行早了二十多年。虽然蒸汽船比蒸汽火车更早投入使用，但随后煤炭、钢铁和蒸汽机和火车的应用发展结合更为迅速和直接，煤矿和钢铁产业相辅相成，铁轨、轨道转接器、蒸汽机车和车厢结合的各种全新技术的诞生进一步推动了铁路系统迅猛地发展，最后反过来助推跨洋汽船的发展。

　　"克莱蒙梭"号蒸汽船投入使用后的二十多年里，汽船主要在内河和近海运行，人们普遍的认识是在搭载了蒸汽机以及旅程所需的燃煤后，船的容积不可能再有提供给人和货物的空间，也就否定了蒸汽船跨洋长途航行的方案。正因为如此 19 世纪 30 年代，英国工程师布鲁内尔提出的通过跨大西洋汽船将英国铁路延伸到纽约方案完全超出了民众的想象。最终布鲁内尔的方案获得了大西部铁路公司的支持，建成了第一艘跨过大西洋的"大西方号"汽船。这艘木质船身的蒸汽帆船，采用蒸汽机驱动明轮推进的，长 72 米，有 2300 吨排水量。"大西方号"于 1837 年 7 月从英国布里斯托启程驶往美国纽约，第一次航行就赢得了"蓝绶带"奖（根据传统，蓝色绶带会授予最快跨越大西洋的客轮），是当时世界上最大和最快的船。

　　"大西方号"的除了由蒸汽机提供动力以外，还是按照传统的帆船的布局装了 4 个桅杆及配套的帆具，在风力条件合适的情况下，更多用帆驱动船行驶。① 蒸汽机实际上是风帆动力的一个补充，在海上无风或者微风的情况下，才通过蒸汽机驱动明轮保证船的持续行驶速度；同时由于不需要携带行驶全程的煤量，也间接提供了更多空间供人使用或装载货物，提升了运营的经济性。在大航海时代的多桅帆船上加装蒸汽机、明轮和后来替代明轮的螺旋桨成为一种复合多

布鲁内尔

种动力过渡船型。在多桅帆船的桅杆和白帆之间，能看到一个或两个黑色的，偶尔还会冒出黑烟的铁皮烟囱，成为古典的帆船式样向汽船过渡时期的重要视觉特征，在新的驱动形式下，汽船开始越来越不像传统的"船"（帆船）。

　　布鲁内尔的"大西方号"能够成立建立在规模法则研究之上。他发现船的载货量会随着轮船的尺寸增加，按照立方倍数增长，而船在水中行驶所需的推进力则会按照船体横截面积，以平方倍数的方式增长。这样承载量的立方增长，比推进力的平方增长要多，只要将船造得足够大，就一定能满足燃料和运载货物的双重需求。简单说来，需克服的阻力每增加 1 倍，船只的载货量便会增加 1.15 倍。②

---

① 对比今天在可持续发展条件下，不少安装辅助风帆的货轮，这是一种有意思的技术轮回现象。

② 根据 2/3 次幂规模法则推导。

布鲁内尔后续又设计的 17000 吨排水量的创纪录的"大东方"号（这个记录保持了 40 多年），大东方号和传统意义上的"船"（帆船）有更大的不同，铆接铁板船体的大东方号在 1858 年建造完成后甚至下水都遭遇了困难。由于太重，在解除船台上的固定物后船纹丝不动，没能滑入水中，尴尬地留在原地，更像是一座陆地上的巨型的钢铁建筑。

小小的入水失败当然不能阻挡船蒸汽机时代邮轮大型化的进程，同等功率下的一台大的蒸汽机要比多台小的蒸汽机效率更高，"由于蒸汽机的特性，规模成了效率的象征。受到蒸汽机制约的工艺流程让工业巨头接受了集中化和巨型化，不仅如此，他们还变得迷信规模，相信巨型化就是进步的标志。大蒸汽机，大工厂，大农场，大鼓风炉；人们认为效率与规模成正比，更大意味着更好。"【1】效率助长了邮轮变大的趋势，初始的目的是为了装载足够的燃料并兼顾运送的人和货物空间，通过 2/3 次幂规模法则带来更多乘客数承载量的同时，让单位能源、食品供给以及人工成本下降，从边际效应出发，更多地获益增加了邮轮公司的市场竞争力。

上世纪初，英国和德国的邮轮公司纷纷推出更大型，更高巡航速度的邮轮的同时，又开始开始了在邮轮空间舒适度和配套服务上的竞争。"泰坦尼克"号就是这一时期的代表，为了应对英国白星邮轮和冠达邮轮竞争。她全长约 269.06 米，宽 28.19 米，龙骨到舰桥的总高度为 32 米，注册吨位 46328 吨，排水量达到了规模空前的 52310 吨，主机功率 46000 马力，并创新性地安装了三副螺旋桨，由。"泰坦尼克"号更大容积实现了三种舱室的分级，各自拥有不同的餐饮、娱乐配套。同时头等舱区域更拥有奢华和堪称空前完善的配套，包括室内游泳池、健身房、土耳其浴室、图书馆、电梯和壁球室，几乎是将当时陆地上高级酒店的空间功能和服务直接移植到船上。邮轮的船体之上有了更多层的上层建筑，甚至柯布西耶将邮轮比拟当时现代主义建筑发展可以借鉴的方向，邮轮的外观呈现为一种更接近建筑的形式。

20 世纪 60 年代开始邮轮的跨洋交通地位逐渐被喷气飞机取代，邮轮在这十年间被迫转型。不过危机也同时是机遇，这一时期诞生了新一批以巡游服务为目标的邮轮公司，今天在全球运行的主力邮轮公司都诞生在这个时代。转型后邮轮吨位大幅度地缩减，设计得更像小型游艇，而不像传统的大型的"邮轮"，如皇家加勒比公司的第一艘邮轮"挪威之歌"号和随后的"北欧王子"号、"太阳海盗"号，都在 1.85 万吨排水量左右，比之前的动则 6、7 万吨的班轮小得多，甚至也只是世纪初的"泰坦尼克"号的三分之一。"挪威之歌"号体量虽小，但成功定义了这种基于放松、脱离日常的密集的时空压缩式的现代邮轮巡游方式，成了新的游戏规则的标志，在加勒比海巡游的邮轮成为了"美国梦"的载体之一。

到了 1995 年，皇家加勒比公司开始了一项名叫"鹰计划"的市场调研。研究的出发点是为了吸引从未登上过邮轮的美国人参与邮轮旅游。不过调研有一项令人惊讶的结论：美国人民想要的是一艘不像船的邮轮。正是根据这个调研结果，皇家加勒比公司的制定了把船造得更大的战略方向，通过更大的空间容纳更多的内容，提供和陆地上同样多样和丰富的休闲体

大东方号

"鹰计划"

验。这个周期皇家加勒比公司的邮轮体量又开始迅速膨胀，打破常规邮轮的结构限定，创造了新的空间组织方式。扩大了的空间和体积的邮轮更像一个放大版的商业综合体，转而服务于以提供"满"和"多"为特征的消费文化功能。

海洋航行者号
@Royal Caribbean International

"海洋航行者号"可以舒适地搭载 3,840 名乘客和 1,180 名乘务人员，乘客数是"挪威之歌号"（870 名乘客）的 4 倍多，同时，"海洋航海者号"可以装载更多的餐饮和娱乐空间，如第一个海上攀岩墙和第一个海上溜冰场等。如今，"海洋航海者号"还在持续地进行改造，2014 年 10 月在游泳池附近安装户外电影屏幕，在顶层甲板安装 Flowrider 模拟冲浪器；2019 年 9 月再次改造时又增加了 72 个客舱和水滑梯。

建造商：Kvaerner Masa-Yards
长度：311 米
舷宽：38.4 米
乘客：3,138
总吨：137,276

海洋航行者号皇家大道（内街）的剖视图

皇家加勒比"海洋航行者号"在4至6层的公共区域沿着船的中轴线布置了所谓的"皇家大道"，通过这个内街组织各类型的公众空间，形成了接近美国MALL的布局，丰富了邮轮的空间感受。这个空间格局成为皇家加勒比邮轮的一个重要的空间特征，在后续的"绿洲"级邮轮上衍生出内街和花园，形成一内一外的两个不同的线性空间。

2009年，皇家加勒比邮轮公司"海洋绿洲号"下水首航，这条船比"海洋航海者号"大了9万总吨有余。"海洋绿洲号"宽47.5米，上层建筑最宽处为60.7米，这意味着船舷两边在船体之上各挑出近7米，是迄今为止最宽的邮轮。"绿洲"级邮轮最大的特色是由10,000多株真实植物组成的中央公园。"绿洲"级邮轮船体的加宽比加长对邮轮的设计产生了更为巨大的革命性影响。"海洋绿洲号"被分为七个不同的街区，包括中央公园、百达汇欢乐城、皇家大道、游泳池和运动区、活力海上水疗和健身中心、娱乐世界和青少年活动区。中央公园的引入对空间组织和七个区域的划分和连接起到了关键的作用。船体的上层建筑被中央公园分开成两行平行的体量，创造出开放的内部围合空间。原来的内舱房变成了拥有朝向内部阳台和窗户的房间，这不仅提供了更为丰富的空间感受，也提升了乘客的乘船体验。邮轮还配备了网球场、游泳池、迷你高尔夫球场、慢跑跑道、健身房、水疗馆、电影院、赌场、商店、舞厅等功能多样的空间，外在设计也是密集拼贴各种形式，利用了丰富混杂的视觉、听觉、嗅觉信息，将游客带入场景，形成丰富的船内体验，可以不间断地为用户提供各种增值服务。邮轮可搭载数千位游客，加上船员及服务人员近万人，几乎就是一座海上城市。

2011年10月15日，上海宝山吴淞口的上海国际邮轮港投入使用。第二年，皇家加勒比公司迅速将母港从国客中心迁移到吴淞口，通过更换更大吨位的邮轮加大力度开展中国市场的运营，派出了13.73万总吨[1]的"海洋航行者号"，开启了以上海为母港的中国行程。"海洋航行者"在1999年下水时是当时世界上最大的邮轮，比首航中国的梦幻级船型"海洋迎风号"增加了近6万总吨，也超过同期下水的之前世界上最大的"至尊公主号"近2.9万总吨，总吨是皇家加勒比公司第一条邮轮"挪威之歌号"邮轮的7倍多。

2015年，皇家加勒比邮轮公司加大对中国市场的投入，将全新制造、科技含量极高的邮轮"海洋量子号""海洋赞礼号"引入中国，将中国邮轮市场推入"新船时代"。相比之下，虽然16.8万总吨的量子级出品更晚，但总吨位比绿洲级明显小了不少。2014年10月28日下水的首制船"海洋量子号"由德国迈尔船厂交付，仅运行了新泽西州巴约纳市的自由角邮轮港到巴哈马的一个行程，就开启了一个53天的环球东移。2015年6月，它开始执行上海到韩国和日本的行程。2016年，另一艘量子级"海洋赞礼号"北移母港到天津滨海国际邮轮港继续运营，直至2019年底新冠疫情暴发。经历2017年韩国萨德事件后，2019年，皇家加勒比公司又将装载了大量为中国市场定制的空间及装置的升级版量子+级的"海洋光谱号"布局到上海。

2016年5月25日，皇家加勒比集团与STX France（现名大西洋船厂Chantiers de l'Atlantique）签署了一份谅解备忘录，约定将在2021年春季交付第五艘绿洲级船舶，这就是准备进一步投入中国及东亚邮轮市场的"海洋奇迹号"。

蒸汽机时代的邮轮，扩大规模不仅能容纳更多的煤及蒸汽机需要的锅炉，以便航行得更远，而且也能够同时容纳更多的乘客及货物，来保持邮轮运行的经济性。粗壮的烟囱、更大的体积、更多层上层建筑使得邮轮变得和大航海时代的"船"完全不同，自然被认为和传统的"船"——帆船不一样。在"泰坦尼克号"之后的邮轮发展时期，蒸汽时代以功能强大的机器美学为标志的形象日益缩减、消退（如成排的冒着黑烟的烟囱等），机器不再需要更多空间，需要的空间被缩减。非船舶功能性的内容逐渐占据了主要的空间（如占满了船舷的海景舱室）。有时甚至感受不到正在乘坐一艘航行的邮轮，邮轮无论从功能、内在的空间、外在的形象都不再和更早的邮轮相近，它从外观到内部更像是一座移动的巨型建筑综合体，成为富裕和丰满的消费社会的一个缩影。

[1] 总吨（GT）是空间容积单位，不是重量单位，如排水量的吨位；表示船舶内及甲板上所有围壁空间的容积总和。1总吨相当于2.83立方米。

水上剧场
@Royal Caribbean International

○ 未乘坐过邮轮的被试者对邮轮娱乐的期待除了环境和氛围之外，最主要的就是项目的多寡和有无特色。

○ 实际上，乘客对邮轮娱乐最满意的也是环境和氛围，乘坐过邮轮的被试人群最满意的是特色表演、剧院活动以及水上娱乐和泳池，这些也正是邮轮最有特色的传统项目；最不满意的是项目丰富程度和收费情况。拥有承担更多项目的能力是大型邮轮的主要特点。

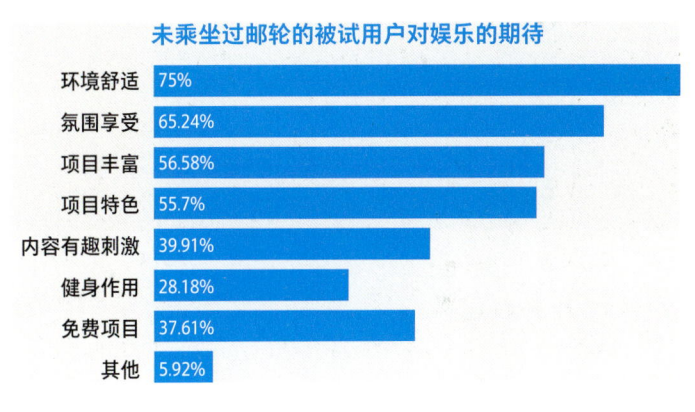

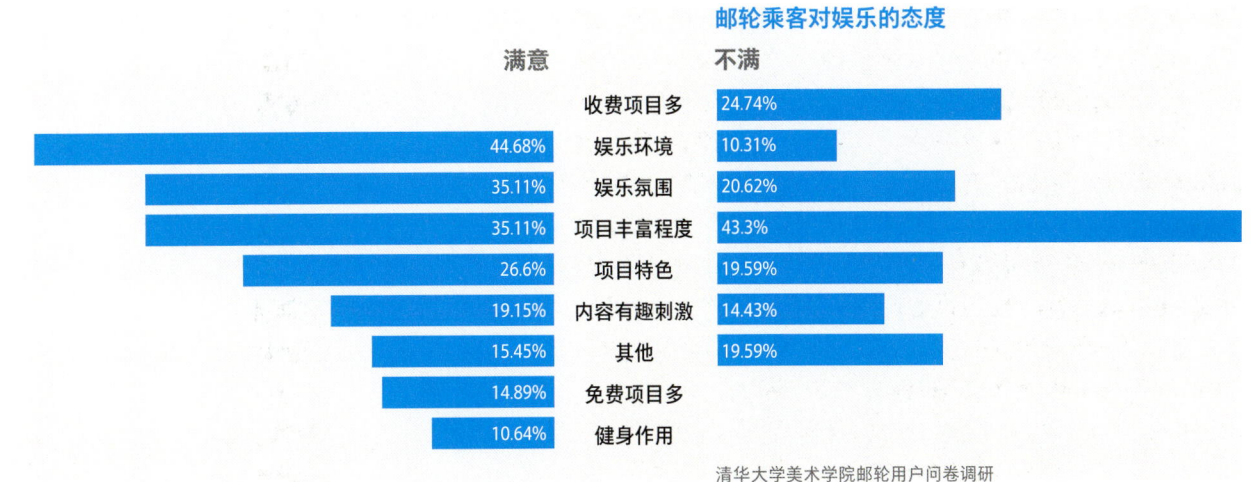

未乘坐过邮轮的被试用户对娱乐的期待

项目	比例
环境舒适	75%
氛围享受	65.24%
项目丰富	56.58%
项目特色	55.7%
内容有趣刺激	39.91%
健身作用	28.18%
免费项目	37.61%
其他	5.92%

邮轮乘客对娱乐的态度

满意	项目	不满
44.68%	收费项目多	24.74%
35.11%	娱乐环境	10.31%
35.11%	娱乐氛围	20.62%
26.6%	项目丰富程度	43.3%
19.15%	项目特色	19.59%
15.45%	内容有趣刺激	14.43%
14.89%	其他	19.59%
10.64%	免费项目多	
	健身作用	

清华大学美术学院邮轮用户问卷调研

不同品牌最大的邮轮数据统计

船名	海洋奇迹号 WONDER OF THE SEA	MSC 世界级－欧洲号 MSC WORLD EUROPA	COSTA 斯梅拉达号 COSTA SMERALDA
邮轮公司	Royal Caribbean	MSC	Costa
总吨位	230,000	205,700	182,700
长度	362 米	330 米	337 米
宽度	42 米	47 米	42 米
吃水深度	9.1 米	9.15 米	8.6 米
最大速度	24.7 节	21.8 节	21.5 节
下水时间	2022 年	2022 年	2019 年
乘客容量	5734（6988）*	5240（6774）	5224（6554）
船员	2300 人	2126 人	1646 人
驱动能源	重油＋柴油	LNG	LNG
总客房数	2867 间	2632 间	2612 间

@ 表格数据整理自邮轮公司官网

* 括号内是最大乘客容量

海洋奇迹号

@Sebastien Salom-Gomis/AFP

"海洋奇迹号"总吨位 236,857 吨，设有 2,867 间舱室，最多可容纳 6,988 名乘客和 2,300 名船员。它不仅是皇家加勒比公司"绿洲"级邮轮中最大的，也是世界上最大的邮轮。船上的餐饮娱乐选择繁多，有 20 多家餐厅、40 多家酒吧、休息室、商店、1400 个座位的剧院、20 多个游泳池、电影院、运动场及游乐园，包括儿童水上乐园、儿童游乐场、有 30 英尺（9.1 m）高跳台的室外水剧场、全尺寸篮球场、溜冰场、冲浪模拟器、10 层高的速降滑索和两个 43 英尺（13 m）的攀岩墙。2020 年 8 月，由于 COVID-19 的大流行，皇家加勒比公司宣布将该船的交付推迟到 2022 年。2021 年 12 月，皇家加勒比公司宣布，美国当地时间 3 月 4 日，皇家加勒比公司旗下最新交付的游轮"海洋奇迹号"在美国佛罗里达州罗德岱堡开启盛大首航。

不像船的邮轮

凤凰城号
@KNUD E. HANSEN

1983 年丹麦 Knud E. Hansen 公司为挪威 Kloster 集团设计的长 380 米、宽 77 米、可容纳 5200 名乘客的"凤凰城号"邮轮非常有特色。其上层建筑分为三个独立的部分，建筑通过船体的三层公共空间连接，船体上层建筑部分通过外挑形成了更为宽阔的加宽公共空间层，能让人拥有丰富的空间感受。三个独立的上层建筑更像是建在船体上的独立建筑物，它们之间则更接近有限定的城市外部公共空间。

翻转极限

2008年皇家加勒比公司派遣"海洋迎风号"（Rhapsody of the seas）首航上海，不料由于黄浦江上杨浦大桥的通行高度限制，邮轮无法进入上海市区靠泊国际客运中心邮轮码头，留下了首航的遗憾。到了2009年，皇家加勒比公司船队精心选派了当时船队里吨位最小的邮轮再次到访上海，利用黄浦江落潮时的潮差，邮轮才有惊无险地停靠上了国际客运中心码头，完成了夙愿。邮轮体量虽然不会受限于广袤无际的大海，但显然会受到交通配套设施的承受能力的限制。

"海洋迎风号"在拖轮控制下出港离开威尼斯

皇家加勒比公司之所以选定2008年试水中国市场，是为了赶上中国第一个邮轮专属码头开张的良辰吉日。然而，没有人想到的是"海洋迎风号"居然会出师不利，被拦在了杨浦大桥之外！

"海洋迎风号"是皇家加勒比船队中总吨最小的邮轮，但从吃水线到烟囱的高度已达53米，根本无法通过杨浦大桥。无奈之下，这艘巨轮只能停靠在吴淞口附近的外高桥货柜码头。游客需要乘坐1.5个小时的大巴，从繁华市区驶到建筑稀落的外高桥，穿过集装箱的堆场，迎着江面的大风，才能登上停泊在江边的"海上迎风号"。虽然这条船耀眼目又华美，却与周边简陋的环境格格不入。"【2】

皇家加勒比公司因为邮轮吨位和体量而带来的困扰并非仅此一次。由于太平洋和大西洋的水位高差，加之巴拿马运河还没有船闸，国际上把能够通行巴拿马运河船闸的船型就称为"巴拿马（Panamax）船型"。皇家加勒比22万吨级的超大型邮轮"海上绿洲号"是根据当时新规划的更大的巴拿马（Panamax）船闸通航尺寸超前设计的，2009年下水的"海上绿洲号"一直限于长度和宽度超过了原有巴拿马运河船闸的通行尺寸无法通行巴拿马运河。直到2016年6月巴拿马运河的新船闸投入使用后，"海洋绿洲号"邮轮才不必绕行遥远的合恩角及好望角，实现了快捷的跨洋部署。为了在大洋之间快速通行，满足苏伊士和巴拿马运河的通行条件对邮轮的重要性不言而喻。

伴随规模扩大而出现的系统性"附加值"奖励被经济学家和社会学家称作"规模收益递增"，而"规模缩放在大型人类工程和机器（如建筑物、桥梁、轮船、飞机和计算机）的设计中扮演着关键的角色，如何以一种高效、节约成本的方式由小推大也是一个持续性的挑战"【3】，简单的"大就是力量，多即成功"的时代已经过去。海洋看似无边无际，邮轮似乎可以没有限制地自由航行，但邮轮总需要抵达目的地，靠泊码头。杨浦大桥阻隔邮轮通行之事表明，邮轮的经济性不仅和规模相关，也受限于通行能力，应该具备到访不同的码头和地点以及根据需要全球布局的能力，为此邮轮的外型和尺寸必然要受到运河和码头的通航条件和动力、流体阻力和承载力的多重制约。码头对船只的限定主要体现在航路的水深和桥梁通航限高的制约，而去往地理和经济条件各异的目的地到访港、水深、岸电以及登船条件各异的码头不可能全部满足大型、超大型邮轮的靠泊条件。

环境不仅对邮轮通行有限制，整个地球环境系统也有上限。大型邮轮体量就像一座城市，大型邮轮产生的污染物也同样可以比拟一座城市。大型化的邮轮虽然在按乘客人头计算时更为经济，但环境排放总量依然在大幅增加，行驶一天会燃烧数百吨的柴油和重油产生大量的温室气体。今天的邮轮运行在一个"满"的世界里，环境对人类活动的排放承载已接近极限。根据薇罗妮卡·艾林（VeronikaEyring）博士的研究的SCIAMACHY[①]数据来看，"推动着全世界成千上万客货船的发动机每年产生8亿吨二氧化碳排量——接近人类全部碳排量的3%。船舶的碳排量几乎和飞机的碳排量一模一样——两者加起来接近人类全部碳排量的6%。"[②]除此之外，美国运输部曾统计过，一艘载有3000名乘客和船员的大型邮轮在一周的标准行程中，大概产生21万加仑（约95万升）的污水；100万加仑（约454万升）灰水（来自水槽、淋浴间和洗衣）；危险废物130加仑（约590升）；8吨固体废物；以及25000加仑（约1000升）的含油的压舱水【4】。2015年联合国大会第七十届会议上通过《2030年可持续发展议程》，提出人类可持续发展的17项目标。2015年12月巴黎举行《联合国气候变化框架公约》缔约方第21次会议（COP21），195个出席会议的国家都认同让"全球排放尽快达到峰值"（碳达峰），并承诺"尽快减少排放"。所有这些目标的实现，有赖于打破对全球的经济、社会和环境等自行孤立的行动，采用整合集成的方式去制定方针、政策和行动方案。联合国秘书长潘基文指出："这17项可持续发展目标是人类的共同愿景，也是世界各国领导人与各国人民之间达成的社会契约。它们既是一份造福人类和地球的行动清单，也是谋求取得成功的一幅蓝图。"

① SCIAMACHY是一种安装在ENVIronmental卫星上的光谱仪，测量紫外线，可见光和近红外线波长范围内被地球大气或表面透射，反射和散射的情况。

② 摘自《大西洋的故事》一书中有关薇罗妮卡·艾林博士的有关研究。《大西洋的故事》由西蒙·温彻斯特著，梁煜译，化学工业出版社出版。

海洋迎风号

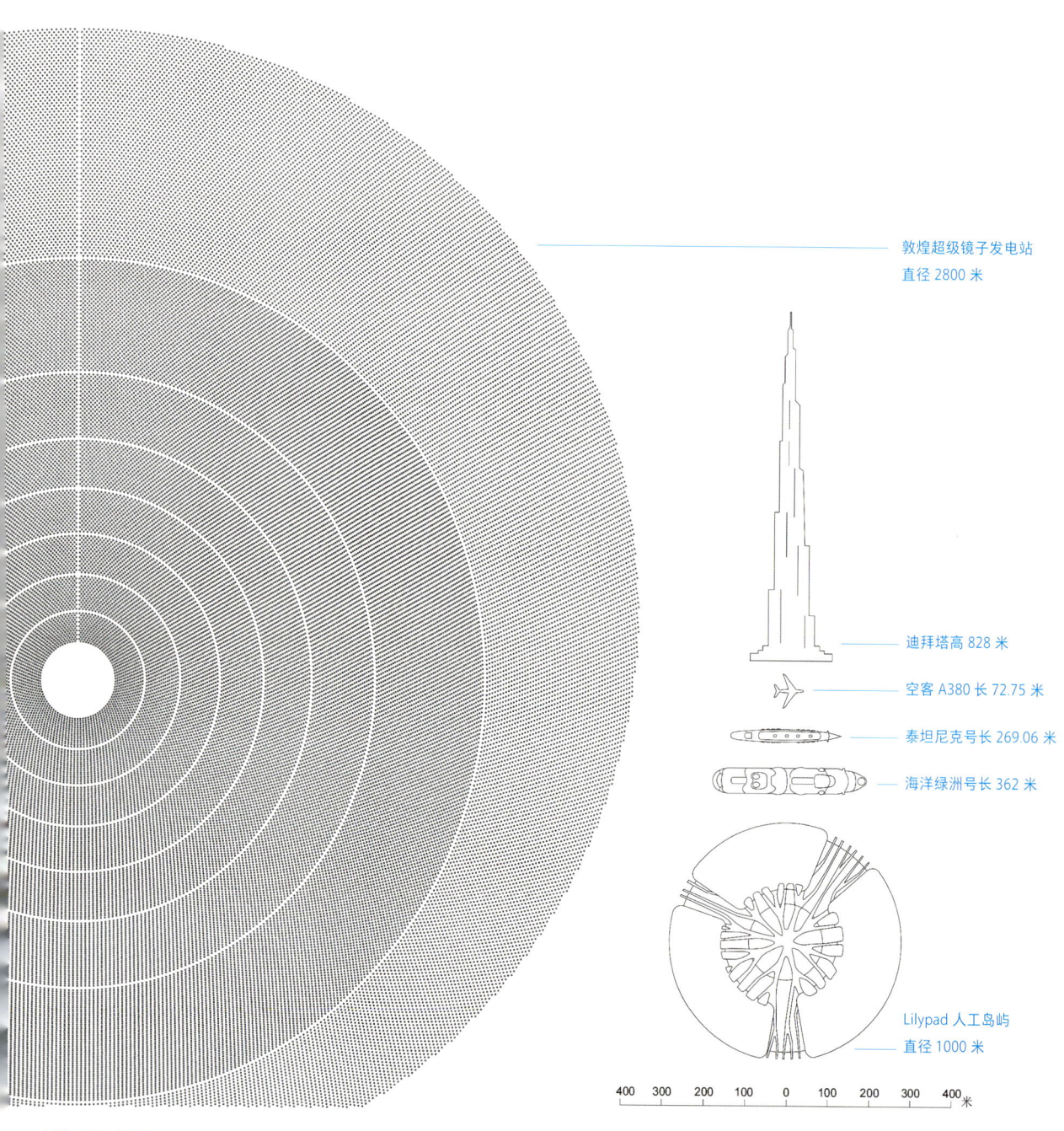

"鹰计划"

敦煌超级镜子发电站
直径 2800 米

迪拜塔高 828 米

空客 A380 长 72.75 米

泰坦尼克号长 269.06 米

海洋绿洲号长 362 米

Lilypad 人工岛屿
直径 1000 米

400 300 200 100 0 100 200 300 400 米

大型工程尺度对比

未来的气候难民的漂浮生态城市 LILYPAD
@Vincent Callebaut Architectures

法国建筑师根据联合国政府间气候变化专门委员会（GIEC）提出的气候暖化造成的本世纪末海平面上升的中位数字 70 厘米[①]，以及这给沿海低地国家及岛屿国家带来土地损失的情况，如荷兰约为 6%，孟加拉国为 17.5%，马尔代夫为 80%，设计了未来的气候难民的漂浮生态城市 Lily pad。Lily pad 漂浮在海面上，主要靠洋流移动，通过风能等可持续能源以及自身的小环境系统形成可以自持的可持续发展系统，能够承载 5 万人在此居住和生活。

[①] 国际科学界一般简单认为温度每升高 1℃将导致海水水位上升 1 米。但实际温度和海平面的关系并非线性关系。如果全球的冰架、冰川都融化，海平面将会上升 66 米。

海洋绿洲号
@Royal Caribbean International

超级镜子发电站

"海洋绿洲号"这样的大型邮轮上的发电机组可以发出 100 兆瓦的电力，和我国目前建成规模最大的甘肃省敦煌戈壁滩上的"超级镜子发电站"熔盐塔式光热电站发电能力相同，足够一个 10 万人口的城市使用。而"超级镜子发电站"内的 1.2 万多面定日镜总反射面积达 140 多万平方米，占地面积则以平方千米来计算，设计年发电量达 3.9 亿千瓦时（度），每年可减排二氧化碳 35 万吨。这个数据也可以让我们从侧面了解"海洋绿洲号"邮轮需要的能量以及其燃烧重油驱动或者发电带来的温室气体和污染物排放量。"更大、更高、更长"成了邮轮发展的主旋律，规模效应有效地降低各单位运营成本，但另一方面，只要规模在扩大，就会造成总量更大的污染和排放。

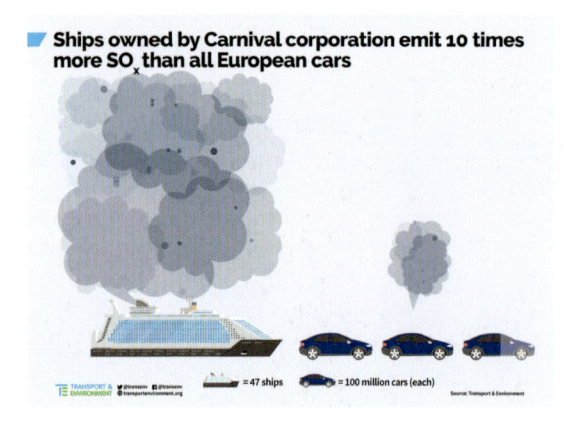

2017年，嘉年华集团的47条邮轮的硫化物排放量是全欧洲2600台小汽车的排放量的10倍[①]

"翻转极限"[②]一书提出了用"真实发展指标GPI"（Genuine Progress Indicator）替代GDP来评价经济的可持续性更为符合全人类的利益和福祉。如果采用GPI的指标，从实体、人力、社会及资源四大方面的资本投入的25项内容综合地评价各类产业，包括邮轮产业，就会发现多数产业在单纯的经济收益上可能是正的，但在GPI的评价里可能是相当高的负数，意味着该产业需要以消费地球的整体环境来换取短期的经济收益，损害了未来的环境同时也意味着未来更大的经济损失。

21世纪的航行和大航海时代甚至20世纪60年代邮轮转型时期最大的区别在于人们对世界认识的差异，我们知道地球是有限的、地球环境是一个微妙平衡的体系。成长于上世纪70年代的高速增长的时期现代邮轮，必须进行系统性的更新和换代以适应21世纪的变化，单方面计算经济增长在这个"满"的世界里已经行不通。受到这些政策和认识导向的影响，各家邮轮公司先后提出了各自的减排和可持续发展方案，遵从可持续发展战略肩负起保护环境责任，同时意识到新一代邮轮乘客也主动以一种积极的、带有环境保护意识的审美方式来参加邮轮旅游和看待外部世界。邮轮行业采取了与到访地域合作，保护文化遗产，实施技术及管理方面的创新性举措，减少邮轮旅游对

环境的影响。今天大型化邮轮不只是尺寸概念，相对邮轮大型化的规模发展，对新能源的使用和对环境友好变得更为重要。邮轮的交通班轮远航属性会进一步减弱，不强调速度，更少的移动以消减排放，同时加装更多的污染物处理和回收装置，减少空气、污水以及废固的排放，并开始着手更为清洁能源如LNG的使用；邮轮甚至回归地域化属性，相对稳定在某一特定区域内运营，成为一块漂浮的旅游目地的。随着极限的反转，今天邮轮的转型只是一个开始，随着可持续发展的观念及认知的普及，经济价值和社会发展价值权重认同的改变，邮轮必将会面临和上个世纪70年代从"班轮"到"游轮"一样的邮轮代际的更替，这也意味未来成功的邮轮产业需要主动抓住时机，迎接的挑战并将其转换为新的窗口和机遇。

实际上各家邮轮公司也都意识到了这个问题，也提出了各自的减排和可持续发展方案，或多或少地肩负起保护环境的责任。

"极限的翻转"给邮轮带来的是新一轮不像"船"的转变过程，国家对气候变化的承诺最终会变成对各类能量的消耗、获取和排放的综合系统性的核算，邮轮大小也不再是主要的指标，是否能符合可持续发展的理念更为重要，邮轮大型化的发展特别是有关能源的使用变得更加趋于环境友好和多元化，可持续发展的邮轮理念越来越普及。其中一个可能的方向是邮轮本身真正成为旅游目的地，其速度、移动性和通过性变得不那么重要，邮轮将固定在某一特定区域内慢速移动，甚至相对一段时间里不移动，从而更接近一块漂浮的人造陆地。

① 图表摘自 Faig Abbasov, Thomas Earl, Nicolas Jeanne, Bill Hemmings, Lucy Gilliam, and Carlos Calvo Ambel.One Corporation to Pollute Them All —Luxury cruise air emissions in Europe.

② 《翻转极限——生态文明的觉醒之路》一书由罗马俱乐部联合主席魏伯乐及安德斯·魏杰克曼编著，程一恒译，同济大学出版社出版。书中论述了拥挤的世界现实、指数增长不可持续以及再生能源、循环经济及全球治理的地球生态文明的解决方案。

CLASS: QUANTUM
2014
168,666GT

CLASS: OASIS
2009
225,282GT

CLASS: FREEDOM
2006
154,407GT

CLASS: RADIANCE
2001
90,090GT

CLASS: VOYAGER
1999
138,194GT

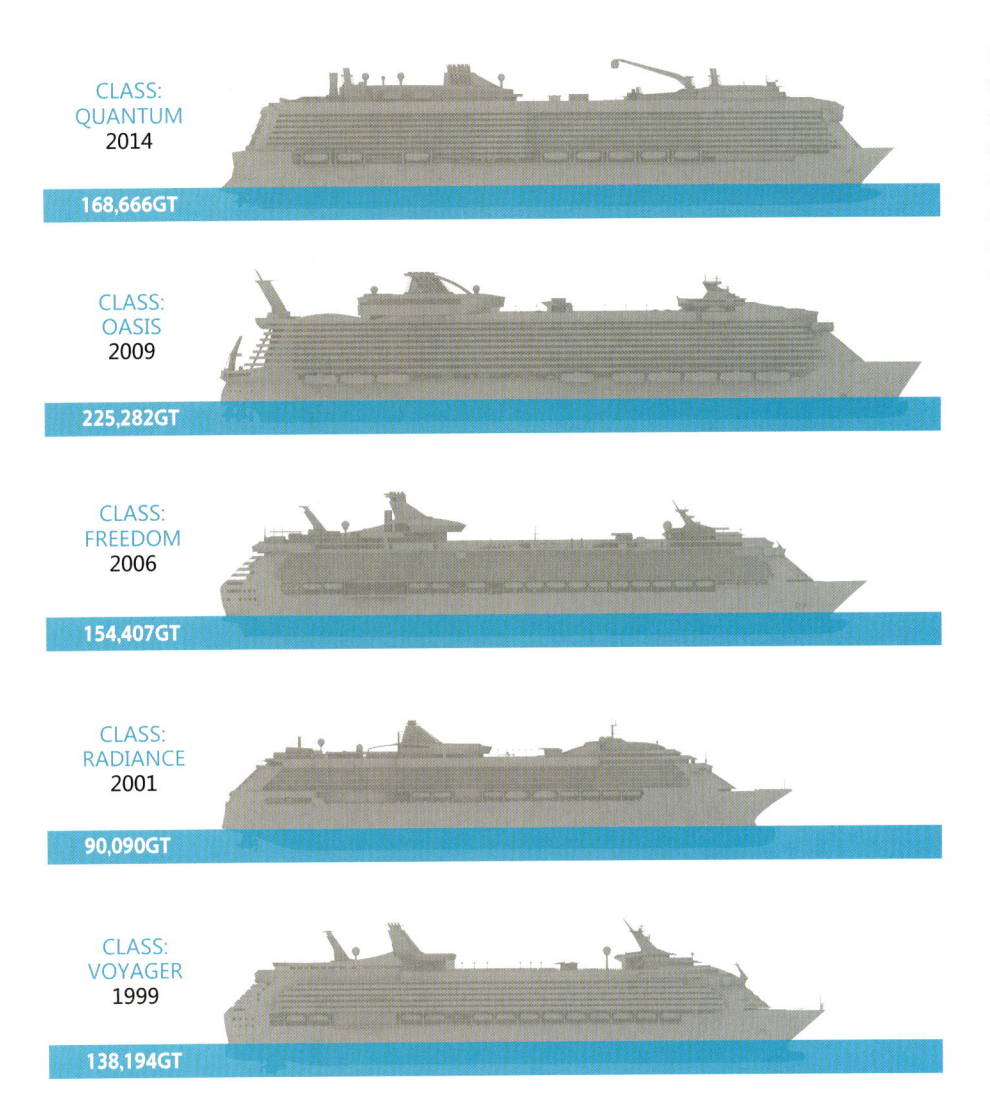

图中可见邮轮自 2000 年以来船型快速变大、之后回缩的过程，以及船型外观造型特征的保持，在"海洋量子号"之前，和烟囱造型结合的环视 360 度的皇冠酒吧的圆盘造型一直是皇家加勒比的视觉重点，而"海洋量子号"采用北极星代替这个视觉中心，同时皇冠酒吧的功能也由位于船尾的 270 度观景厅所取代。

船名	吨位	建造年份	最大载客量	航速	房间数	船级（CLASS）
Spectrum of the sea	168670 吨	2019 年	5343 人	22kn	2137 间	QUANTUM-ULTRA
Oasis of the sea	225282 吨	2009 年	6431 人	22kn	2796 间	OASIS
Freedom of the sea	154407 吨	2006 年	4829 人	22kn	2012 间	FREEDOM
Mariner of the sea	138279 吨	2003 年	4001 人	22kn	1667 间	VOYAGER
Vision of the sea	78717 吨	1998 年	2443 人	22kn	1018 间	VISION
Song of the norway	18416 吨	1968 年	724 人	20.5kn	598 间	

@ 表格内容统计自维基百科

"海洋光谱号"调研

皇家加勒比邮轮公司（RCCL）

1968年，三个挪威航运公司：Anders Wilhelmsen & Company、I.M. Skaugen & Company 和 Gotaas Larsen 创立了皇家加勒比邮轮公司（RCCL），如今已发展成全球第二大的邮轮公司。皇家加勒比邮轮公司今天的成就归功于当时的两位年轻人——亚历山大·威廉森（Arne Alexander Wilhelmsen）和埃德温 W·斯蒂芬（Edwin W. Stephan），两位创始人初期的梦想早已变成了邮轮行业的标准。在预判出航空旅行会更为普及并且价格会更为亲民的趋势之后，他们设计了通过飞行连接邮轮的旅游方式，更好地满足了美国北部及北欧地区渴望热带阳光假期的人群。他们坚信这些人群一定有不少比例的人会喜爱品质和运营良好、设施装备舒适周到的邮轮海岛休闲活动。这种需求将会使1969年原有的50万邮轮乘客用户数量增加，并改变歌诗达邮轮公司推行的"夏季跨洋班轮／冬季加勒比巡游"的运营模式。皇家加勒比公司正是在1968年，通过向挪威航运界兜售这样一个极有超强性和风险的创新方案，才得以成立的。这个方案的结果是新建三艘邮轮，其中一艘每周一次前往圣托马斯，另外两艘则每两周一次前往更遥远的加勒比海的海岛。

1970年，计划中的第一艘邮轮1.85万吨排水量的"挪威之歌号"下水，正如两位年轻人的预见，乘客对邮轮上的休闲气氛反应良好，甚至越来越多的美国北部人和欧洲人被皇家加勒比飞行邮轮套餐所吸引，乘飞机专程参加迈阿密的邮轮巡游度假活动，这些促进了皇家加勒比公司几十年的高速发展。今天的皇家加勒比游轮有限公司（Royal Caribbean Cruises Ltd.）已经成为一个集团公司，在全球范围内经营邮轮度假产品，旗下拥有皇家加勒比国际游轮（Royal Caribbean International）、精致邮轮（Celebrity Cruises）、精钻会邮轮（Azamara Club Cruises）、普尔曼邮轮（Pullmantur）、CDF（Croisieres de France）和银海邮轮等邮轮品牌。

"海洋光谱号"调研

基本参数：

总吨位	168000 吨
甲板层数	16 层
舱房数量	2137 间
长度	374 米
宽度	41 米
航速	22 节
满载客数	5622 人
船员人数	1551 人
首航时间	2019 年

2019年为中国市场定制的"海洋光谱号"是"量子+"级船型，这是皇家加勒比公司派往中国市场的新下水邮轮之一。邮轮由上海港出发途经日本福冈县及鹿儿岛县，运营6日5晚的中长航线，其中离船时间为1天半。船体涂装无明显的符号元素装饰，仅以海蓝色配合直挺优雅的船体，但顶层甲板的北极星及VR球辨识度极高，人们可以一眼认出这就是"海洋光谱号"。皇家系的"海洋光谱号"在针对中国宾客的使用及需求方面做了很多调整，"光谱号"为人所熟知的特色为娱乐及中餐，船上众多的各类艺术品及装置也是其特色之一。中国区域的行程中多以老年乘客为主，5000余名宾客中大约1/3为14岁以下的儿童。

调研记录：

时间：2019.8.6—2019.8.10
行程：上海—日本冲绳—上海
调研人：徐朝琦、马亚龙

登 船
在候船大厅等待，有期待感，环境能接受；
采用航站楼上下船的形式，改善了宾客上下船的体验，登船速度更快，有新鲜感，更自由，也节省了领队的精力；
合影留念有仪式感。

登船感受
开箱体验[①]
船体涂装无明显的符号元素装饰，仅以海蓝色配合直挺优雅的船体，顶层甲板的橘色北极星及VR球使宾客可以一眼认出这就是"光谱号"，船体两侧的立面排布也很有韵律感，整体气质符合皇家集团的轻奢大气的风范；
内部环境符合票价预期，整体的空间及装饰效果风格较多，并无明显风格倾向性，有鲜明的装置艺术，品质感较好，中国游客接受度高；
销售人员接待服务尚可，游客管理方面做得不好，场面有点乱。

① 原意是指当顾客第一次将所购商品从包装中取出并开始使用留下的印象，后泛指所有商品或者体验性消费的第一印象。

客　　舱　内舱房环境不错，空间足够，有些憋闷，但整体体验较好；房间的装修设计简约，以明快的蓝色为主调，床垫舒适，有整面穿衣镜，床头配置插板，使用方便，灯光整体柔和，且配置仿舷窗的电子屏幕可以实时看到船外的景象；卫生条件理想。

房间之间的隔音效果不理想，尤其是临近机房、演艺厅等噪声较大的区域，有影响宾客休息的情况。

配置金卡及银卡的VIP区域，私密性很好，即便是服务人员也没有门卡，不能进入，区域内配套了专属电梯、餐厅、日光浴场及免税店。

免费餐饮　到了饭点，餐厅使用相对饱和，这得益于"光谱号"在登船后针对中国宾客采取了套餐推销的方式，符合中国人的消费习惯；

自助餐的用餐形式很受中国乘客欢迎，餐品种类在旺季较为丰富，尤其是在早餐时段，有超过两成的中餐配置，如炒菜、面条等；自助餐厅的岛式布局及温馨简约的设计使餐厅体验感得到提升，不会太过嘈杂；餐厅门面比较大气，在主餐厅这样的大餐厅设有缓冲的连廊区，符合中国人的使用方式；主餐厅的空间为两层挑空配合巨大的机械装置，富有戏剧化的冷暖灯光对比，也使空间极有特色；

卫生控制比较理想，主餐厅及自主餐厅都有专人负责宾客的消毒工作，如宾客有呕吐等不适症状发生，就会立刻有服务人员协助就医观察，以保证其他宾客的卫生安全；

实际体验上，基本不需要排队；

船内重要活动区如海上运动馆、甲板泳池、270度观演厅区域，空间比较大，活动自由，同时人流较多，配有免费餐食，这种功能配置也使宾客的选择更多，游玩体验更好，同时改善了用餐时段排队的人流问题。

付费餐饮　从配置来看，各收费餐厅的服务人数都维持在80~100人之间，规模趋同，付费餐厅品质及菜品差别不一，上菜很快，味道不错，价格可以接受，消费人数较多；

从用餐喜好来看，火锅餐厅、日料、铁板烧、牛排餐厅的受欢迎程度高一些，火锅餐厅的餐位配置达到了160人，符合中国人的餐品需求及家庭用餐的方式；

牛排餐厅及川谷汇中餐厅的菜品品质高，各类型餐厅的装修风格各有特色，总体中餐好于西餐；

各餐厅及酒吧上架了二锅头、青岛啤酒等酒水，但是价格不太划算，

	酒吧无人消费。较受关注的是机器人酒吧，由于新鲜感及智能的DIY机械臂调酒活动聚集了不少人气，结合推出酒水套餐，产生购买行为，非酒精饮料在儿童用户里还是有一些销售额的； 信用卡结算比较方便。
娱乐	体验极限运动受欢迎程度较高，大部分娱乐项目体验感尚可，排队人多，多集中于中青年，对抗性、互动性文体项目较受欢迎，甲板冲浪基本没人体验（可能是体验的前置条件较多）； 健身房很小，SPA服务买单的人很多，预约较难； 270度观演厅在演出时的视觉效果很不错； 邮轮上的中国人多为家庭，老年人及儿童较多，能够使全家参与度都很高的活动主要为观看演出； 泳池内多为儿童，周边的户外躺椅多为看护家长。
离船	过程漫长，让人感到十分疲劳，离船体验是绝对的减分项。

第二章

邮轮和福特主义

福特式生产邮轮？

一天，一位多年不联系的朋友突然打电话找我，说起某个企业已经完成的一整套邮轮的设计图纸，接着兴奋地表述了通过企业间图纸信息共享快速造出几十条邮轮的愿景和设想。他认为邮轮可以像汽车一样通过流水线快速制造。标准化、批量化生产可以最大程度地压缩制造成本，帮助中国邮轮制造业快速起步，占据世界邮轮制造的市场份额。

历史上邮轮从来没有批量化流水线生产的记载，比如 1908 年白星邮轮建造的"泰坦尼克号"，是三条同级船中的第二艘，同级别的邮轮动力系统和结构都一样，不过三条船内部舱室室内设计在格局、风格上做佐不同，以保持每条船的特色。

1908 年是一个特殊的节点。1908 年以前汽车和邮轮的制造没有什么不同，都是"订制化"生产出来的。有个设计产品定型，零部件基本都在一个工厂范围里半手工生产制造，最后装配完成。正是因为手工生产，汽车和邮轮制造商可以根据每位买家的精确需求，完成定制每辆汽车或每艘邮轮。车主和船东一样都可以对自己的订单提出个性化要求。汽车和邮轮制造过程保持着手工艺制造的个性化特点。无法大批量快速生产汽车和邮轮的同时，可以说每条邮轮、每一辆汽车都是独一无二的，即便是同款设计，一样的车型，由于手工制造和广泛的定制化，可以说每一辆汽车和邮轮都是独一无二的"艺术品"。同时订制化的汽车、邮轮和订制西装一样，并不意味着成本和制作时间的增加，是一个常规操作。在也同时意味着生产 20 万辆车（如果生产得出来的话）和 20 辆车的单车成本也基本是一样的，生产 3 条船和 1 条船的单船成本也是一样的。

从 1908 年开始，福特通过特殊机械装置让待组装的汽车进行线性移动（取代工人移动），利用移动制造出来空间将制造流程化，提升了效率，随之而来的系列变革就显而易见了：汽车及其零部件定型和标准化、工人精细专项分工等。福特到 1913 年高地公园工厂第一条流水线投产，生产的 T 型车仅售 850 美元，相对早期售价 2500 美元的 K 型车，产生了巨幅的价差。第二次工业革命的技术在这个时间和地点上完成了对生产制度和方法的改造，使得汽车成为大众化的消费产品的同时，汽车和船的制造方式分也道扬镳了。

1908 年前后，现代设计开始萌芽，徘徊前行。英国兴起的工艺美术运动一直和技术、工程的进展互不干涉，甚至抵触工业化生产，主张要回归手工艺的本源。而"德意志制造联盟"①刚成立之初，也正是"亨利·福特的 T 型车"量产前后的时间，联盟发起人穆特修斯（H.Muthesius）还在激烈地和凡·德·维尔德（H.Van de Velde）等人争论着设计是以机器生产的产品标准化为主导，还是不能失去艺术家自由意志的控制和表达等原则性问题。欧洲文化发展和技术进步一直并非同步，虽然蒸汽机、内燃机、汽车等都是在欧洲发明出来并首先投入使用的，但适合机器的标准化的流水线生产首先在新大陆出现并发展成型也并不奇怪。流水线主要还是一种组织方式，在有长期的手工艺及农业文化传统的欧洲，从在生产组织上接受机器，到形成完整的机器文化，肯定比美国需要花费更多的时间。

---

① 德意志制造联盟（Deutscher Werkbund）：德国第一个现代设计组织，于 1907 年成立，是现代主义设计的基石，为 20 世纪 20 年代欧洲现代主义设计运动的兴起和发展奠定了基础。其创始人包括穆特修斯、贝伦斯和维尔德等人。

正因为如此，小批量订制一直是欧洲制造业的传统，这可能也是今天邮轮长期在欧洲为主的船厂制造的一个原因。从 19 世纪末到今天，邮轮制造一直保持着先有订单才安排生产的传统，除去特殊情况下的弃单情况，从来没有过像汽车生产一样，先生产再行销售的情况（所有的大型游艇和大部分大型货船也是如此）。虽然在复杂度、制造技术和效率上有了很大的进展和不同之处，但作为规模最大的工业产品的邮轮一直保持着小批量定制化生产制造的特色。

历史上确实有大量制造船只的先例，典型的例子就是二战期间美国的自由轮（Liberty Ship）。自由轮是二战期间的明星武器之一，被大量制造用于补充美国及其盟国被德国潜艇击沉的商船。得益于可以快速和大量建造，且价格便宜、通用性强的优势，1941 年到 1945 年间共有 2751 艘自由轮下水。和福特汽车的生产类似，自由轮通过把标准化的零件分散到不同工厂生产，合成 120 个左右的预制件再送到船厂总装，同时几千条自由轮下水也只有区区几款稍有区别的船型。和之前动辄数年的造船工程不同，自由轮平均只需几十天就可以下水舾装。其中最快总装下水记录竟然只有 4 天零 15 个小时，后续舾装、试航也只花了 3 天，速度着实惊人。

采用大量生产（mass production）的方式制造邮轮并不适合，甚至是有风险的。以世界最大的邮轮制造商芬坎蒂尼集团为例，该集团于 2020 年完工下水 8 艘不同的邮轮，同时手持 5 年内 34 艘邮轮的订单，平均每年生产的船只都是个位数字。今天的邮轮体量巨大，系统庞杂，讲求个性化，一船一设计，面对的用户不是消费者而是船东，产量不多，市场需求稳定，船只单价高、工期长，更主要采用批次生产（batch prodaction）的方法来生产。邮轮太大，不可能像待组装的汽车一样在总装厂的流水线上移动，工人按工序将各种零部件安装完成总装。这种小步快跑、循序渐进，按订单生产，逐渐改进上一个批次的产品，在某些方面和现代汽车的精益制造有相近的地方。

巴尔的摩造船厂建造自由轮的壮观景象

福特 T 型车和流水线
1913 年，福特公司高地公园工厂诞生了第一条流水线，图中停放的是流水线一天生产的 T 型车。

虽然邮轮没法按流水线的方式进行大量制造，但并不妨碍邮轮制造借用福特汽车生产流水线的"把速度、可替代性、标准化，以及对时间和空间的同质化等价值标准进行细分"【5】的精神。现代邮轮制造早已不再是从龙骨开始像建筑一样在现场逐层搭建起来，而是在设计阶段的后期就开始将整体进行拆解设计，在制造阶段更是分成不同总段和模块，在不同的更适合作业的空间场地和设备供应商那里进行更方便快捷地制造。造船是早期进行全球化布局的产业之一，有很多专项船用设备生产厂家配套提供符合海事标准的通用零部件甚至系统，如船用航电系统、控制系统、导航设备、船用发动机、发电机等。完成了上述的"前期"设计生产组织，最后才在船厂的干坞里进行吊装、组合，快速形成一个邮轮的整体。

邮轮制造阶段的模块化更在于分段的划分以及预制标准化舱室制作和安装细节的落实，模块化的方式大量应用于船舶的舾装设计、采购、建造等阶段。比如中船外高桥造船厂制造的首艘国产邮轮总长323.6米、宽37.2米，采用化整为零分段制造的方式提升效率，邮轮的生产阶段被分解成675个分段来独立同步制造完成，后合并成更大的74个总段，再用重型龙门吊吊到长740米、宽76米的船坞里，邮轮船体结构总段和其他大型船主要的系统在船坞里按照严密的工序组装起来，之后船坞注水起浮，将邮轮移出船坞再进行其他安装（舾装），最后完整的邮轮才能出海测试。这个"巨型乐高"最终组装完成的长度误差不超过20毫米，其建造难度可想而知。

中国船舶集团外高桥造船厂里的邮轮和干船坞
@ 中船上海外高桥造船厂

国产邮轮烟囱区域总段吊装
@ 中船上海外高桥造船厂

除了整船分段制造以外，在设计阶段的模数化使设计人员能够基于原有邮轮原型方便地进行二次设计，"技术的构件模块化可以更好地预防不可预知的变动，同时还简化了设计过程"。【6】结构模数是基于邮轮数量最多的空间标准舱房尺度确立的，同时定义清晰的模块化结构，在相互连接协同的系统下，提供了不同模块分别和独立研发进步的可能，为大量外包制造生产打开了大门。更多的组件可以同时在不同的专业工厂里生产完成，到合适的时间节点才运输到总装船厂安装，而不需要在船舶内狭小的安装场地上完成制造；同时现代邮轮愈来愈复杂，专项的通信、导航、控制、动力、推进、消防、娱乐、餐饮、环境系统以及相应的软件系统根本就不再可能被一个船厂所制造，通用和标准化的模数化设计为更有效率的生产提供了基础，保证了时间、质量、成本的优势。常规的邮轮制造需要大量地依靠产业链下游的不同系统的零部件制造商。同时，模块化对于设计和生产外包非常重要。比如舾装阶段的标准舱室或卫生间等模块的生产，就可以采用流水线的方法制造完成后，再运往造船厂进行快速安装，不仅使舾装空间得以拓展，同步制造还节约了舾装时间。

在运营阶段，模块化也非常有意义，模块化意味着灵活性，为船舶适应不断变化的市场、技术、法规和客户需求提供了机会和变化的可能。根据今天细分的不同的市场、不同的船东、不同的地域运营经验，品牌都会自然地产生新的要求。在模块化造船的基础上，邮轮的空间内饰不是复制式地生产，即使同型邮轮也从来没有两条是一模一样的，这个差别既有空间的不同，更主要的是内部装饰的风格差异。

成立于1971年的"嘉年华邮轮"（Carnival Cruise Lines）（以下简称嘉年华）是嘉年华集团的前身。1966年，"嘉年华邮轮"的创始人阿里森（Ted Arison）和克劳斯特（Knut Kloster）合作建立挪威加勒比航运公司，但很快就散伙了。阿里森几经周折创办了"嘉年华邮轮"（Carnival Cruise Lines），早期通过将旧的班轮改造成为旅游休闲的邮轮起步，通过细致的设计规划削减成本、降低票价，同时增加赌场以及舞厅等设施，丰富船上的娱乐内容，度过了艰苦的起步时期。1982年第一条定制的新邮轮下水，嘉年华开始在美国邮轮市场高歌猛进，迎来了20年高速发展的时期。自1988年7万总吨的"幻想级"（Fantastic）邮轮受到市场好评后，陆续下水了包括"幻想""狂喜""感觉""魅力""想象力""灵感""兴奋"和"天堂"在内的8艘邮轮。"幻想级"邮轮布局合理，运营管理便捷，成为有史以来同级船中制造最多的船型。邮轮制造平台化逐渐成为一种联通不同品牌邮轮的方式。

2000年，嘉年华集团完全收购歌诗达，两家公司开始共同使用同一母船型，歌诗达邮轮和嘉年华邮轮各拥有4艘8.85万总吨的"精神级"（Spirit）邮轮。"精神级"船型的成功，使得以经济性和控制成本见长的嘉年华邮轮在船型开发上愈发倾向于对市场验证过的通用船型进行修改、升级的设计策略来应对邮轮市场的变化。10万吨的"命运级"（Destiny）、11万吨"征服级"（Conques）船型还是两家公司共同使用。嘉年华采用小步快跑的方式不断地修正船型，以小改动对应同级船的不同邮轮，以适应快速发展变化的市场需求。嘉年华集团的后续船型吨位不断加码，但平面布局变化不大，大型邮轮都是通过加长、加高的方式改进7~8万吨的中型邮轮船型得到的，因此限于船身造型条件，邮轮剖面上一直保持着"住宿＋公共区＋住宿＋公共区"的三明治叠落的布局方式。

即便是在13.35万吨的Vista级别的邮轮上，我们也还能够感受到"精神级"邮轮的基因和脉络。其主餐厅被中央厨房打断了空间的连续性，只能在船中和船尾分开布置，乘客无法在同层餐厅之间水平移动，有时令人困扰，这也是标准化船型留下的弊端之一吧。不过统一船型级别显然带来在设计制造的成熟性、通用性以及研发周期、效率、成本等更多方面的优点。

邮轮设计制造涉及全球通行的标准和规则的执行。船舶远洋交通运输行业是一个最早执行，以海洋安全航行为背景的行业，生成了相关法律、保险、金融、通信、海关等关联行业和机构。由于公海航行的范围不受限制，邮轮制造需要遵守的规则和限定反而更多。涉及人的安全的邮轮在设计上执行的是包括国际海事组织（IMO）[①]和各个国家及地区以及不同的船级社根据 IMO 的标准制定的更为详细的规范，这些也是邮轮标准化的组成部分。有关船舶行业制造、特别是关乎安全的标准和环境保护的标准更是经过不断的迭代、更新和改进，形成了详实、全面和明确的行业通则。

规则和社会环境的变动是一个交互的过程，并非一成不变的，同时也不分先后和彼此，实际已经成为一个整体系统。迫于排放和环保要求出现的新能源的要求并非只是驱动动力来源的单一变化。特斯拉之所以能够挑战传统汽车制造厂商，是因为埃隆·马斯克同样非常重视规模效应，他认为制造业最严峻的挑战就在于如何做到规模化的量产而不破产，这也是新能源汽车想取代传统能源汽车必须要做到足够的规模和体量。当然特斯拉的路径并非和福特汽车一样，特斯拉把车定义为电脑系统能移动的外设，并采用电子产品的生产和销售方式来实现市场的重构。其生产举措其实是基于电子设备的高度集成和模块化生产，使汽车在使用上、生产上更接近电子产品。在制造上借鉴了电子产品的高度的集成模块化制造，系统高度集成，采用 AI 自动驾驶技术（电脑控制系统）控制下的电子设备和能源系统（电池），而车体大量采用集成压铸铝结构，以及模块化的底盘等方式减少零件数量，减少总装花费的时间。更快的生产速度，自动驾驶、电机驱动以及移动设备接入的使用体验，使得汽车制造业正在发生巨变。制造的模块和运营的模块将有可能重合，从而产生更多的组合方式，并同时具备制造和运营的弹性和成本优势，来适应后现代主义的组合拼贴方式和可能出现的乘客个性化需求。邮轮的设计制造周期需要数年时间，其产量、系统复杂度、面向的市场和大众化的汽车产品区别很大，有其特殊性，不过即便邮轮无法采用完全的流水线及标准化的方法制造，也并不妨碍技术理性化对邮轮公司的塑造。其标准化更多地体现在将邮轮作为一项"标准工程"来执行，每一个新的邮轮项目实际上是在已有的原则下，采用统一的规划、设计、制造及运营和管理的标准及流程完成的，"是对已有技术的新的计划、测试和集成的过程"。【7】在后旅游时代对邮轮旅游的重新定义和理解，会给邮轮制造和使用方式带来持续快速的变化，使其向更具有弹性的标准化、订制化的设计和生产方向靠拢，而不是以纯粹福特式的批量生产作为显而易见的变革方向。

[①] "国际海事组织（IMO）"作为联合国特别机构，其使命是通过合作促进航运的安全、环保、高效和可持续发展。其使命的实现有赖于采取最高的、可行的且统一的标准，对相关法律问题和 IMO 文件的有效实施。这些标准主要包括海上安全、航海效能，船舶污染防控。该组织最早成立于 1959 年 1 月 6 日。国际海事组织理事会共有 40 名成员，分为 A、B、C 三类，其中 10 个 A 类理事均为航运大国。1989 年，中国当选为 A 类理事国并连任至今。

嘉年华邮轮船型的发展示意图

级别：Excel Class
船名：Mardi Gras
下水时间：2020年

180，800GT

级别：Vista Class
船名：Vista
下水时间：2016年

133，500GT

级别：Dream Class
船名：Dream
下水时间：2009年

130，000GT

级别：Splendor Class
船名：Splendor
下水时间：2008年

113，300GT

级别：Spirit Class
船名：Spirit
下水时间：2000年

85，900GT

级别：Fantasy Class
船名：Ecstasy
下水时间：1991年

70，367GT

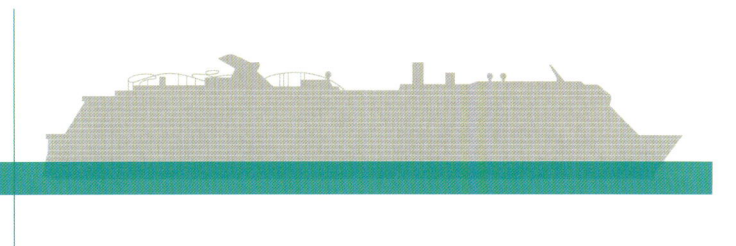

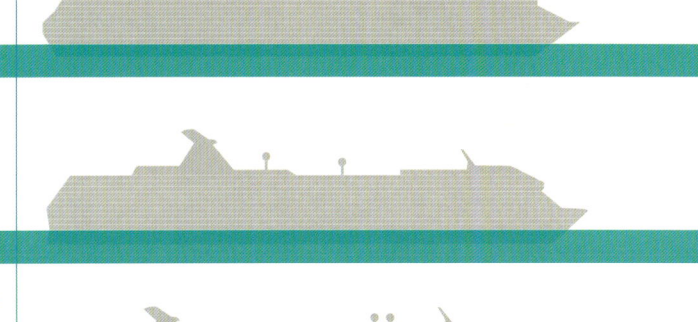

20 世纪 70 年代，"福特主义的危机"因为福特制的缺陷完全显现，劳动生产率出现了停滞甚至下降趋势。经过 20 年左右的调整过程，结合信息技术的发展，福特制生产组织开始向灵活积累或后福特主义与精益生产组织模式转变。调节学派[①]的马克思主义学者斯温格多夫（Swyngedouw, E.）对当时资本主义生产组织的演变进行了分析，可以简单汇总为本表。斯温格多夫分析了技术和劳动过程方面转变的大量细节，通过强调生产与工业组织方式的变化，利用调节学派的语言，描述了积累体制及其调节方式是如何变化的。该表概括了他对福特主义和适时生产在生产过程和劳动特征方面的对比。

福特主义与灵活积累之间的对比（Swyngedouw, E., 1986）

	福特主义的生产（以规模经济为基础）	精益生产（以地域经济为基础）
A 生产过程	同质商品的大量生产	小批量生产
	一致性和标准化	各种产品类型的灵活和小批量生产
	大量缓存货物和存货	无存货
	事后测试品质（后来检测到的废品与错误）	过程中品质控制（即刻检测错误）
	废品在缓存货物中被隐瞒	废品及时检测
	由于开办时间长、检测职责、存货瓶颈等浪费生产时间	减少时间浪费，减少"工作日多孔结构"
	资源推动	需求推动
	垂直与（某些情况下）水平结合	（半）垂直结合转包
	通过控制工资降低成本	边干边学与长期计划结合
B 劳动	由工人从事单项任务	多重任务
	按比例付酬（以工作指定标准为基础）	个人付酬（细节津贴制度）
	工作高度专业化	消除工作划分
	没有或仅有很少在岗培训	长期在岗培训
	垂直的劳动组织	更加扁平的劳动组织
	毫无学习经历	在岗学习
	强调减少工人的责任（对劳动力的惩戒）	强调工人的共同责任
	没有工作保障	核心工人的高度就业保障（终身就业）
		临时工没有工作保障以及很差的劳动条件

① 调节学派是各种调节理论构成的一个研究领域，它集中关注分析资本主义经济的长期转变。调节学派有几个重要概念，其中之一就是工业或科技生产范式（all industrial paradigm）。这个概念指劳动过程中的技术和分工，例如两种不同的批量生产组织方式：以科学管理为特征的泰勒制以及以标准化为特征的福特制。

C 空间	功能空间的专门化（集中化/非集中化）	空间群集与聚集
	劳动空间划分	空间合并
	地区劳动市场同质化	劳动市场多样化
	（空间上被分割的劳动市场）	（地方内劳动市场的分割）
	组成部分和转包者的世界范围来源	半垂直式结合的公司在空间上的近似
D 国家	调节	非调节/再调节
	刻板	灵活
	集体交易	分工/个体化，以当地或公司为基础的谈判
	福利社会化（福利国家）	集体需求与社会保障的私有化
	通过多边协议达到国际稳定	国际非稳定化；加剧了地理政治的紧张关系
	集中化	非集中化与加剧了地区间/城市间的竞争
	"补助金"国家/城市	"企业化"国家/城市
	通过收入和价格政策间接干预市场	国家通过引导直接干预市场
	国家的地区政策	"区域的"地区政策（第三方形式）
	公司资助的研究和开发	国家资助的研究和开发
	企业导向的创新	国家导向的创新
E 意识形态	耐用消费品的大众消费：消费社会	个性化的消费："雅皮士"文化
	现代主义	后现代主义
	总体性/结构改革	特性/适应
	社会化	个性化，"表演"社

品牌的标准化

　　1987年，嘉年华邮轮（Carnival Cruise Lines）IPO后成立了嘉年华集团（Carnival Corporation & plc），而嘉年华邮轮成为其下属的邮轮品牌公司。上市后的嘉年华集团开始了一连串眼花缭乱的并购行为，1988年收购了荷美邮轮（Holland America Line），2003年收到旗下的品牌包括公主邮轮（Princess Cruises）、歌诗达邮轮（Costa Cruises）、冠达邮轮（Cunard Line）、世朋邮轮（Seabourn Cruise Line）、爱达邮轮（Aida）、P&O（UK）、P&O（Australia）、伊比罗邮轮（Ibero Cruises）等。如今，嘉年华集团发展成为世界上最大的邮轮集团公司，旗下拥有包括嘉年华邮轮（Carnival Cruise Lines）在内的九个邮轮品牌。面对如此复杂的品牌组成，嘉年华集团明智地保留了各个品牌的独立性，将品牌视为重要的无形资产，并采用了类似通用汽车不同品牌的运营方式，各个子公司相对独立地在不同的市场运行，各自发挥在特定地域的品牌策略，以满足不同文化地域背景的用户诉求。

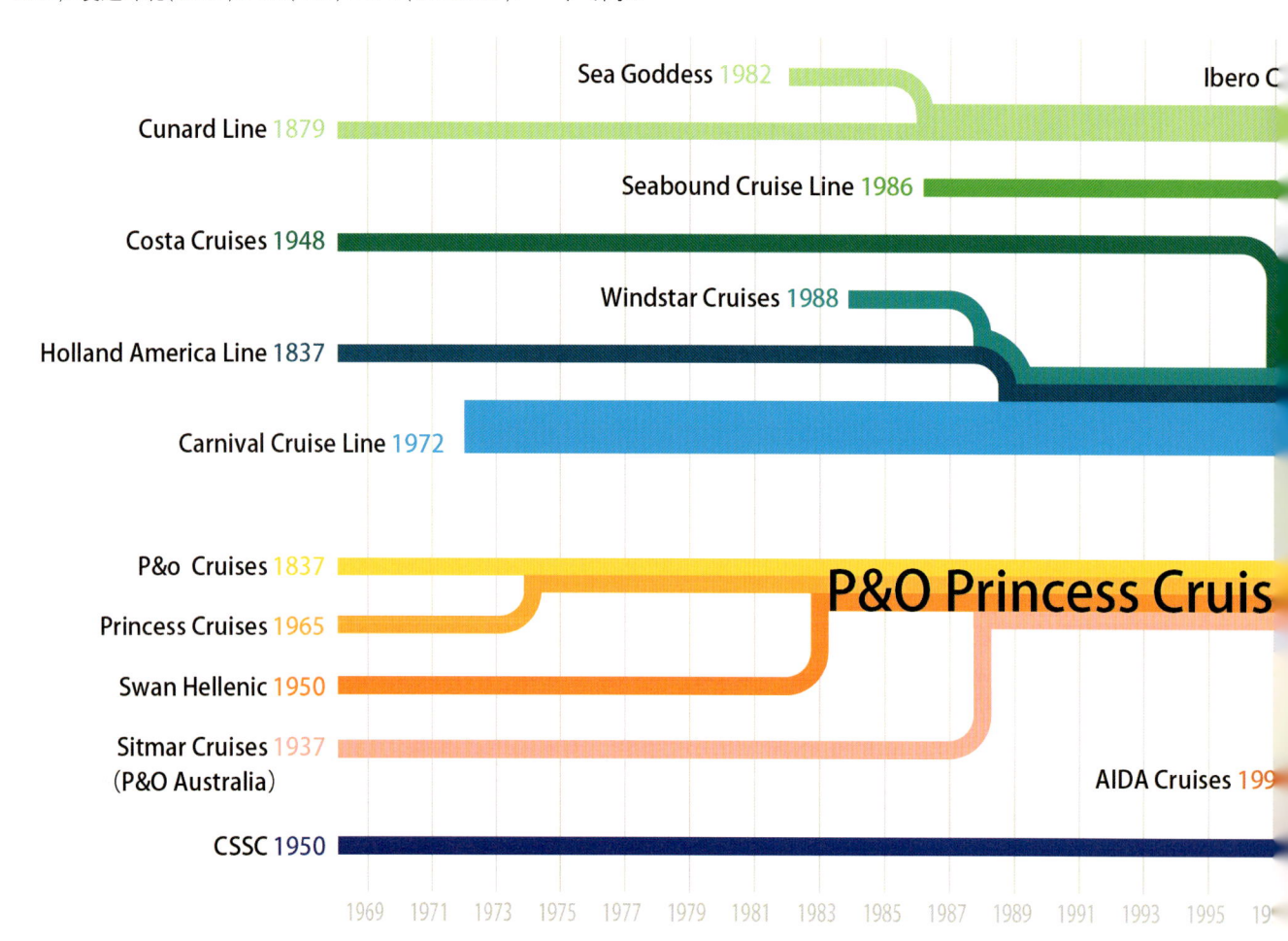

Sea Goddess 1982　　　Ibero C
Cunard Line 1879
Seabound Cruise Line 1986
Costa Cruises 1948
Windstar Cruises 1988
Holland America Line 1837
Carnival Cruise Line 1972
P&o Cruises 1837
Princess Cruises 1965
Swan Hellenic 1950
Sitmar Cruises 1937
（P&O Australia）
P&O Princess Cruis
AIDA Cruises 199
CSSC 1950

1969　1971　1973　1975　1977　1979　1981　1983　1985　1987　1989　1991　1993　1995　19

31 品牌的标准化

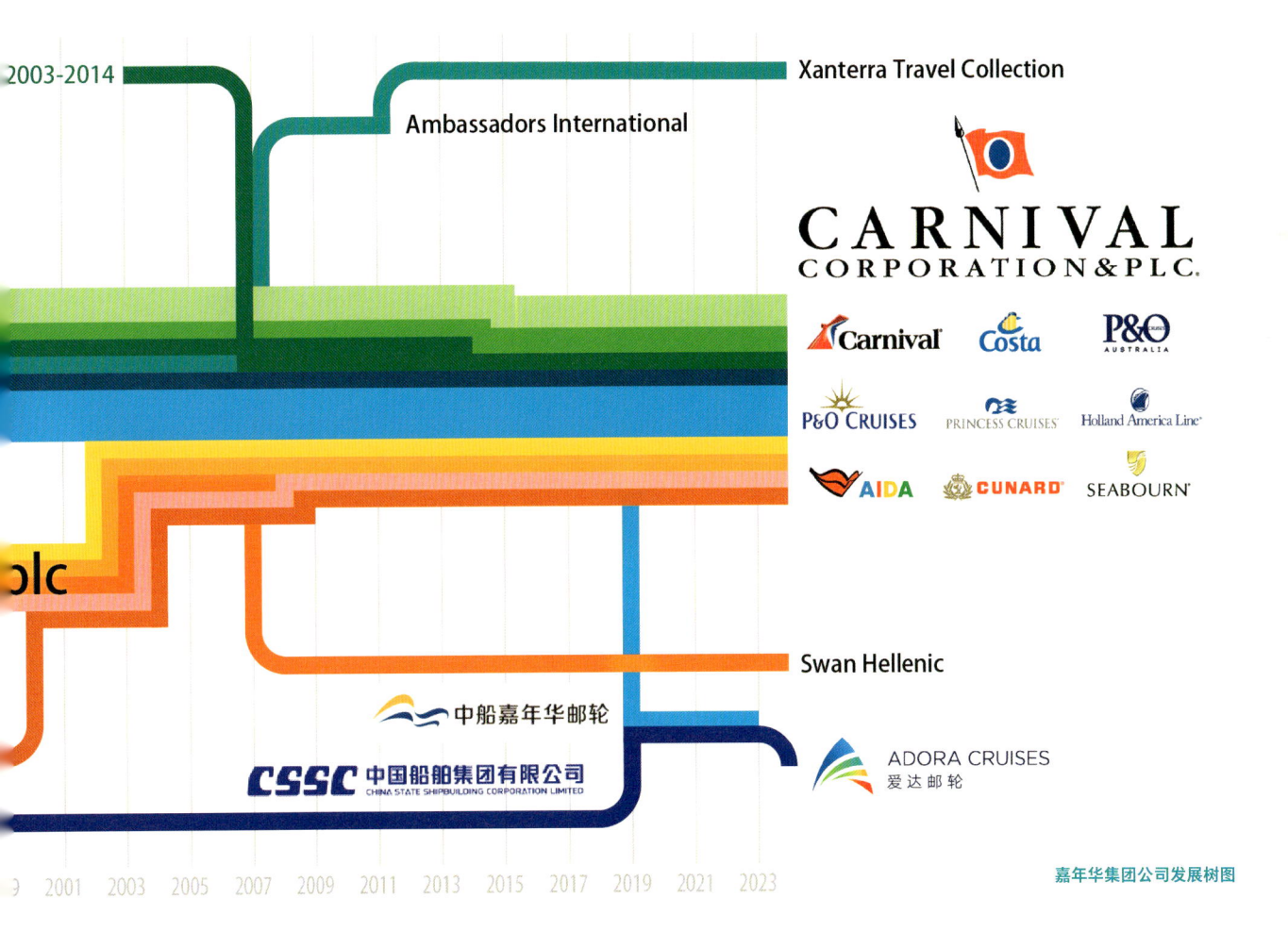

2003-2014

Xanterra Travel Collection

Ambassadors International

CARNIVAL CORPORATION & PLC.

Carnival Costa P&O AUSTRALIA

P&O CRUISES PRINCESS CRUISES Holland America Line

AIDA CUNARD SEABOURN

Swan Hellenic

中船嘉年华邮轮

CSSC 中国船舶集团有限公司 CHINA STATE SHIPBUILDING CORPORATION LIMITED

ADORA CRUISES 爱达邮轮

2001 2003 2005 2007 2009 2011 2013 2015 2017 2019 2021 2023

嘉年华集团公司发展树图

基于品牌的市场策略可能也最早来自汽车行业。早在上个世纪20年代，通用汽车公司的首席执行官斯隆发现虽然通用汽车无法在价格上和福特汽车竞争，但"在福特的消费群体中，有相当一部分客户愿意在汽车的舒适度、外观颜色，以及各种配饰方面支付额外的费用"。【8】于是通用汽车采用了多个汽车品牌及产品形象——雪佛兰、庞蒂克、别克、奥兹莫比尔以及凯迪拉克等，不同品牌有不同的市场定位，并拥有充分的自主权，来赢得不同的用户。同时通过部分零部件和原材料的共享，通用汽车同样也实现了规模经济。虽然要通过不同的设计和物料来制造品牌的差异化，同时也需要在流水线上花费更多的时间安装这些组件，但这些"额外"的工作使通用公司的差异化汽车品牌在不同需求的用户中获得了成功，这逼迫福特公司不得不对单一的T型车进行升级换代，调整其效率最大化的固化的流水线来维持其优势。

上述例子可以看出品牌参与市场竞争实际上是对基础产品的一种再塑造，以适应不同的用户、使用方法和某种风尚。需要注意品牌策略不同于企业形象设计，虽然可能其设计方法和企业形象设计有部分重叠和类似之处，但差别在于，品牌策略的工作对象是更多地面向特定消费者群体进行的产品属性挖掘，而不是对生产和销售它们的生产企业形象进行包装，其本质是生产性而不是传播性。

2000年，嘉年华集团完全收购歌诗达邮轮之后，两家公司开始共同使用同一母船型。这一策略逐渐扩展到旗下更多的品牌，比如嘉年华集团最新的Excellence-Helios级船型被旗下的四家公司所采用，2019年下水的"爱达诺瓦号""嘉年华狂欢节号"，以及2021年下水的"歌诗达Toscana号"、P&O的"Arvia号"全部基于18.39万吨Excellence-Helios级的船型应用。各家内部和外观各自有较大的局部调整，力图体现品牌文化的差别，和汽车造型"垂直型号"[①]的手段类似，邮轮外观也有较高的修改自由度。各家不仅烟囱不一样，船头船尾以及船身的造型细部也都依据各家的造型系统做了修正，最大程度地保证各个品牌的所谓"垂直型号"的视觉形象基因的延续。对于不同品牌和不同的邮轮来说，变化主要是通过不同风格、灵活的室内设计在少量的功能性和空间上的差异来实现的。邮轮公司同时管理航行、酒店以及娱乐，甚至邮轮上的餐饮、娱乐、表演内容的设计规划也都由公司内部完成。

嘉年华集团通过平台化船型[②]的方式来支持不同品牌邮轮的发展。邮轮设计生产制造的硬件底层标准化，辅以多样化的品牌策略和品牌文化、服务和产品的管理和输出方面成为嘉年华集团的品牌策略主体。一方面，从大集团的角度相对节省了重新设计每一个项目（基础船型）的时间周期，对基础船型有更好更多的测试、实践调整可能；另一方面，各个品牌基于一个原型的不同创新也便于将原型产品调整、升级到各方面更为适应不同市场的均衡和成熟的版本。这样的方式在餐饮、汽车销售等行业屡见不鲜，也是国际连锁酒店集团常见的做法：定期开发标准的产品并把它复制推广到全球市场，按照"千篇一律"的方式推广【9】，节约了时间、经费预算等，也保证了超大型公司能够有同样质量的产品和标准的用户体验的输出。

---

① "垂直型号同质化"发源于汽车设计，主要是指汽车品牌下的不同规格车型被统一到一种延续的变化的、能够识别的设计系统风格之中。比如几家德国的汽车制造公司都保持明确的汽车造型视觉语言的传承脉络，消费者可以非常容易地从外观识别出不同品牌的客车。而亚洲品牌则相对来说并不是特别清晰，但也在逐渐建立自己的造型视觉系统。这个系统在Logo之外建立了新的识别尺度。

② 在一个基本船体构架平台上生产出空间外形功能都不尽相同的船型。

嘉年华集团旗下四家公司基于 Excellence-Helios 级船不同外观造型轮廓比较

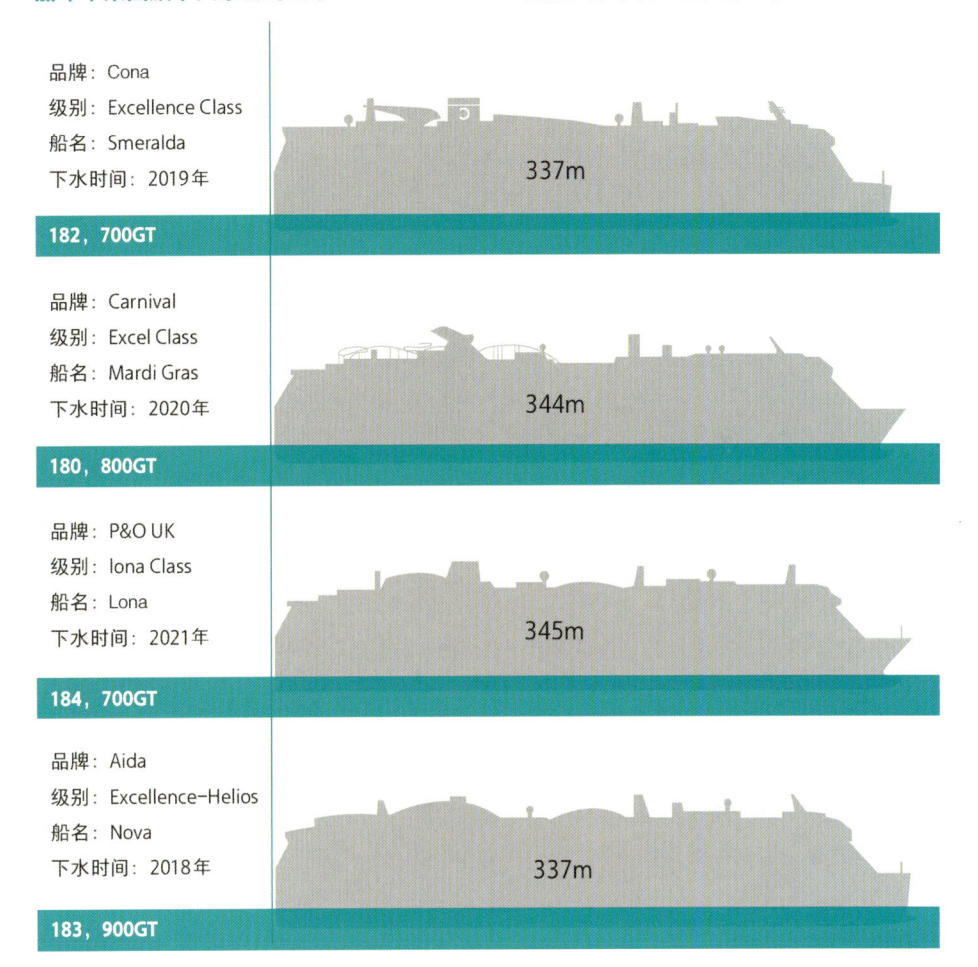

品牌：Cona
级别：Excellence Class
船名：Smeralda
下水时间：2019年

337m

182,700GT

品牌：Carnival
级别：Excel Class
船名：Mardi Gras
下水时间：2020年

344m

180,800GT

品牌：P&O UK
级别：Iona Class
船名：Lona
下水时间：2021年

345m

184,700GT

品牌：Aida
级别：Excellence-Helios
船名：Nova
下水时间：2018年

337m

183,900GT

邮轮从制造上一直是"精益生产"①的方式，但并不妨碍其在品牌和体验上的福特化，采用高效、可量化、可预见性、可控性的标准化文化产品在全球不同地域进行复制生产。品牌文化的标准化更重要的是覆盖了乘客体验，强调同质化、标准化、高效率，提供以"一致性""无风险"为标准的"麦当劳化"②的产品化体验，推广具有大众"狂欢运动的意味"的各类娱乐活动，无缝对接现代城市人的标准化了的休闲度假空间和时间。

和通用汽车、嘉年华集团类似的意大利著名游艇品牌法拉帝游艇集团（Ferretti Group）旗下也拥有7个不同历史传承的游艇品牌，每个品牌不仅独立运行，而且由原来品牌的独立工厂设计制造，品牌之间可能也有相互的竞争和重叠，虽然运营管理更为复杂微妙，但不同品牌的形式语言和传统工艺得以统一、完整地作为品牌文化的重要组成部分被保留、延续和发展，每一个品牌文化都有非常独特的内涵和受众。传统制造工艺流转到今天，成为游艇品牌重要的无形资产。奢侈品品牌在其奢华的游艇及帆船上保留了更多古老的手工工艺，也说明品牌文化绝不仅面向制造，而更多是根据消费对象建构而成的。小众定制的高端汽车品牌如阿斯顿马丁，或者走高端定制的类型箱包和成衣品牌，保留了手工定制化生产的传统，更多的是一种区别于快消品的品牌策略。还沿用上个世纪费时费力的手工方式来生产制造汽车或者游艇的，包括高端箱包和成衣品牌，一定都是走高端定制类型的奢侈品品牌。他们的品牌强调的不是质量和性价比，而是一种文化寄托和无形的精神价值。

和今天还存续的老牌汽车品牌如福特汽车或者奔驰等的策略基本类似，嘉年华集团服务的对象和品牌策略从来没有把传统生产工艺作为有品牌文化价值的资源来开发。嘉年华旗下的冠达、P&O、荷美等邮轮品牌都拥有近二百年的历史，比现存的汽车、游艇品牌都更为久远。发源于英国的冠达，P&O 的邮轮早已不再在英国制造，而是更多地在欧洲三大船厂中制造，这三家船厂任何一家按照设计图纸，都能制造出一模一样的邮轮出来，其制造工艺技术要求虽然可能相对其他类型的船只更为严格和特殊，但同时也具有邮轮设计规范下的普遍性和通用性，不再有技术及工艺的地域文化特殊性。今天邮轮品牌文化的表述不会以造船技术和工艺为载体，邮轮公司为乘客提供了模仿以前班轮上头等舱上层社会顾客的生活方式。常见以通过对班轮上的生活方式追忆和形式的复制来营造品牌文化的延续。更多依托品牌文化、设计以及内容和新的规则创新来组成对现实世界的一个"映像"，究其原因，可能在于为了让邮轮成为一种大众和集体的福特式消费的产品。

通用的航行性能要求及海事的规范使得单个邮轮看起来形式、空间以及设施千变万化，但整体看来和主题公园、Shopping Mall 及度假酒店，比如 Club Med 等更为接近，邮轮正是福柯在《关于异度空间》③

① 上世纪70年代起，日本车企发明了"精益生产"方式来生产汽车。"精益生产"是基于通用汽车首席执行官斯隆的思想发展而形成的，生产策略包括及时传送零部件到生产线，迎合消费者不断变换的需求，满足细分市场的需求等方式。这种灵活的生产方式不仅降低了成本，还对新车研发起到了推动作用，加快了车型的更新速度。

② 乔治·瑞泽尔，马里兰大学社会学系教授，在1993年出版《社会的麦当劳化：对变化中的当代社会生活特征的研究》一书，提出美国社会及世界其他国家中越来越多的部分"麦当劳化"，他指出了高效、可计算性、可预见性、可控性，以及"形式理性的终极非理性"等麦当劳化的五个特点。

③ 异度空间也翻译为异托邦，源于福柯1967年在巴黎一次建筑师聚会上做的题为"关于异度空间"（Of Other Spaces）的演讲。福柯开篇即指出："据我们所知，19世纪很大程度上是迷恋历史……现在的时代也许首先是一个空间的时代。我们处在共时性的时代：我们处在一个并置的时代，一个远与近的时代，一个肩并肩的时代，一个离散的时代。"这段话点出了时代意识的转变，从时间到空间、从时间政治到空间政治的转变构成了我们时代的重要特征。

讲演中所谓的"没有场所性的场所（place without a place）,孤独地存在着,自我封闭着,与此同时,放任自己漫游在大海的无限之中"。同时邮轮上提供吃住行全包服务,固定的邮轮空间中融合了交通、住宿、餐饮和休闲活动,控制和设定船上和目的地的消费环境,标准化趋势日益明显。"麦当劳化的很多消极面,我们都可以概括为理性的非理性"。【10】这样的设计可能应对了大众的需求,提供了相对安全可控、没有意外的旅游感受。但技术理性的缺点也是显而易见的,邮轮集团公司运营的系统化的管理体制难免有些僵硬,乘坐不同公司的邮轮总会有一种似曾相识的感觉,琳琅满目的同时,似乎又空无一物,以至于不必做出选择。麦当劳化导致邮轮的无效率、不可预测性以及控制的消失等现象也时常出现。

正是由于邮轮缺乏场所性,以及相对固定的空间模式和行程,邮轮公司极端依靠品牌策略来赢得市场认同。如果品牌策略设计不到位,则邮轮极可能成为一种缺乏吸引力的旅游选项。菲利普·科特勒①（Philip Kotler）在《市场营销学》一书中谈到品牌的载体是用于和其他竞争者的产品或劳务相区分的名称、术语、象征、记号或者设计及其组合,其增值的源泉来自于消费者心智中形成的关于其载体的印象。品牌更多承载的是一部分人对其产品以及服务的认可,是一种品牌商与顾客购买行为间相互磨合衍生出的产物。

消费社会发展到今天,各大公司主要的竞争内容之一就是在全球范围内展开对不同文化资源的经济化,而品牌策略是各大公司开展市场营销的最重要的文化表述工具。品牌传达出创新的文化,成功地吸引消费者并创造价值,是文化品牌的基本战略。创立一个有价值的品牌需满足三个基本特征：差异性、关联性、认知价值。其中认知价值是品牌文化的核心。品牌如何能够成功地找到一种使消费者愿意互动和体验的恰当的文化表述成为品牌设计最大的挑战。其成功的基础在于找到社会约定,用明确的信息单元编码表达特殊意识形态的概念,品牌与文化建立强烈的关联并引起消费者的共鸣,标示出亚文化人群,成为这一人群意识形态的具体通行认知的承载物。通过意识形态改变和超越感官享受的体验设计正在成为趋势。

在哈佛商学院出版的《体验经济》一书中,约瑟夫·B·派恩二世（Joseph B. Pine II）和詹姆斯·吉尔摩（James Gilmore）指出,我们见证了只注重产品生产效率的"产品经济"的消亡,通过服务等附加产品来吸引消费者的"服务经济"也已经过去,如今我们正身处于所谓"体验经济"的新竞争时代,人们开始把注意力和金钱的支出方向转移到能够为其提供精神和心理价值的经济形态之上。产品和服务在这个新时代里不过是吸引消费者的道具而已,消费者想要的是难忘的体验,每个公司都必须成为创造体验的行家。邮轮到"游轮"的发展变化正证明了派恩和吉尔摩的经济形态发展的理论。冠达邮轮（Gunard Line）早在19世纪50年代就提出"到达目的地仅是乐趣的一半",嘉年华邮轮（Carnival Cruise Lines）成立之初,就以"Fun Ship（快乐邮轮）"作为公司的愿景,说明相较于到达目的地,旅行中的体验正在逐渐占据着更为重要的地位。

理查德·布兰森（Richard Branson）的维珍集团旗下有众多下属业务,涉及航空、地产、太空飞船、唱片等不同行业。2016年,理查德·布兰森又将自己的企业链条扩展到了邮轮产业,成立维珍邮轮（Virgin Voyages）,致力于打通航空、地产和唱片音像行业的边界,成为具有不可复制特点的全球旅游品牌。维珍邮轮的品牌文化围绕着维珍集团的主力用户——成熟的中青年人士来建设。维珍桀骜不驯以及

---

① 菲利普·科特勒被誉为"现代营销学之父",任美国西北大学凯洛格管理学院终身教授,是美国西北大学凯洛格管理学院国际市场学 S·C·强生荣誉教授。《市场营销》全名《市场营销：原理与实践》,作者是菲利普·科特勒和加里·阿姆斯特朗,中国人民大学出版社2015年出版。上述话语摘章产品及服务战略,"建立品牌"小节。

成熟创新的品牌特征，通过18禁以及船上搭载的多方面文化内容来呈现，构成专属的邮轮体验，通过亚文化的意识形态筛选了用户，也使邮轮成为被"纯净化"处理过的主题空间。文化内容管理以及设计的视觉呈现变得易于被乘客理解并产生共鸣，通过带有审美意味的形态信息传递，使消费者能够识别并参与体验，再建立相关文化亚群的语境，最终成为符号系统。

维珍邮轮成功地表述这些人的意识形态，并通过文化密码翻译之后再由邮轮的设计视觉语言传达出来，打造了专属的邮轮体验。其设计元素以适合解释的方式为消费者进行定义，不仅传递用户需要的意识形态，同时也必须满足超感官诉求的文化美学内容。意识形态与直白的销售口号式的主张不同，是只有通过叙事和文化密码传递信息，意识形态才能成为品牌文化的一部分。在成功的案例中，品牌文化的密码最终要通过设计反映到服务、场景及活动中去，最关键的点是对文化视觉化和可体验化的解读。

在邮轮的品牌体验创新中，基本的乘客需求不再是重点，将服务、产品和解决方案整合，通过可感知的各类信息传递出去很重要，只有通过用户的体验和记忆，品牌文化才能够传播。维珍邮轮正是通过综合的品牌文化信息的传递和用户建立了关联，同时用户也通过消费将其负载的故事传播出去。

邮轮一直都需要创新文化来注入活力，如今收入比重消费支出的大幅提高，主导产业发展的是消费而非生产；消费者不愿被当作"大众"，生产者必须从消费者的立场来设想，服务业尤其如此；中国邮轮必须开发更多和中国属地文化相关联的创新产品，更趋向客制化，不再以量产的模式生产，保持更新；更强调符号价值的开发。换句话说，就是"创立品牌"。【11】为此，邮轮公司非常重视创新设计所带来的差异化，以便创造令人回味和难忘的体验。这种差异化既来自邮轮本身的空间功能设计，也包括船上活动内容的创新。同时要尽可能通过品牌文化形成，整合特色，吸引乘客的参与。

品牌是人们对一个企业及其产品、售后服务、文化价值的一种综合评价和认知，人们在想到某一品牌的同时，总会和时尚、文化、价值联想到一起，品牌文化被市场认可并接受后才能产生市场价值。单一的品牌运营地域多样化后，更需要注意的是地域化，品牌的标准化更不能简单地理解为一套标准的视觉识别系统。2018年，嘉年华集团和中国中船集团成立合资运营公司——中船嘉年华邮轮有限公司，同时下单给中船外高桥造船厂和意大利芬坎蒂尼造船厂的合资公司生产国产大型邮轮。嘉年华将13.5万吨的Vista船型扩展应用到歌诗达、嘉年华以及在中国合资生产的邮轮上去。2022年11月，"2022吴淞口论坛"在上海宝山召开，中船嘉年华邮轮有限公司正式发布了全新的中国邮轮自主品牌——爱达邮轮（Adora Cruises）。国产邮轮将在2023年底下水，在中国及东亚市场运行，自主的品牌策略呼之欲出，让我们拭目以待。

亚洲邮轮市场和欧美有着完全不同的广阔多元的乘客需求，需要参与决策，提供活动、服务创新，进入到所谓"第四序列设计"①。这种过渡"依赖于发现核心的观念、价值和思想，这些观念、价值和思想组成了一种文化或系统，并推动它在合适的活动和产品中寻求表现"，【12】必须强调针对性的独创体验设计，而不是一种简单的复制化生产。新的邮轮不仅仅能通过技术合作来生产，更应该是对中国市场和中国乘客"凝视"的重视和呈现。

---

① 理查德·布坎南（Richard BUCHANAN）：曾任卡耐基梅隆大学设计学院院长、教授。他提出设计的四个序列，从图像、物体及符号进展到提供活动、服务和方法的决策的序列，同时较高的序列包容较低的序列。

皇家加勒比的 COCOCAY 岛
@Royal Caribbean International
在美国运行的邮轮公司普遍在加勒比海购买或者租用海岛，不但使得邮轮的行程内容更为可控，同时海岛空间可以提供主题性游乐设施和经过人工整理但保持更为自然状态的海滩和环境，给游客接近自然、自主的时间和空间，这也是后福特时代的特色。

邮轮公司的私属岛屿统计：岛名 / 邮轮公司 / 租用或购买年份

Castaway Cay 迪士尼邮轮 1990

Half Moon Cay 荷美邮轮 1997

Perfect Day at CocoCay 皇家加勒比游轮 1990

Great Stirrup Cay 诺唯真邮轮 1977

Harvest Caye 诺唯真邮轮 2016

Labadee 皇家加勒比游轮 1986

Princess Cays 公主邮轮 1992

"威尼斯号"调研

"威尼斯号"是歌诗达第一艘以城市命名的邮轮，它的设计理念和建造地点均源于威尼斯。威尼斯邮轮一共有3个免费餐厅，分别是位于10楼的丽都阳光自助餐厅，位于3、4层的大运河餐厅和位于3层的马可波罗餐厅。3层为整条邮轮的登船层，登船处是一个贯穿3、4、5层的充满意大利风情的中庭。3层是大堂吧，大堂吧的设计概念及名称来自威尼斯的圣马可广场，飞狮石柱立在大堂吧中间，鸽群柱子分散在周围；4层挑台被船商设置为舞台，全天有不同类别的表演，可以点杯咖啡或者酒坐在大堂吧，欣赏4层挑台上的表演；围绕着中庭的4、5层为星光购物中心商店和精品廊，另有几个酒吧和休息处，可以进行社交活动。邮轮上还有一个星光酒吧，设计灵感来自威尼斯电影节的概念酒吧，通往酒吧需要走过一条长廊，走廊地面铺红地毯，顶部设置镁光灯，走廊两边是国际巨星蜡像和金狮，走在上面如同置身电影节中一样。

基本参数：

总吨位	135500 吨
甲板层数	18 层
舱房数量	2116 间
长度	324 米
宽度	37.2 米
航速	18 节
满载客数	5260 人
船员人数	1278 人
首航时间	2019 年

"威尼斯号"邮轮

调研记录：

时间：2019.6.30–2019.7.4
行程：上海—日本长崎—上海
调研人：晓帆、周静琦

登船 进入出境大厅后才算正式开始登船流程，旅行社自设的柜台条件简陋，空气环境极差，登船客人过于集中，流程混乱；
VIP登船能避开大量的人流，适合老人以及带小孩的家庭出游；
近距离观看大体量的邮轮可以给予游客极大的视觉震撼和安全感。

登船感受 进入邮轮人厅有空间的对比感，能够感受到邮轮风格与装饰；
邮轮迎宾与拍照环节为开始行程的第一个节目；

乘坐电梯寻找客舱，对于整个垂直交通系统有了初步的体验；
电梯楼层选择器的使用非常新奇。

客　　舱　　房间大小适宜，功能完善；
船舱的设计风格优雅简洁，床头是一幅占满整面墙的威尼斯风景画，细节中体现整个邮轮室内设计的主题；
客舱内筒灯的使用比较多，隔音效果比较好；
卫生间是模块化的单元，小而完备，各个细节很用心；
客舱内的开关按钮安装高度与日常不太相同，在离地面1100mm处；
插座位于枕头后方，使用不太方便。

免费餐饮　　排队用餐体验感差，用餐环境嘈杂；
餐厅的设计更加紧扣主题，一些小局部的场景成为拍照点；
有景观的座位更受欢迎。

付费餐饮　　餐饮特色更加鲜明；
铁板烧餐厅还设置有与用餐者的互动环节。

娱　　乐　　船上娱乐活动丰富，与邮轮主题有衔接关系；
特定娱乐空间在不同时间段可以有多种使用模式；
美容美发SPA空间处于船头位置，景色更加优美；
核心娱乐空间也配置了小冰激凌店和饮品吧；
有些收费娱乐空间动线过于偏僻，很难寻找并到达；
购物区位于必经交通节点上；
大堂处设置有悬空舞台，让人无时无刻不感受到音乐、演出和琳琅满目的美酒；
设置了麻将馆及KTV，麻将馆为8美金一小时，去的客人并不多，更多的人选择自带扑克及麻将在休息桌椅处娱乐；
国内中老年人常在多功能场地上（顶层甲板）活动；
中国游客不常去自费娱乐项目，更多以各处的休息桌椅为中心活动；
酒吧被休息的老人和孩子占领，真正消费的人少，比较无聊。

离　　船　　相较于登船，离船更加迅速；
不好找预定的出租车。

第三章
"Cruising Italian Style"

起源和流转

现代国家的概念是英国工业革命以及法国大革命后，随着人民主权与自由、经济和贸易等认知一同出现的。欧洲国家大都有较长的历史，但意大利、德国从众多的公国到统一建立现代的国家相对晚起。意大利统一在1861年，放弃君主制度的意大利共和国的建立则迟至二战后的1946年。由于民族国家是一群具有共同文化、共同认同感以及共同政治抱负的人所组成的政治社区，这样的认同需要一个感受共同的纽带联结才能成立，意大利和德国在建国后，非常注意共同文化和认同感的建立。

邮轮作为当时国家的技术实力和先进性的代表，毫无疑问地成为代表民族地域的文化载体。德国两家主要的邮轮公司汉堡-美洲航运公司成立于1856年、北德意志劳埃德公司成立于1858年。两家公司很快成为英国在大西洋沿岸航线的主要竞争对手，早期德国邮轮聘请法国建筑师，或者采用法国古典主义风格进行内饰设计，彰显和英法等老牌强国接轨和同步，正是从1905年下水的"维多利亚皇后"号开始，邮轮被称为"海上宫殿"，其设施和服务方面开始引入了酒店业的水准，可以说"维多利亚皇后"号各方面都具备了现代邮轮的主要特征，成为汇聚了欧洲先进文化和技术的载体。一战之前，欧洲各国的民族情绪高涨，德国经济高速发展，随着国家间的竞争加剧，德国邮轮开始更多采用本土德国巴洛克风格，到一战战败后又更多采用现代主义的风格设计邮轮的室内，通过风格折射出不同时期民族国家的文化认同状态。

意大利统一前的情况比德国更为复杂。当时，意大利半岛由十几个大国和一些小国共同占据，北部伦巴第、威尼斯、托斯卡纳、帕尔马和摩德纳几个大区都在奥地利帝国控制之下，中部是罗马教廷控制教皇国，而南部包括那不勒斯在内的西西里王国由法国波旁王朝分支统治。后来，撒丁王朝通过外交和多次战争建立了统一的意大利，但国民并没有很强的认同感和纽带，当然也缺乏统一的对民族经典风格的认识和定义，需要进一步发掘和确立。

1860年意大利建国后，远洋班轮发展很快，成立了多家班轮公司，并在随后的100年时间里帮助2900万意大利人移居到南、北美洲及澳大利亚。不过直到20世纪50-60年代移民时代基本结束之后，意大利的邮轮建造才开始在欧美远洋航线上处于世界领先水平。早期邮轮虽然被柯布西耶在《走向新建筑》一书中视作新时代建筑学习参考的对象，但实际上邮轮的室内设计还是普遍崇尚古典复兴风格，如传统的巴洛克、洛可可或毕德迈耶尔风格，以贴近中产阶级的住宅和大型酒店的装修样式。一战之后的意大利更多通过艺术、杂志的图像（平面设计）来传播对国家的认同，通过广告、海报、家具以及纺织品的设计推广了起源于意大利的未来主义，密切了艺术和工业设计及制造业的关系。正是在这样的氛围之下，意大利的设计师开始创新性地将艺术上的理念与风格投入到远洋班轮设计之中。邮轮通过跨大西洋航运带来的家具订单，在一定程度上带动了意大利高端设计业的发展，也提升了一批知名甚至仍然活跃的设计师。这其中最重要的莫过于米兰的建筑师乔·庞蒂[1]。他在1933年就开始设计远洋客轮，"二战"之后，他更广泛地参与邮轮的设计工作，为6艘跨洋航行的邮轮（Conte Grand，Conte Biancamano，Andrea Doria，Giulio Cesare，Oceania，Africa）做了室内设计，成

---

[1] 乔·庞蒂（Gio Ponti, 1891-1979）：意大利建筑师、设计师和艺术家，在塑造意大利近现代设计风格中发挥了关键作用，设计创作涉猎建筑、室内、产品等多个方面，创立了著名的设计杂志"DOMUS"，在意大利文化舞台上占据着独一无二的地位。他对意大利设计风格的贡献可以比肩德意志制造联盟之于德国设计的贡献，他也被视为"意大利设计之父"。

Federico C 邮轮

功地使大众及专业人士相信邮轮不仅是交通工具，更是一种国家、民族风格和文化的传递方式。他的设计方式是将室内、家具和设施作为整体来完成，同时在空间内部配置意大利著名艺术家的作品。乔·庞蒂具有强大的感性思维能力，他吸收了时代精神，使设计在不同时代之间、传统与现代之间发挥了调和作用，形成了一种植根于意大利土壤的经典设计语言。他认为，"意大利邮轮应该在两个方面致力于传递意大利的荣誉，一个是具象的，表现在雕塑、绘画和装饰品中，这是对意大利传奇艺术和历史的反映"。【13】他通过不断实践，探索现象的深度，在复杂与简单、紧张与平静、轻与重、过去与未来之间创造了一种平衡，清晰辩证地认识到所谓的"进步"最终只能通过较小的步幅来实现。他对艺术完美的要求，表现在对"有限形态"（Finite Form）的追求之中，并在构成形式时和直觉相结合。可以说，乔·庞蒂的"设计给邮轮室内设计带来一阵清风，将邮轮设计带入到了当代设计文化的殿堂上"【14】。

乔·庞蒂以古典作为走向现代设计的准绳，他别具一格的、将传统和现代进行调和的设计态度，可以说是"海上意大利风情"设计风格的起源和标准。他的思想广泛影响了意大利的建筑及设计界，并在意大利邮轮设计中成为风尚。和乔·庞蒂曾经合作过的，造船界的领军设计人物 Zino Zoncada 设计的早期的歌诗达邮轮，1958 年下水的著名的"Federico C 号"邮轮也是这种风格的代表。

上世纪 60 年代，歌诗达开始尝试跨洋交通运输兼顾旅行的运营模式，夏季在地中海地区运行，冬季结合国际邮轮旅游，转移到美国加勒比地区运行，开创了"夏季跨洋班轮／冬季加勒比巡游"模式，用地理空间布局的方式跨越运营时间限定，提升了盈利的能力。歌诗达聘请了一批优秀的建筑师，如 Genovese Pierluigi Cerri、Guido Canali 和 DeJorio（DJDI）工作室参与设计，使用最好的材料、家具和艺术装置装饰游轮。他们普遍采用现代主义设计风格，大量采用马赛克和大理石，结合空间中鲜明的意大利艺术家的雕塑、绘画，标识了文脉，反映了当时意大利设计的进展和风貌。意大利建筑师本来崇尚的就是设计无所不能，并不在意设计的对象是勺子还是城市，设计方法并不因设计对象的不同而有什么不同，因此他们认为设计船舶和建筑没有大的区别。可以说，上世纪 50-60 年代下水的意大利邮轮无论在设计上还是技术上，都是当时最先进的，它们是乔·庞蒂等人设计思想的保持和延续，同时代表着意大利邮轮的最高水平。

将意大利艺术家的艺术品放置在重要的空间位置，来提点空间的属性，这是意大利邮轮的典型设计方式。曾在中国运行的"歌诗达经典号"（Classica）就是这种风格，邮轮简约方正的大堂中间放置着意大利雕塑界的代表人物阿尔纳多·波莫多罗（Arnaldo Pomodoro）的雕塑作品，高区甲板的泳池也结合雕塑进行布置。正是由于对邮轮度假有着独特的理解，并不断更新认知，歌诗达才得以快速成长，随后完全过渡到客运邮轮业务上来，从班轮转型到旅游的"游轮"运营模式。1986年，歌诗达正式更名为歌诗达邮轮有限公司（Costa Cruises/Costa Crociere SpA），成为意大利邮轮行业的代表。

1997年，歌诗达邮轮被嘉年华集团和Airtours PLC联合收购，此后更为倚重国际市场，特别是美国市场。不过，美国邮轮乘客对当时歌诗达邮轮的"海上意大利风情"（Cruising Italian Style）无感，因为这和他们心目中的意大利风格相去甚远。他们认为现代主义设计的简约风格看起来过于简朴，无法和巴哈马、巴慕达群岛的阳光、海滩和乘客、环境形成化学反应，也无法帮助乘客进入到度假的放松状态中去。

2000年，嘉年华集团收购了Airtours PLC持有的歌诗达股份，歌诗达邮轮有限公司成为嘉年华集团旗下的9家邮轮子公司之一。同年下水的8.85万吨级"歌诗达大西洋号"是Spirit级的首制船，是当时欧洲邮轮公司里吨位最大的邮轮，同时歌诗达也在设计上进行了新的尝试。带有玻璃穹顶的甲板泳池区和带阳台的舱房第一次出现在歌诗达的船型上。"大西洋号"开创了嘉年华和歌诗达两个不同品牌使用同一个母船型的先河。歌诗达放弃了意大利本土建筑师，委派美国人法库斯来操刀，以便更好地服务于美国乘客，这也开创了一个设计师及其团队设计不同品牌的系列邮轮的先河。2000年后，歌诗达将后续下水的（2000—2014年期间）邮轮都委托给法库斯设计，包括从"大西洋号"到"钻石（Diadema）号"的所有邮轮，其中还包括在中国运行的"协和级"[①]"赛琳娜号（Costa Serena）"邮轮。

阿尔纳多·波莫多罗（Arnaldo Pomodoro）的雕塑作品

[①] "协和级"是歌诗达邮轮现役最多艘船的类型，它的完工时间从2007年一直延续到2012年，现在仍有4艘邮轮在役：Costa Serena、Costa Pacifica、Costa Favolosa、Costa Fascinosa。"赛琳娜号"是系列船中的第二艘。这一系列中第一艘完工（2006）的"歌诗达协和号"（Costa Concordia）于2012年1月触礁倾覆并部分沉没，最终在2017年于热那亚完成报废拆解。

"协和级" "赛琳娜号" 邮轮万神殿大堂
@Costa Cruise Lines
据说灵感取自罗马万神殿,众神脚踩云彩、身着华服俯视整艘邮轮,营造出神秘与浪漫的氛围。其设计风格主要是通过后现代设计手法对希腊和罗马神话形象的娱乐化的拼贴。

法库斯

法库斯是嘉年华邮轮的设计总监,进入嘉年华从事邮轮设计工作前在建筑师拉皮德斯手下工作过一段时间。莫里斯·拉皮德斯(Morris Lapidus)是活跃于20世纪60—90年代的著名迈阿密设计师,曾设计了许多华丽的酒店,包括位于迈阿密海滩的枫丹白露酒店和伊登洛克酒店。拉皮德斯室内设计的典型特点是:宽敞的中庭、壮观的楼梯、玻璃吊灯,他喜欢将巴洛克风格的装饰集中重点使用,同时也区别式地保留更多没有特别装饰的区域。拉皮德斯对各种奢华的历史素材进行挑选和组合,形成后现代主义风格美学,和建筑的后现代主义有一定区别,更多地在室内设计领域产生着影响力。

拉皮德斯引导法库斯进入了邮轮设计领域,后者延伸发展了这种设计方法。"大西洋号"邮轮的设计风格接近拉斯维加斯加工过的所谓"意大利风格"。1955年,拉斯维加斯开始大量建设将沙漠疗养和博彩组合的旅游胜地式酒店,以著名的赌场凯撒宫(Caesars Palace)为例,里面有赌博厅、餐厅和宴会厅、夜总会和礼堂、商店以及酒店。1972年出版的《向拉斯维加斯学习》一书描绘了凯撒宫自由地堆砌不同时代的著名视觉符号,以便在视觉上回应和吸引汽车上的消费者。凯撒宫拥有类似意大利罗马圣彼得广场贝尼尼(San Pietro-Bernini)式的柱廊广场平面,意大利拉文纳加拉·普拉奇迪亚(Galla Placidia)陵墓蓝色和金色的马赛克穹顶,甚至还整合了乔·庞蒂的经典复古设计元素。其广场上是吉安·德·博洛尼亚(Gian de Bologna)的《遭劫掠的萨宾妇女》(Rape of the Sabine Women),还有维纳斯及大卫雕像的复制品。今天,凯撒宫建筑群和商业带虽然经过不断改造,更换了部分雕塑复制品和广场的设计,但主体的风格方向并没有改变。

对照一下，可以发现"大西洋号"和凯撒宫的设计方式是完全相通的。比如每层甲板都以意大利导演费德里科·费里尼（Federico Fellini）的一部电影命名，船上采用产自意大利的卡拉拉大理石、穆拉诺玻璃和镶嵌的马赛克来装饰，还复刻了威尼斯圣马可广场的的花神咖啡馆（Caffè Florian）。虽然限于船只空间和承载要求，视觉符号变得被压缩和简化，更为轻薄和平面化，但乘客们经过拉斯维加斯和媒体传播的教育，用视觉识别符号已经非常熟练。诚如卡勒（Culler）所道："全世界的游客，个个像名不见经传的语意学家，四散各地，分头寻找各式各样的符号，非要见识法式作风、典型的意大利举止、代表性的东方景致、标准的美式高速公路、传统的英式酒吧。"【15】这样的风格更能迎合普通美国人对意大利文化和审美的认识框架和典型"凝视"①。这个时候消费化处理的地域化文化素材，绝不代表着乔·庞蒂所谓的国家形象或者民族正统的主流文化，也不再具有沉重与严肃的意义和价值。邮轮上的文化只是供应娱乐使用，不再具有教化灵魂、灌输价值观的作用，一切只是为了大卖和利润【16】。正是基于这个认知，无论美国和意大利乘客都会喜欢这样的设计风格——前者认为这就是意大利风格，后者则认为这是美国戏谑式的娱乐化风格。

　　截至退休之前，嘉年华集团的设计总监乔·法库斯一人统揽歌诗达和嘉年华两家公司共37条邮轮的室内设计，开创了延续至今的歌诗达设计风格。今天在以"Cruising Italian Style"（意大利风情）作为定位的歌诗达邮轮上，我们仍能见到以意大利传统城市、艺术、甚至足球为主题的各类后现代主义的表达，它们以材料模拟、符号和新技术方法作为支撑，建立静态的主题形式语境，使现代乘客可以身临其中，通过观察和联想进入期望的主题情境。船上的意式餐饮、意大利船员、歌剧、语言也都明确地提示这是一条"意大利血统"的邮轮。

---

① 福柯认为，医学凝视所看见的，或者它使人们看见的，不是事先早已存在、永远"在那儿"等着人去看的单纯事实。从这里引申，我们怎么观看，社会准许或影响我们用什么方式观看，还有我们自身如何看待这样的观看是被社会文化框架化的结果。

○ 在没有乘坐过邮轮的被调查者中，有超过一半的人偏爱简约舒适型的邮轮，其次是主题类型的邮轮（类似迪士尼主题公园）。

未乘坐过邮轮的被试用户对邮轮主题的期待

类型	百分比
简约舒适型	51.97%
主题类型邮轮（类似迪士尼主题公园）	48.03%
优先考虑性价比	40.57%
冒险和探索型	24.89%
豪华尊贵型	24.23%
网红娱乐设施打卡型	18.2%

图表摘自清华大学美术学院邮轮课题组调研报告

○ 被调查者中，年长的人群一方面更看重邮轮旅程的性价比，另一方面追求豪华尊贵型的邮轮体验，体现出老年人收入和生活水准的分层。
○ 主题类型的邮轮在"90后"到"00后"的人群中最受欢迎。
○ "60后"至"80后"对舒适型邮轮的接受度更高。
○ 喜欢冒险和探索型及网红娱乐设施打卡型的用户集中在"95后"和"00后"中。

不同年龄用户对邮轮主题风格的偏好

图例：主题类型邮轮（类迪士尼主题公园） | 豪华尊贵型 | 冒险和探索型 | 简约舒适型 | 网红娱乐设施打卡型 | 优先考虑性价

年龄段	主题类型	豪华尊贵	冒险探索	简约舒适	网红打卡	性价比
00后	52.84%	22.27%	28.82%	54.59%	25.33%	44.54%
95后	59.46%	21.62%	35.14%	45.05%	22.52%	46.85%
90后	53.94%	27.27%	18.79%	50.30%	18.79%	35.76%
80后	46.90%	25.58%	26.36%	51.55%	15.89%	39.92%
70后	32.43%	21.62%	17.12%	57.66%	6.31%	32.43%
60后	14.29%	28.57%	11.43%	54.29%	11.43%	45.71%
50后	33.33%			66.67%		

图表摘自清华大学美术学院邮轮课题组调研报告

不同的叙事

上世纪80-90年代意大利歌诗达邮轮公司在美国佛罗里达到加勒比海岛、百慕大地区运行，在商业上并不十分成功，其中一个原因就是美国游客对意大利人设计的意大利风格并不认可。2000年，嘉年华集团完全收购歌诗达股份之后，打造了拉斯维加斯式的"海上意大利风情"的歌诗达邮轮，呼应了美国中产阶级游客心中对意大利的想象（凝视），逐步稳固了歌诗达在美国及世界市场的份额。法库斯设计的邮轮开创了由市场所在国——本土（美国）设计师设计的异域文化风格服务于本国用户的（美国人）的成功案例。拉斯维加斯式的"意大利风情"叠加热带加勒比环境的无厘头搭配，呈现了戏剧化的形式和内容，帮助歌诗达在美国迈阿密邮轮旅游上获得了商业上的成功，开启了美国视角下的"海上意大利风情"（Cruising Italian Style）时代。

二战之后，美国经济发展迅速，社会沿着"消费阶梯"上升发展，上世纪邮轮转型率先发生在美国，大型邮轮搭载的内容和风格广泛地受到拉斯维加斯后现代主义消费文化的设计和迪士尼乐园的影响。烙有美国印记的消费文化内容统治着大型邮轮，服务于美国游客。在全球化语境之下，随着欧洲及随后亚太地区邮轮市场的扩展，包括迪士尼化和麦当劳化的文化创新模式的广泛输出和被接受，邮轮上的美国"消费文化帝国主义"广泛传播，同时也混合了地域文化特点。可以说，法库斯设计成为邮轮转型后设计的范式。

意大利热那亚的德·乔里奥设计事务所（DJDI）曾经为早期歌诗达公司设计邮轮，其主要风格也保持在简约现代的设计语言、配合意大利本土特色的材料及艺术家作品这个风格线路上。2000年后，嘉年华邮轮的设计总监法库斯接手设计，就没有再为歌诗达做过任何设计工作了。DJDI事务所目前更多参与地中海邮轮的设计工作，不过设计思路也做了较大的调整，设计语言虽然仍保持简约，但会更多地使用夸张的色彩、波浪造型的墙面和顶面以及各类纹饰的面料、复古的家具等，甚至将凯迪拉克汽车搬上邮轮的酒吧（如果这个后现代手法听起来很熟悉，那也不意外。上世纪90年代进驻北京亮马大厦的硬石餐厅（Hard Rock Bar）就是用凯迪拉克轿车在长城形式的石头外立面的裙房上"撞"出来的，这种汽车介入空间是后现代主义标志性的设计手法）。DJDI事务所兼收并蓄，学习了法库斯的手法，赢得了MSC的青睐，到目前为止参加了十多艘地中海邮轮的设计工作，其中包括在中国运营的"MSC辉煌号"的改造，那个中国乘客纷纷打卡的跨越3层高度大堂的施华洛世奇水晶旋转大楼梯就出自这个事务所之手。

地中海邮轮——MSC Cruises（意大利语：MSC Crociere）1989年才在意大利那不勒斯成立，目前已经是全球第三邮轮公司。该公司以创新的意大利风格为室内设计特色，提供给喜欢多元生活的家庭乘客跨国和多元文化氛围，现场音乐和深夜的持续娱乐活动是他们的特色。

邮轮上装载的消费文化产品是吸引游客登船的主要内容，除了特色餐饮，对游客来说最具吸引力的就是以演艺为核心的文化娱乐体验。地中海邮轮派往中国地区运营的"辉煌号"上的Strand Theatre剧场可容纳多达1700人，有良好的视线设计，更多地侧重于哑剧、魔术、舞蹈、杂技等视觉方面的演出，以适应乘客的不同文化背景。这样的节目表演组合老少皆宜，再结合一些中国本地的内容，受到中国乘客的喜爱和肯定，很多乘客在评价中强调剧场演出十分精彩。精华版的视听合集有大家耳熟能详的《哈巴涅拉》《卡门序曲》以及《塞维里亚的城墙边》等，浓缩了歌剧中最撩人、最动听和视觉观赏性最强的部分，再伴以西班牙佛拉门戈舞、双人芭蕾视觉盛宴，在中国乘客中还是有一定识别基础的，这些也成为意大利邮轮背景的典型代表。

拉斯维加斯式的表演是邮轮娱乐体验的重要组成部分。经典畅销的百老汇剧目一直是现代邮轮娱乐内容的重头戏，大型邮轮着力排演百老汇许可的剧目，结合高科技手段，力图重温曾经非常知名的各类剧目，从文化方面建立与乘客建立紧密连接。其中，视觉类型的剧目往往更受欢迎，原因在于邮轮上的乘客来自不同的阶层及文化背景，视觉语言快进式的叙事最容易受到广泛欢迎。为了适应不同文化背景的乘客，内容形式的国际化和地方化搭配显然是必由之路。邮轮公司往往与独立音乐制作人、作曲家和歌曲作者合作开发内容。皇家加勒比邮轮公司甚至组建了自己的演艺公司，专门培训排练节目。邮轮公司通过改编和适当压缩简化，演出过许多脍炙人口的剧目，如《猫》《妈妈咪呀》《阿拉丁》等音乐剧目。

至此，邮轮上的演艺类文娱活动从简单的配套性休闲附件中抽离出来，邮轮整体可视为一个可移动的演艺剧场，将演艺活动这一板块作为吸引游客参与邮轮体验的核心内容。视觉之外的语言类、动作肢体类、听觉化的以及互动性的多元表演维度的节目，对于不同阶层和地域特征的民众来说具有更为普遍的吸引力，能够实现高效的文化传播。

邮轮运行在国际水域，在否定了周边环境之后，还抽掉了形式固有的内容，和主题公园、拉斯维加斯一样，保留了著名的符号化的视觉、听觉形象和元素，无论是威尼斯的圣马可广场还是卡门序曲，即便是不同文化背景的人都能够识别和大体了解，加上移动的邮轮本身的去地域语境化特征，削弱了个人经历和地点的真实性，模糊了真实，制造了梦幻。所以，霍米·巴巴①说，来自不同文化背景的人要达到相互理解，不可能在某一种文化内部来进行，而是必须通过翻译、协商的方式来达到临时的理解和共识。邮轮正是这类消费文化通过"协商"的空间具像化产物，其建筑语言或者形式内容通过协商和翻译的方式处理后，只能是符号化的。在邮轮上，这些符号在原来环境里的信息是过滤掉的，各种符号重新排列、组合、变形，呈现出新的意义。歌诗达上的空间叙事和必胜客、星巴克咖啡一样，虽然意大利人觉得是无厘头的，不认同这是意大利文化，但美国人反而会理解和欢迎。符号脱离了原来的语境，也就失去了原有的语义。不过，尽管文化自身是不可再现的，"却构成了表达的话语条件，这种表达保证了文化的意义和象征没有任何原初整体性或固定性，保证了相同的符号也可以被挪用、翻译、再历史化、重新解读"。现代邮轮使用风格化的西方古典建筑语言和迪斯尼式的浪漫化拼贴处理，追求主题营造更胜于功能内容及构造要求，邮轮符号的组合变化既是对乘客"凝视"的一种回应，也是为了调动乘客的情绪和提升体验，更有达成促进消费和"唤起欲望"的核心功用。

上个世纪90年代初，北京世界公园和深圳世界之窗相继开园，使当时出国旅游并不普遍的中国游客不必走出国就可以在短时间之内"周游"世界，人们可以通过相机巧妙地和世界各地名胜建筑的缩微模型合影，高效完成收集式的打卡和目录式的"游览"。两个公园迅速成为游人趋之若鹜的景点，两地随后趁热打铁，又分别将国内各民族时重要名胜建筑网罗收集，建成了民族园，以缩微名胜建筑集锦建设目录式的公园满足了当时人们的旅游需求，也适应了当时国人的经济能力。2000年后，随着香港、上海的迪士尼乐园，以及北京环球影城的建成，中国的主题公园完成了又一轮的升级换代。不同于中国本土相对聚焦于水上公园或是海洋馆等娱乐观赏类型的主题公园品

---

① 霍米·巴巴（Homi K. Bhabha）：哈佛大学英美文学与语言讲座教授，当代著名的后殖民理论家，其主要批评著作有《文化的定位》以及他主编的《民族与叙事》等。

牌，迪士尼乐园、环球影城更多是基于影视内容的现实塑造。迪士尼世界是全球第一个主题公园，开发者利用其开发体验的专长把更多影视中的"梦幻"世界变成现实。它不仅为游客提供各种娱乐活动，还让他们有机会亲自参与主题游戏。游客和演员共同参与到创造光影、声音、味道、气息和故事情节的完整体验中去。

相较于世界公园，远航的大型化邮轮更接近迪士尼乐园，并且能够提供更为不同的旅行感受。虽然同样采用知名建筑名胜的视觉化的符号语言，但被周边海洋包围、孤悬于水面之上的邮轮，能够保护并提供给乘客完整的生活体系，特别适合营造独特的沉浸式的旅行环境。"歌诗达威尼斯号"邮轮确立了威尼斯主题，引进圣马可广场上的立柱及运河里的刚朵拉等著名符号场景来填满邮轮空间，再加以放大、强化，成为游客的视觉主导，和世界公园矛盾的时空地景大为不同。邮轮还可以附加给乘客无所不包、24 小时不间断的主题餐饮和娱乐项目，制造奢华的气氛，让人陷入一种似乎拥有无限特权和无限感官享乐的迷梦环境。

迪士尼旗下的产业，从影视产业到乐园，延伸至衍生产品、度假产业和迪士尼邮轮，形成完整的产业链条。迪士尼基于自身影视 IP 的全景式的体验生态系统，延展到邮轮旅游之中，让人们得以暂时离开不完美的现实世界。1998 年，"迪士尼魔力号"邮轮下水，提供往返于美国东海岸佛罗里达，包括巴哈马、加勒比地区的航海度假产品，随后加入经停私属加勒比海海岛等海洋旅游内容。迪士尼邮轮除自身拥有的加勒比海区域的 Castaway 小岛外，2019 年下半年又公布了巴哈马第二个私人岛屿目的地计划，通过私属岛屿的建设打造了一个封闭和自我循环的世界。

自 20 世纪 60 年代起，商业社会设计工作的一个目标就是建构和不断更新产品的审美价值，赋予产品以"美学"内容，帮助销售。而邮轮上的设计更主要是通过主题形式形成"环境"或"氛围"，用"文化"对邮轮环境进行"重新设计"，用各类形式文化符号组成新的场景，让人们能够投入到特定的"氛围"中去。空间设置很可能相互矛盾，并没有惯常建构逻辑的内容和主题，而是在一系列的混搭之中形成强烈的娱乐效果。迪士尼世界于 1955 年建造时，没有聘请任何一位传统的建筑师来设计，因为乐园的建筑并不是按照建筑的建构逻辑建造的，而是按照虚无的迪士尼故事、基于视觉场景来建造的，更多地从框景的取景模式来进行规划和设计。"凡是供人寻欢作乐的建筑，都应该努力营造叙事结构，让游客陷入一个想象的角色里（Venturi, 1972: 53）。它是一种为了满足集体凝视和奇观凝视而设计的建筑。"[17] 迪士尼乐园的建筑不甘于在视觉上趋于低调，而是努力把自己转化成"想象的表象世界"，通过造型为游客讲故事。

英国社会学家艾伦·布莱曼[①]定义了迪士尼化的四个方面："主题化、混合消费、商品化以及情感劳动。"主题化指利用广为人知的文化元素创造一种流行氛围；混合消费指的是将那些不同类型的消费相互连接起来的地方；商品化包括促销、出售那些打上版权形象和商标的物品；而情感劳动是用来描述一个人按照某一理想去改变其外在行为的方式。如今，"迪士尼化"几乎成为一种世界级现象，辐射到建筑设计、商业环境以及社会活动中去，娱乐化的邮轮设计更是都带有"迪士尼化"的特征。现在的大型邮轮或多或少都有迪士尼化的倾向，将广为人知的文化元素再组织或者风格化，创造一种氛围。

---

① 英国社会学家艾伦·布莱曼：对卡通和公园的热爱激发了他的学术研究，著有《迪士尼及其世界》《社会的迪士尼化》。布莱曼界定了迪士尼化的四个方面：主题化、混合消费、商品化和情感劳动。

歌诗达邮轮是中华人民共和国成立后最早来到中国设立母港运营的公司，"歌诗达歌海娜号"于2006年开始常驻上海，为中国开启了东亚的邮轮旅行。对于歌诗达的拉斯维加斯式的"海上意大利风情"，中国乘客也都能接受，调研显示，中国乘客在一定程度上还是肯定了这种风格化的形式和体验的。由于美国的文化通过影视作品在全球广为传播，中国普通民众可能更多地通过美国好莱坞电影，或者拉斯维加斯的后现代主义酒店建筑群来符号化地理解意大利风格和形式，反而并不缺乏对原初的意大利风格和形式的认知，上世纪90年代遍布全国的金碧辉煌的所谓罗马风格洗浴中心，2000年后所谓地中海风格大流行，

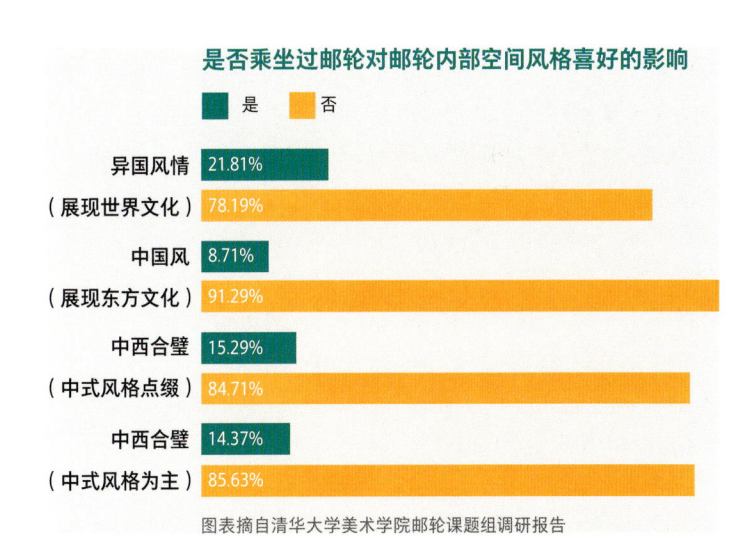

是否乘坐过邮轮对邮轮内部空间风格喜好的影响

■ 是　■ 否

风格	是	否
异国风情（展现世界文化）	21.81%	78.19%
中国风（展现东方文化）	8.71%	91.29%
中西合璧（中式风格点缀）	15.29%	84.71%
中西合璧（中式风格为主）	14.37%	85.63%

图表摘自清华大学美术学院邮轮课题组调研报告

MSC 幻想曲号邮轮餐厅
@MSC Cruise

成为大量不靠海的别墅的外立面，都是这种认知和拿来主义的运用具体体现。中国社会文化历来强调等级，比如夸张宏伟的"罗马风格"的洗浴中心成为高档、豪华、有排场的视觉标识和认知，能够体现出社会地位和等级，表达出权利的空间距离，帮助中国先富起来的阶层实现事业成功的视觉呈现，很受市场的追捧。被拿来的西式建筑风格成为洗浴中心的符号，是男性化社会和权利距离差异[①]等社会文化特征的体现。

世异时移，当年歌诗达从跨洋班轮运输转移到以美国为巡游市场、并以美国乘客的审美为转移，请美国人设计出的适应美国人"凝视"的意大利风格，满足美国乘客视觉需求设计的拉斯维加斯式"海上意大利风情"，并不能够一直满足中国游客的感官需求，这样的设计显然会重新根据中国环境和游客的诉求进行定义和表达。不过，现代邮轮风格设计总体的出发点并不像上个世纪那样从民族自豪感出发，而更多地是从商业娱乐角度出发，邮轮上的"娱乐气氛否定了沉重与严肃的意义，取而代之的是一种逃避式的、娱乐化的、强调悠闲权利的文化"【18】。邮轮意味着更轻松、更刺激、更全的旅行，提供给人们和陆地上旅行不同的经历以及更为舒适便利的假期。

○ 被调查者中的多数（超过70%）都希望邮轮上或多或少有中国风格的元素。

○ 没坐过邮轮的被调研者有36%更希望邮轮以中国风格为主导，25%希望以异国格调为主；而坐过邮轮的被调研者正好相反，有41%的人希望是世界风情，仅20%希望邮轮以中国风格为主。其中的原因可能是，未坐过邮轮的被调查者相对缺乏对邮轮的直观感受和了解，以及其中6万元以下年收入及没有收入的学生及年轻人人数较多，而被调查者中乘坐邮轮的主体是70后、80后（占比超过60%），收入在6万—20万元之间。总体看来，收入越高的人对风格的接受更为宽泛，更希望是一种国际风格的邮轮环境。

[①] 霍夫斯坦特认为：文化是在一个环境中的人们共同的心理程序，不是一种个体特征，而是具有相同的教育和生活经验的许多人所共有的心理程序。不同的群体、区域或国家的这种程序互有差异。这种文化差异可分为五个维度：权力距离（Power DIstance），不确定性避免（Uncertainty Avoidance Index），个人主义与集体主义（InDiVidualism versus collectivism），男性度与女性度（MASculinity versus femininity），长期取向与短期取向（Long-Term Orientation versus short-term orientation）。G·霍夫斯坦特是社会人文学博士，曾主管过IBM欧洲分公司的人事调查工作，任多所大学的客座教授。

不同的叙事

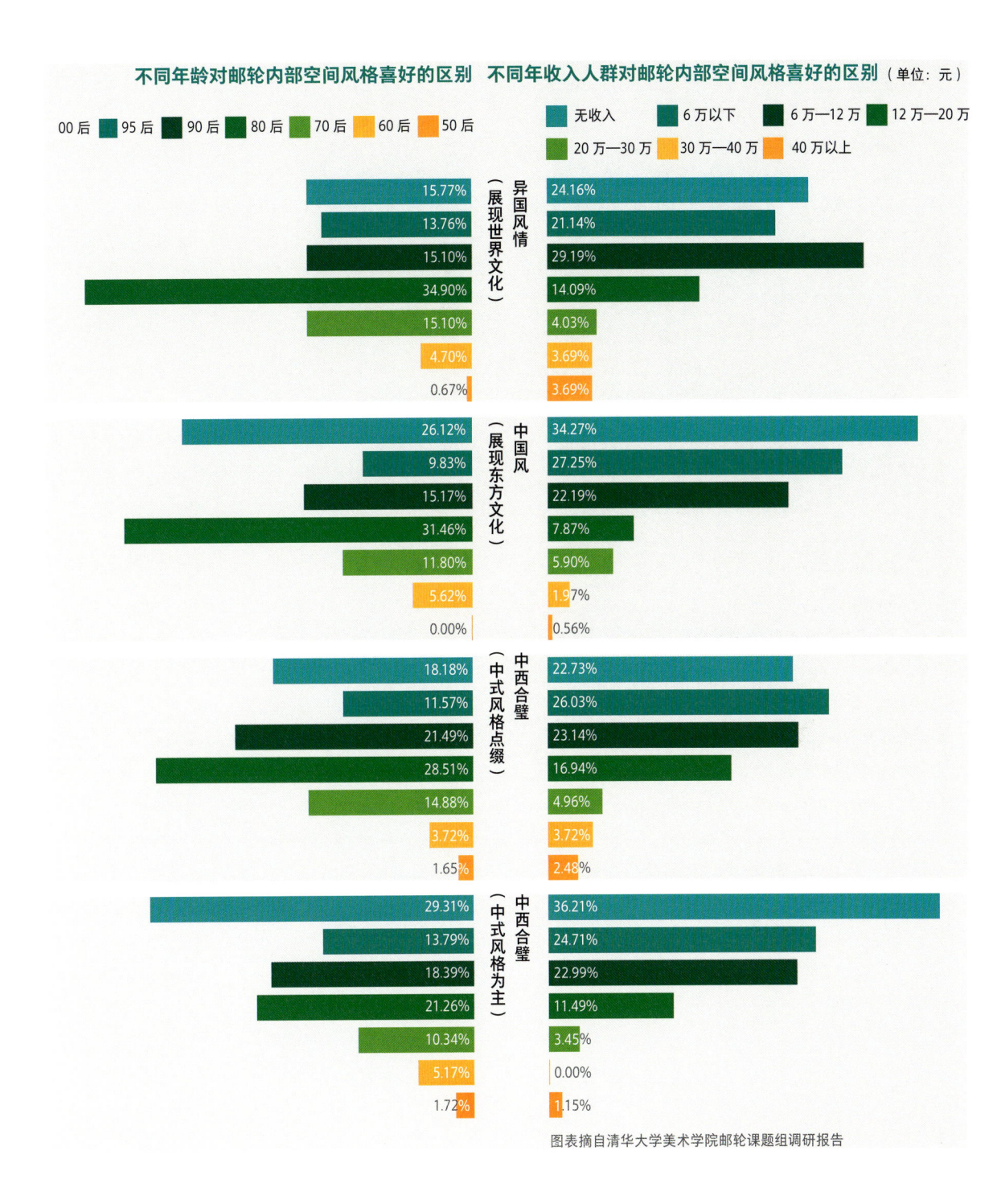

不同年龄对邮轮内部空间风格喜好的区别

图例：00后 | 95后 | 90后 | 80后 | 70后 | 60后 | 50后

不同年收入人群对邮轮内部空间风格喜好的区别（单位：元）

图例：无收入 | 6万以下 | 6万—12万 | 12万—20万 | 20万—30万 | 30万—40万 | 40万以上

异国风情（展现世界文化）

年龄	百分比	年收入	百分比
00后	15.77%	无收入	24.16%
95后	13.76%	6万以下	21.14%
90后	15.10%	6万—12万	29.19%
80后	34.90%	12万—20万	14.09%
70后	15.10%	20万—30万	4.03%
60后	4.70%	30万—40万	3.69%
50后	0.67%	40万以上	3.69%

中国风（展现东方文化）

年龄	百分比	年收入	百分比
00后	26.12%	无收入	34.27%
95后	9.83%	6万以下	27.25%
90后	15.17%	6万—12万	22.19%
80后	31.46%	12万—20万	7.87%
70后	11.80%	20万—30万	5.90%
60后	5.62%	30万—40万	1.97%
50后	0.00%	40万以上	0.56%

中西合璧（中式风格点缀）

年龄	百分比	年收入	百分比
00后	18.18%	无收入	22.73%
95后	11.57%	6万以下	26.03%
90后	21.49%	6万—12万	23.14%
80后	28.51%	12万—20万	16.94%
70后	14.88%	20万—30万	4.96%
60后	3.72%	30万—40万	3.72%
50后	1.65%	40万以上	2.48%

中西合璧（中式风格为主）

年龄	百分比	年收入	百分比
00后	29.31%	无收入	36.21%
95后	13.79%	6万以下	24.71%
90后	18.39%	6万—12万	22.99%
80后	21.26%	12万—20万	11.49%
70后	10.34%	20万—30万	3.45%
60后	5.17%	30万—40万	0.00%
50后	1.72%	40万以上	1.15%

图表摘自清华大学美术学院邮轮课题组调研报告

"赛琳娜号"/"辉煌号"调研

歌诗达邮轮有限公司（Costa Cruises）：

歌诗达邮轮有限公司（Costa Cruises）作为老牌意大利船运公司，历史可以追溯至意大利建国之前。歌诗达公司虽然成立较早，但实际上在意大利客运邮轮行业是个后来者。1854 年，贾西莫·歌诗达先生（Giacomo Costa）成立歌诗达公司，不过当时公司的主要业务是橄榄油生产。1924 年，为了满足将意大利南部或其他地中海地区的橄榄原料运输到北部工厂的需求，歌诗达购买了一条货轮。直到第二次世界大战以后，该公司才开始运营意大利到南美的客运班轮。

歌诗达邮轮有限公司（Costa Cruises）目前仍然是欧洲地区最大的邮轮公司，以"海上意大利风情"（Cruising Italian Style）作为品牌定位，在全球范围内运营着 12 艘大型邮轮。2006 年，歌诗达邮轮公司开启中国邮轮市场的运营，也是第一家以中国城市为基地从事母港运行的国际邮轮公司，也是中国邮轮旅游市场的推动者。"爱兰歌娜号"（Costa Allegra）以香港和新加坡作为邮轮母港，并到访中国沿海城市。十余年来，随着来中国邮轮游客的增加，歌诗达逐步提升邮轮的体量和质量，从 1969 年下水的货船改造的 2.6 万吨的"爱兰歌娜号"，升级到"经典号""维多利亚号""大西洋号"。目前中国市场配置的是 2017 年来中国的 11.45 万吨的"赛琳娜号"和 2019 年为中国市场量身订购的 Vista 级 13.55 万吨的"威尼斯号"。歌诗达邮轮已为超过 200 万中国游客提供了所谓纯正的"海上意大利"邮轮假期服务，并准备逐步提升更多"意大利式"的海上体验，原计划于 2020 年下水后就布局到中国的"佛罗伦萨号"则由于疫情影响，目前仍在欧洲运行。

@Costa Cruise Lines

印有字母"C"的明黄色的烟囱，是在码头上一片邮轮之中识别歌诗达邮轮的最好方式。这个简洁明快的设计非常成功，可以给初次乘船的乘客留下深刻的记忆。

地中海邮轮 –MSC Cruises：

MSC 邮轮与货轮在海面上航行
@MSC Cruise

1989年，地中海邮轮——MSC Cruises（意大利语：MSC Crociere）在意大利那不勒斯成立，如今已成为全球最大的私营邮轮公司。2017年，地中海邮轮载客人数占全球份额的7.2%，排到全球第三，仅次于嘉年华集团和皇家加勒比集团。地中海邮轮是地中海航运公司（MSC）的子公司。2021年底，地中海航运公司S.A.(MSC)超过航运巨头马士基公司(Maersk)，成为全球最大的集装箱航运公司。在航运界翘楚母公司地中海航运的支持下，地中海邮轮动作频频，预计在未来五年接收10艘新邮轮，力图占有世界邮轮市场更多的席位。

2016年4月，地中海邮轮在巴黎爱丽舍宫推出"世界级"邮轮（World Class），同时与STX France 签署了一份订购4艘"世界级"邮轮（价值约45亿欧元）的订单。

2018年7月，公司宣布将在迈阿密港为其"世界级"邮轮建造第二个邮轮码头，2022年10月完工交付。

2018年10月宣布订购的4艘豪华型的小型邮轮，每艘都达到惊人的64,000总吨，小型豪华邮轮将是地中海邮轮"MSC游艇俱乐部"概念的转化，首制船已于2023年春季投入运营。

按原计划，疫情缓解后，地中海邮轮将部署全新的船型"传奇级"17.2万吨的"地中海荣耀号"（Bellissima）及"传奇+级"18.1万吨的"地中海华彩号"（Virtusa）到中国市场。地中海邮轮与太阳马戏合作，在邮轮上呈现给乘客"一生一定要欣赏一次"的太阳马戏，将使"荣耀号"成为第二艘上演太阳马戏定制大秀的邮轮。近期又披露了专为旗下"传奇级"邮轮定制的七部原创海上旋转木马奇幻秀（Carousel Productions at Sea），混合杂技表演、舞蹈和音乐，进一步为乘客带去极致的视觉感官体验。同时，"荣耀号"与乐高的长期合作还将进一步延续，提供包括乐高海上乐园、智高婴幼儿俱乐部、哆来咪沙龙及科技实验室，满足假期中不同年龄段的亲子活动需求。2019年1月，MSC地中海邮轮还推出了全球首款虚拟个人邮轮助手——ZOE，这是一款由哈曼国际设计的人工智能设备，搭载在MSC "荣耀号"和MSC "华彩号"上使用，也将在未来的新船交付时使用。MSC地中海公司在大型邮轮的发展上拥有自己的独特发展节奏和特色，将继续在吸引亲子家庭用户上发力，争取疫情后中国市场的份额。

"Cruising Italian Style"

基本参数：

总吨位	114500 吨
甲板层数	13 层
舱房数量	1507 间
长度	290 米
宽度	38 米
航速	18 节
满载客数	3617 人
船员人数	1068 人
首航时间	2007 年

赛琳娜号

歌诗达"协和号"是同级邮轮中第一艘下水的，因此这一级别被命名为"协和级"。"赛琳娜号"是紧随其后下水的姊妹船，曾来到中国运营。在投入使用时，114,137 吨的歌诗达"协和号"及其姊妹船是意大利当时建造的最大船舶。"赛琳娜号"是法库斯经手设计的最后几艘船之一，其内饰以古罗马为主要风格线索，富丽恢宏、细节精致。

基本参数：

总吨位	138500 吨
甲板层数	18 层
满载客数	4363 人
船员人数	1370 人
长度	333 米
宽度	37.8 米
航速	23 节
下水时间	2009 年
改造年份	2017 年 12 月
中国首航	2018 年 5 月 18 日

2016 年，MSC"地中海抒情号"（6.5 万吨）到中国开始母港的运营，2018 年升级为 MSC"地中海辉煌号"（13.8 万吨）。这条船于 2009 年下水，是一条典型的地中海邮轮，初期主要在地中海地区运营，是当时很受欢迎的现代邮轮。"辉煌号"的菜单包括来自意大利卡拉布里亚、皮埃蒙特、拉齐奥、普利亚和西西里岛等不同地域的特色食物，结合现代感的设计形成整体氛围，提供多种船上制作的意大利面包、比萨，意大利调味饭和新鲜制作的意大利面是每日的招牌菜，对于欧美游客非常具有吸引力。船上设有多达 11 家酒吧，包括 Shelagh's House Irish Pub、Manhattan Bar、Buddha Bar、Sinfonia Lounge 和 Capri Bar 等，提供不同类型的酒水。地中海邮轮成立之初更主要地面向欧洲客人，强调地道的意大利地域美食和葡萄酒，通过意大利的餐饮美食辅以娱乐休闲活动，来彰显意大利邮轮公司的品质。伯利兹 2019 邮轮年鉴将"MSC 辉煌号"描述为"吸引年轻的成年夫妇、独行旅客以及有孩子和青少年的家庭，他们喜欢混合着不同国籍，但也主要是欧洲游客的大船……走在里面的感觉就是身处一个欧洲的城市中心，可以和各种各样的不同空间、角落及缝隙和场地进行交互"【19】。

辉煌号

"赛琳娜号"用户网络评价摘录：

性价比是高的，但是和邮轮最初到国内时已经差很多了，以前有龙虾、牛排、三文鱼，现在就是简餐，挺失望、难过的，为何啥进了国内都要降低品质呢？当然国人的素质和浪费现象确实也有待改善。

上海—山口—上海，2018.10.12

总体来说这次邮轮之旅还是比较满意的，客舱干净整洁、无异味，这个是最满意的，每天客房服务人员都把房间打扫得很干净。免费餐厅一般般，特别是9楼的自助餐厅很混乱，看上去乱糟糟的。收费餐厅很不错，味道很好，服务周到，服务员态度很好，价钱也不贵，和上海的餐厅差不多。强烈推荐去收费餐厅吃饭，特别是带宝宝的游客。船上的节目也算可以，表演、购物都还算令人满意。上岸的行程就一般般了，每个景点都很赶时间，购物方面倒没有强制消费的事情，这点值得赞一个。就是赶时间，比较累，也没什么不好的地方。总之这次旅行还算满意吧！

上海—熊本—上海，2018.11.17

此游性价比超高！唯上下船手续繁琐，比登飞机出境还难！

上海—福冈—上海，2018.10.8

有史以来最差的一次邮轮体验。邮轮上都是乌泱泱的大妈、大叔，吃的餐食跟以前根本不一样，什么船长欢迎晚宴、欢送晚宴都没有了，三楼几道式晚宴真的是差哭了，就是九层自助餐厅的餐食摆了个盘而已。玩的游戏、放的音乐都是抖音神曲，要么就是广场舞神曲，真的是low到爆炸。再说岸上跟团游，好不容易过五关、斩六将挤过中国大妈大叔下了船，结果地接把我们带到了一些中国人自己开的免税店和餐厅……

上海—长崎—上海，2018.12.27

"辉煌号"用户网络评价摘录：

虽然受台风影响，航程延误缩短了一天，但整个航线没有变化，原本以为不能停靠长崎了，结果天气还算给力，还是停靠了。"辉煌号"果然辉煌，施华洛世奇的水晶旋梯是最大亮点，亮瞎眼啦。整体装修都还比较新，看不出是十年老船了。食物只能说还凑合吧，吃饱肯定没问题，种类每天也都换着来，糖醋排骨还不错，有些菜不怎么好吃。晚上的剧场值得一去，载歌载舞，还不错的视觉盛宴！白天船上闲逛，有乐高中心，孩子可以托管，还不时在室外有活动与游客互动，参与性高。总之性价比比较高！

上海—长崎—上海，2018.10.5

作为一个资深的邮轮玩家，体验过"量子号""喜悦号""公主号"。这次的邮轮地中海'辉煌号'体验一般，船上游玩项目较少，比较无聊；自助餐味道一般，果然如之前点评所说，船上的服务人员不热情，有些还对人爱理不理的。天气真的很给力，没有台风，风浪也不算大，船体虽然有些摇晃，但是总体还能接受！就是岸上观光太令人失望，一天安排五个地方，每个地方才给半小时时间'浏览＋购物'，真闹心啊！anyway，MSC可能适合带孩子的亲子游，适合小孩子的游玩项目比较多！"

上海—福冈—上海，2018.9.21

"辉煌号"——船如其名，中间五楼、六楼金碧辉煌，水晶楼梯、水晶钢琴、到处是特色酒吧，还有钢琴、小提琴、吉他等现场演奏，可以说音乐派对很多，还有教各种舞蹈的。每晚剧院都有一场演出，专业演员、舞美、灯光都很赞。还有一些游客参加的活动，如舞蹈比赛、厨艺大赛等。船上另一个特色就是泳池很多，大的小的、冷的热的、船头船尾，特别适合现在这个季节。吃的共有两种餐厅：自助餐厅，每天从早到晚不同的时间段提供不同的美食；主题餐厅，每天也有不同的菜单，主要是午餐和晚餐，但品种不是很多，有些菜不太适合我的口味，有一些海鲜但不太新鲜，毕竟价格在那儿，免费的不可能太好。船上几千个人，但饭点都能找到位置，不会很挤，这点做得不错。除了这些，船上的娱乐活动较少，博彩游戏也不适合我们。电影和健身俱乐部都没发现。还有一些付费体验，感觉太贵了没去。作为入门级的游轮体验，还是物有所值的。

上海—长崎—上海，2018.7.26

赛琳娜号用户评论词云图

　　"赛琳娜号"词云图是由同程旅游平台上2033条评价数据分析得出的，在这里"不错"被提到了941条，因此被放到最大，而最小的字只有24条。人们对4艘船的网络评价总体看起来有这么几个共同特点：1. 对导游及陪同进行夸奖；2. 总体都是满意和开心的；3. 乘客对吃、餐厅、目的地城市观光、购物（免税店）、老人和孩子更为关注；4. 乘客整体较为满意的是船上的卫生和洁净程度、表演的内容和丰富程度；主要的不满和负面评价在于登、离船时排大队、混乱的组织以及食物浪费等现象。从字号上看满意的词频大大超过不满意的词频。上述的图片是我们人工去除了导游、地陪等词汇及少量没有信息的词汇后做出的最终呈现，因此在分析词云图时就不再赘述，更主要地提取特殊的看点及问题。由"歌诗达赛琳娜号"的网络评价词频分析可知，各类词语比例较为均衡，从词云图上看虽然特点不够突出，但总体评价都比较好。主要有几个特点："歌诗达赛琳娜号"秉承了嘉年华低价实用的优点，票价相对较低，受到退休老人的青睐，对部分初次登船尝鲜的乘客也是个好的开始，"第一次"这个词的高使用频率说明了这个特征。"意大利""宙斯"等词的上榜，以及意大利美食的缺失说明意大利视觉风格的不完全成功以及风情并不完整，以至于很多游客印象最深的不是船上的体验，而是日本岸上游和在船上或船下从始至终提供贴心服务的服务人员，这与实地考察的船上设施相对老旧的情况相符。

辉煌号用户评论词云图

"辉煌号"词云图是由同程旅游平台上的912条评价数据分析得出的，在这里"服务"被提及次数最多，为388条，因此被放至最大；而最小的字只有15条。从"辉煌号"同程旅游的游客网络评论的词频图上看，除去"服务"，以及"日本""福冈""长崎"等地名，"剧场""精彩"是一对组合，可以看出乘客对船上演艺节目的肯定，表演为乘客留下了深刻的印象和美好的回忆。很多乘客在评价中强调剧场演出十分精彩，但也有经验丰富的乘客认为演出种类和难度还有待提高。"水晶"一词反映出地中海邮轮上的施华洛世奇水晶大楼梯为乘客留下的深刻记忆。通过这几个词汇，我们能够感受到视觉内容在中国邮轮乘客活动中的重要性。我们也发现至少在2018年"辉煌号"的美食还是引人注目的，4艘船里面提到食物品类词汇的，以"辉煌号"为最多，包含"饮料"和"酒吧"，以及"冰激凌""牛排""咖啡""比萨""火锅""水饺"；另外还有"点餐""套餐""西餐""菜单"等多种相关的词汇，可以看出MSC的"海上米其林项目"还是有效果的。同时"辉煌号"的词频里出现了"量子"，

说明"辉煌号"邮轮上老客不少，以"量子号"作为参考，与"辉煌号"进行比较。中国的邮轮乘客一直是以沿海城市接受新鲜事物更快的70后、80后中产阶级为主，承上启下的他们带领着上一代40—50年代出生的父母以及下一代2000年后出生的子女，三代同游，亲子游或者祖父母带着孙辈出游都是常见的形式。因此现代邮轮多以亲子项目为重点，以便适应中国家庭乘客的需要。"辉煌号"为孩子设计的多种细分活动场地符合现在国人的诉求，家庭用户评价较高。

中国人大量外出旅游仅仅发生在近30年内，从看世界观光性的团体旅游发展到更为小众的旅行是一个快速和不均匀的过程。中国东西南北经济文化差异巨大，目前我国的旅游业仍然是一种以大众团体旅游为主、度假为辅的模式，小众的旅行处于刚刚兴起的状态。可以说以视觉为主的旅游仍然很有市场，人们只要出去旅游，便会满怀好奇地通过观看、拍照与周边的景物对话。邮轮兼具团体旅游及度假的概念，既可以以视觉为主参与观光，也可以以身体为主参与休闲和娱乐，非常适合我国现阶段的公众旅游状态。

"赛琳娜"访谈记录选摘：

采访者：孙星
受访者 D：男，48 岁，医院网络工程师；居住地：黑龙江；爱看电视、看球，假期就出去旅游。
乘坐邮轮经历：歌诗达赛琳娜、天海邮轮
访谈日期：2021.6.12；方式：微信语音

2018 年 7 月坐的邮轮是从天津出发的歌诗达"赛琳娜号"，到福冈和长崎。
您现在还能记得这艘歌诗达邮轮的外观和风格吗？

邮轮外观有印象，是黄色的烟囱上面有个 C。整体布局我记得挺乱的，找餐厅找得很麻烦。

您当时选这个邮轮有什么根据吗？会在买票前了解一些相关邮轮的品牌吗？

以前 2017 年还坐过"天海"，但"天海"现在好像已经没了。这两次出行比起来，"天海"吃得好，它的餐食比较符合亚洲人的胃口。我选择邮轮要考虑价格、航线的日期，还有餐饮方面的因素吧，当时为什么没坐"公主号"，是因为比较贵嘛，再加上时间跟我的计划稍微有点冲突。天津港不太好，我觉得走上海的比较好。

岸上游一般都比较鸡肋，我觉得还是（岸上）自由行比较好，直接整个接驳车按时到几个点接送。

邮轮旅游给孩子带来了什么影响？孩子会在这个里面学习到什么吗？

我的孩子坐邮轮去完日本、韩国，回到我们县，发现公共厕所特别脏，短短的几天旅游对他影响很大，他接受了邮轮上的那套东西以后，变得讲卫生了。

邮轮上的服务跟国内酒店的服务相比，您觉得它最大的差异点在哪儿？

国内的一些宾馆也能做到见到你打招呼，但是给你感觉他并不是很开心，没有内心发出来的感情，邮轮上那种客气和礼貌我感觉特别好，每个人见到你都笑眯眯地跟你打一声招呼，可能很多人觉得这个不太重要，但我觉得感受到他的情感很重要。

那您周边的人们对您的邮轮之行有什么样的反馈呢？

到目前为止，我身边的人只有我家人去了两趟，我还有我爱人单位的同事都觉得邮轮挺好，但是他们好像没有人去，可能最大的顾虑是晕船。

如果再选择邮轮出游，您会选一艘什么样的邮轮？

再去我也要选大一些的邮轮，因为太小的邮轮晃，抗风浪性能比较差一些。我觉得冉去日本这个航线可能没有什么意思，我这两年去了两趟了，有点坐够了。泰国、东南亚那一趟航线应该好些。

"辉煌号"访谈记录选摘：

采访者：吴倩倩

被访者 F：黄女士，居住地：上海；普通职员，有一个 12 岁的女儿，喜欢读书及旅游，坐过"海洋量子号"及"辉煌号"邮轮。

访谈日期：2021.6.18；方式：微信语音

出游需要适应同伴的需求，是吗？

是，主要是一家人在一起，之前也有带父母乘坐"辉煌号"，还有时是和朋友及朋友家人，一大家子大概七八个人这样子，玩什么不是重点，重要的是一家人在一起。

你去过酒吧吗？

去听过唱歌，其实船上的娱乐活动挺多的，有很多场次都没有人看，显得歌手很受冷落，所以我会在各个场馆待一会儿，欣赏了表演，给人家加加油，我觉得这是对别人的一种礼貌。

船票都是您购买的吗？

绝大部分像这种家庭旅游，基本上都是女性来主导的，因为路上各种各样的事项，或者是照顾小孩，基本都是妈妈管，所以由妈妈来主导很自然。一般家庭的男主人都不会有什么意见，除非是计划有明显的瑕疵。

这个邮轮是精品邮轮，您觉得算是比较奢华的，还是现代的呢？

我觉得这个邮轮是属于比较奢侈一点的吧，当然介绍上说是现代的，应该说它是现代科技风。我觉得邮轮内部其实都是差不多，更大的和比较新的邮轮里面的布置会更合理。新旧就是指船内装修，其实这些都不是重点，大家都在海上，风景其实都是一样的。我的意思是讲内装修当然是要好的，但是奢华可能就不必了，当然可能也有些人需要吧，因为你又不能离开这个船，那能有什么东西可以看呢？所以对一个邮轮来讲，它的装饰应该是很重要的，只能在这上面下功夫，让人家印象深刻一点，不然的话你有什么卖点吗？

您觉得这些装饰没有太大的差别是吗？

我们家老人对装饰这些是没有概念的，他就是喜欢看海，喜欢聊天，装饰对我来讲也并不是重点，我不会花时间去看这些。但可能年轻人会更关注一些。"辉煌号"大堂有一个水晶楼梯，对我的小孩来讲就很新奇，他会去那里拍照，从这看一个邮轮确实应该有一个自己的特点。

"赛琳娜"访谈记录选摘：

采访者：吴倩倩

受访者 E：男，39 岁，事业单位工作，喜好旅游。2015 年 7 月乘坐歌诗达的"幸运号"。和父母做一个比较放松的旅游，可以到日韩，又不用很麻烦办签证。

访谈日期：2021.6.17；方式；微信语音

您是怎么看待阳台房价格高的问题?

（舱房）价格倒不主要，也就差几百块。只是觉得没有什么必要去阳台。夏天太热，不想出去；冬天太冷了，也不想出去，除非是风和日丽的天气。要阳台房，那是因为有风景，除非是像长江三峡那种样子，否则我是尽量不选择阳台房的。

您的父母觉得有什么设施体验方面的特点?

他们特别喜欢邮轮夜间的生活，基本上每天剧场都有一场表演。前面差不多一个小时有中老年人热爱的剧场表演，后面就是带着大家各种集体玩乐，也不太像广场舞了，而是类似于做游戏的一种娱乐活动，就像一个景区那种篝火晚会的样子，非常好。后面还有舞会，整个夜间的生活是非常丰富的，从吃完晚饭到睡觉期间，排得很满，印象最深刻。

那您有参与进去吗?

我基本是陪同父母，负责拍照。

邮轮上还有什么让你记忆犹新的服务吗?

娱乐总监不单单在一个场子，而是在每个场合都能调动气氛。你看完一个，他再带你们到下一个场子，感觉非常辛苦，但起到的效果也非常好。这个岗位是非常重要的。

如果出游的话您会比较关注同伴的一些感受呢，还是比较关注个人的一些感受呢?

同伴的感受。如果和家人一起，他们几个感受不好的话我会放弃。

"辉煌号"访谈记录选摘：

采访者：吴倩倩

被访者G：男，公务员；居住地：山东，平时喜欢旅游、读书。已经乘坐十几次邮轮了，皇家加勒比和地中海邮轮的二级会员。最近一次是疫情之前，乘坐的是地中海"辉煌号"。

访谈日期：2021.6.13；方式：微信语音

您是怎么选择这个邮轮的？对邮轮的偏好是什么呢？

邮轮的选择偏好，第一还是选择没坐过的；然后尽量选择时间合适的，根据自己的时间来找合适的行程。

那您是怎么选择房间的？

大部分时间都是在邮轮上转悠、玩，住的方面我不会太挑剔。自己出行的话一般会选择海景房，如果乘坐皇家加勒比就选内舱，性价比比较高，其他新的船也会考虑选择内舱房。带孩子和家人出游的话，会考虑阳台房，或者是那个之前皇家加勒比IP合作款的房间。

"辉煌号"让您觉得印象深刻的娱乐项目是哪些？

"辉煌号"这条船的娱乐项目，这么一说还真有点想不起来，因为它没有什么特别的娱乐项目。我能有印象的是有一个在大厅里的舞会，国外的舞蹈演员和邮轮上的客人一起跳舞。不是在正式的剧院里跳舞，是在大堂里和大家一起，有乐队、演员，大家一起跳。那个活动应该是在下船前一晚的活动，在一个开放空间里，比较热闹，周围没有坐的地方，而且没有距离感，可能会让人更放松一些吧。

自己与朋友出游和家庭出游，哪一种出游方式会让你体验更好，或者有什么不一样的地方？

自己家人出游的话，你可能就会更照顾家里人，要是带家人与孩子出去，你肯定会很早看完演出，就要回房间休息，对外的交流就会少一些。而自己出行，自己玩得会更多一些，参加活动也会更多一些。尤其是和朋友一起，可能玩得会更放得开。

在国内，尤其对于二三线城市来的乘客来讲，很多陆地上没有的娱乐出现在邮轮上，加上邮轮上国外的娱乐团队，外国的船员带着大家一起玩，很新鲜，会更国际化一些。

有没有去过船上的赌场？

赌场我去围观比较多，玩得比较少，也不太会。虽然他们有教学，但我也只是过去新鲜一下。我去赌场还有一个很重要的原因，是那里有24小时的饮食，我起得比较早，就可以过去找东西吃。

"MSC 辉煌号"调研记录：

调研人：刘岗、许梦家、王德森
进行时间：2019.7.21—2019.7.25
行程：上海——日本熊本——上海

特殊状况：	由于台风原因，邮轮晚点 9 小时，由下午登船改到了晚上登船。邮轮运营方为此向每人赔付了 15 美金； 事后保险公司也可以理赔 100 元，但理赔手续复杂，很多人都没有要求理赔，大家普遍认为手续复杂是惯用手法，目的是减少大家的理赔行为； 晚点之后，游客增加了在陆地上（上海市区）的消费。
登　　船	办理手续复杂，流程无序，办理现场人流混乱，排队等待时间长，环境极其嘈杂，登船路程远。
登船感受	此阶段体验全程最差； 船体视觉感受震撼、有灯光氛围、船身很长，秩序感强，整体干净整洁，有大量外国船员服务，感受到别样风情； 系统和设施是较先进的，比如电梯的目的选层器，但很多老年人根本不会用，就一直在里面盲进盲出。
客　　舱	客舱无任何异味，干净、舒适，配色和谐，有美感；细节设计比较好，施工工艺细致； 房间内湿度较大，感受较为不舒适。
免费餐饮	国人集中活动之处，每天各个时段都有大量人员聚集； 餐厅是家庭聚会、聊天、活动的主要场所，空间感受是开阔的； 食品种类较为丰富，有一些特色美食，基本不需要排队。

付费餐饮	外币结算，换算为人民币价格较高，消费人群偏少；
	餐饮品质相对较好，空间更为优雅别致。
娱　　乐	儿童、亲子主题较多；
	暑假里人群为老年人与亲子家庭居多；
	大量收费的娱乐空间闲置。
离船体验	离船路线复杂，需要去剧院排队，从剧院去出口会有个台阶，拎着行李箱上下台阶很不方便。

"那么，对新的改进了的生活榜样和生活诀窍的急切的、永无休止的追求也是一种购物，而且确切无疑是一种最为重要的购买行为。有许多领域需要我们变得更有能力，并且每一个领域都需要我们'逐店寻找'（shopping around）。我们购买谋生必备的技能；购买如果拥有它就能确保我们成为老板的方法；购买具有良好形象的方法和使他人相信我们就是那种具有良好形象的人的方法；购买如果我们需要就能交到新朋友而如果不再需要就能把老朋友清除掉的方法；购买能吸引注意力的方法和躲过监督与检查的方法；购买从友爱中获得最大的满足而又避免变得依赖于我爱的人和爱我的人的方法；购买赢得心爱的人的爱情，而又能在爱情褪色、关系不和时，能以最小的代价来终结这种结合的方法；购买最为合算的应付不测的存钱方法和在我们赚到钱之前最为便利的花钱方法；为更快地做好需要做的事情，为做那些做是为了打发空虚时间的事情而购买资源；购买那些令人垂涎三尺的食物，以及最为有效的能消除因吃了它们而引起的副作用的减肥方法；购买音量最大的音响和最有疗效的头痛片，等等。需要购买的东西是没完没了的。但是不管这张购物清单有多长，能够让人决定不再购买的方法，却无法在它上面找到。在我们这个目标明显无限的世界中，最为需要的本领是能成为熟练的、孜孜不倦的购物者。"【20】

第四章

大妈"吃"跑了"喜悦号"?

二次消费[①]

2016年，诺唯真邮轮公司宣布为中国市场特别打造全新的16.8万吨的"喜悦号"邮轮。2017年6月，"喜悦号"投入运营，成为当时中国市场上最大的邮轮之一（比皇家加勒比的"海洋量子号"略小）。诺唯真邮轮控股母公司总裁兼首席执行官弗兰克·德尔里奥说道："经过多年的精心设计，这艘神奇的邮轮终于跟大家见面，我和我的团队为能够给中国的消费者定制这样的一艘邮轮而感到自豪和激动。"

与传统邮轮相比，以诺唯真为代表的新生代邮轮公司更为注重营造休闲自由的氛围，讲求"Freestyle Cruising"。"喜悦号"是基于诺唯真"Breakaway"船型改进而来的，美食成了"喜悦号"最主要的招牌之一。"喜悦号"取消常规的服务于上千人的主餐厅，代之以5个小型的、体验感更好的免费餐厅，辅以多家特色收费餐厅，自助餐厅24小时供应餐食。餐饮空间的色调一反欧美轻松淡雅的浅色系，采用深色木质风格，迎合国人喜爱的大气沉稳的审美取向。从网络评价上看，"喜悦号"总体的餐食体验受到中国游客的一致好评。

"喜悦号"在娱乐部分投入了相当多的资源，除了常规的泳池戏水区，还安排了卡丁车、3D赛车、镭射对决CS。首次将和法拉利合作打造的主题卡丁车赛道（go-karts）搬上邮轮，这也是第一个法拉利品牌一级方程式赛车赛道。二级赛道跨越2个甲板高度，在水面上60米的高度以时速40 mph（65 kph）进行赛车比赛，提供令人难以置信的"海上赛车"体验。

针对中国市场，诺唯真"喜悦号"在各方面下足了功夫。请艺术教育家谭平先生为"喜悦号"设计了三色凤凰主题船体涂装；娱乐功能上，增加了中国人喜爱的活动空间，如KTV、麻将室以及更大的商场。值得一提的是2017年6月，在"喜悦号"正式投入运营之前，诺唯真邮轮公司开创性地请了王力宏作为"喜悦号"教父（船界一般邀请著名女性担任新船教母），进行了长达一年的市场营销活动，通过电视和广播、户外广告、社交媒体等多种渠道推广"喜悦号"。

然而事与愿违，仅仅过了两年，诺唯真邮轮公司在2018年11月宣布"喜悦号"将在2019年4月退出中国市场，此举引发了外界广泛的猜测。2017年中国邮轮市场达到了高峰，发展前景看好，为什么诺唯真邮轮公司信誓旦旦为中国市场投入巨资打造的"喜悦号"又很快退出了呢？

诺唯真"喜悦号"邮轮退出中国的公开信

诺唯真邮轮基于目前中国邮轮市场的现状，适时调整策略，决定将于2019年4月起，将"喜悦号"调离中国市场，执航阿拉斯加航线，以满足全球游客包括广大中国消费者对热门目的地的庞大需求。2020年暑期，我们会从海外调配一艘更具国际风情的7万吨级邮轮诺唯真"之勇号"，从中国母港出发，展开季节性航程。我们将投入数千万美元对诺唯真"之勇号"进行改造。届时，不论是用餐环境还是邮轮氛围，都是以国际化特色为主。目的在于扩大中国邮轮业市场的进一步细分，满足中国游客的个性化需求。

向宇澄
诺唯真邮轮控股有限公司中国区董事总经理
2018年11月

有网络媒体撰文揭示中国游客在"喜悦号"上暴饮暴食的失礼行为，指出他们浪费食物的行为是"喜悦号"退出中国市场背后的原因。2018年10月一篇公众号刊出的文章说，中国人喜欢浪费还不消费，最终吃垮了"喜悦号"邮轮。作者回忆在"喜悦号"上的就餐经历，表示"几乎见不到一个优雅的中国人"。尽管餐厅内张贴着刺眼的"节约食物"告示牌，但依然"每一桌上都有大量的餐盘，上面有没吃完的大块的牛排、鸡腿，甚至整盘虾仁浪费，令人心疼"。

经过调取网络评价和现场调研发现，在邮轮上的自助餐厅浪费食物确实是较为普遍的现象。不过，仅凭中国大妈在自助餐厅浪费的饭菜就能让诺唯真完善的中国计划化为泡影吗？

"喜悦号"上餐厅内的提示标语
@源自网络图片

乘客在邮轮餐厅内取餐
@源自网络图片

---

① 将购买船票定义为一次消费，对比而言，船上的任何其他消费都被称为二次消费。

○ 参与调研的被试人群中，年收入 6 万及以下的没坐过邮轮的人参与度非常高，相对于 6 万以上收入的没坐过邮轮的人，其参与调研的人数占比为 2/3 左右。随着年收入的增加，参与调研的人数变少，其中坐过邮轮的人数占比随之增加。

年收入与是否乘坐过邮轮的关系

■ 是　■ 否
单位：元

年收入	否	是
无收入	95.83%	4.17%
6 万以下	92.86%	7.14%
6 万–12 万	77.10%	22.90%
12 万–20 万	76.34%	23.66%
20 万–30 万	74.51%	25.49%
30 万–40 万	37.04%	62.96%
40 万以上	76.19%	23.81%

图表摘自清华大学美术学院邮轮课题组调研报告

○ 对于选择哪一种邮轮旅游消费方式，53% 的人选择基本全包，选择性消费；31% 的人愿意采用一票到底，高质高价。支持采用基础票价的方式的人仅占 10%。国人对于包团出国旅游已经积累了几十年的认知，虽然对价格敏感，但对物有所值、优质优价有了一定的认识。

受访用户倾向的邮轮旅游消费方式

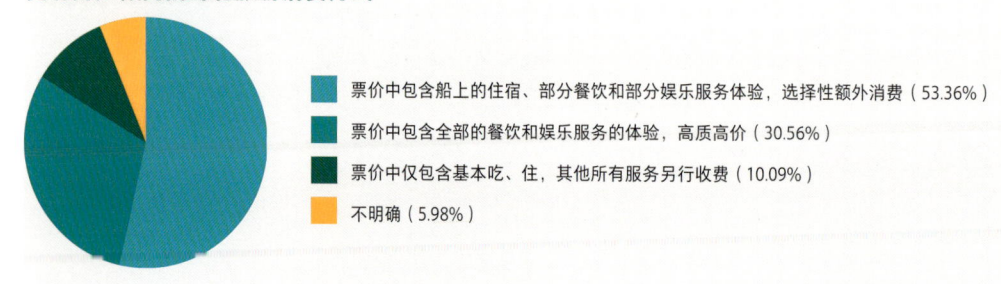

- 票价中包含船上的住宿、部分餐饮和部分娱乐服务体验，选择性额外消费（53.36%）
- 票价中包含全部的餐饮和娱乐服务的体验，高质高价（30.56%）
- 票价中仅包含基本吃、住，其他所有服务另行收费（10.09%）
- 不明确（5.98%）

图表摘自清华大学美术学院邮轮课题组调研报告

年收入对于受访用户价格区间看法的区别　　　　单位：元

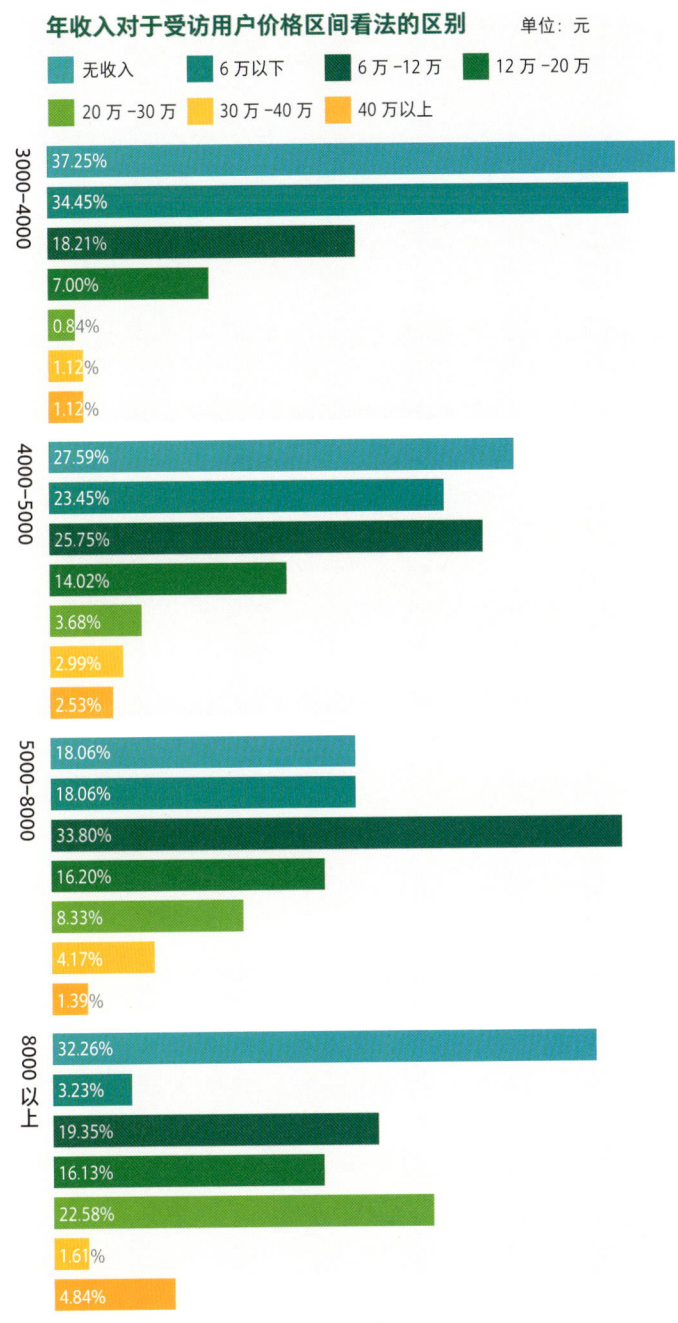

图例	
无收入	6万以下	6万-12万	12万-20万
20万-30万	30万-40万	40万以上

3000-4000
- 无收入：37.25%
- 6万以下：34.45%
- 6万-12万：18.21%
- 12万-20万：7.00%
- 20万-30万：0.84%
- 30万-40万：1.12%
- 40万以上：1.12%

4000-5000
- 无收入：27.59%
- 6万以下：23.45%
- 6万-12万：25.75%
- 12万-20万：14.02%
- 20万-30万：3.68%
- 30万-40万：2.99%
- 40万以上：2.53%

5000-8000
- 无收入：18.06%
- 6万以下：18.06%
- 6万-12万：33.80%
- 12万-20万：16.20%
- 20万-30万：8.33%
- 30万-40万：4.17%
- 40万以上：1.39%

8000以上
- 无收入：32.26%
- 6万以下：3.23%
- 6万-12万：19.35%
- 12万-20万：16.13%
- 20万-30万：22.58%
- 30万-40万：1.61%
- 40万以上：4.84%

图表摘自清华大学美术学院邮轮课题组调研报告

○ 以国外某大型邮轮品牌为例，其运营的航线：中国—日本—中国，为期6天5晚的旅程，您认为更合适的船票价格区间是哪一个？

　　被调研者对于6天5晚的邮轮价格区间也是相对集中在3000-5000元段。不过，未坐过邮轮的人选择更倾向于3000-4000元段，这和答题的人群的总体年龄段较年轻和收入水平不无关系。相对来说，坐过邮轮的人群对于价格区间的调研可能更有针对性，他们选择的价格主要聚焦在4000-8000元这一段，不排除他们也更了解市场定价。在选择定价8000元以上的人群里，男性占2/3以上，而其他选项两性均等。按照收入来划分，其规律是收入越高的人越会支持较高的邮轮价格。但也并非收入越高，邮轮消费意愿就越强，实际上年收入在20万-30万元的人群更愿意付出较高的价格进行邮轮旅游，这也间接反映出他们对邮轮旅游的期许。而更高收入的人群可能由于选择更多，并不愿意支付更多的费用进行邮轮旅游。

受访用户认为邮轮旅行合适的价格区间　　　　单位：元

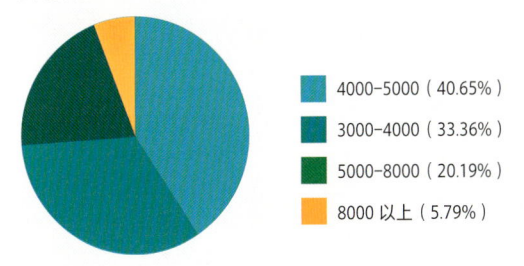

- 4000-5000（40.65%）
- 3000-4000（33.36%）
- 5000-8000（20.19%）
- 8000以上（5.79%）

图表摘自清华大学美术学院邮轮课题组调研报告

邮轮娱乐空间占比比较

辉煌号	38%
海洋量子号	25%
盛世公主号	29%
喜悦号	47%
十五条船平均值	34%

图表摘自清华大学美术学院"近期下水的大型邮轮空间配比数据研究"

邮轮采用通行船票包餐制，即主餐厅和自助餐厅的餐食是包含在船票之内的，但船票总价通常是低于邮轮运营总成本来销售的，邮轮公司获利是通过较低的船票价格吸引游客上船，再加上游客在船上的二次消费完成的。也就是说，游客购买的船票和部分游客的二次消费共同构成收入才能抵扣或超过其总运营成本。这也是目前国际邮轮行业通行的运营盈利模式。如果没有游客在船上的二次消费，或者这部分收入过少，邮轮公司无一例外会处于亏损的状态。【21】

针对中国市场，"喜悦号"在设计上有不少考量，空间格局、住宿、餐饮及娱乐三大区域面积配比，与同期运行的吨位类似的"海洋量子号"相比，"喜悦号"的载客位数相对少一些，乘客空间比例更高，理论上拥有更好的舒适度。以"量子号"为参照，"喜悦号"住宿部分的面积相对小一些，餐饮部分总面积适中，而娱乐部分面积更大、占比更高，显示出诺唯真邮轮公司对娱乐部分的投入和重视。"喜悦号"更倾向于通过提供较为舒适的空间感受和更为丰富独特的娱乐设施来吸引有一定消费要求、消费能力和娱乐愿望的中青年游客；借助丰盛的食物带给游客的快感，触动新的消费意愿，促使他们更多地参与其专为中国打造

嘉年华集团和皇家加勒比集团在 2014 年的客均实际收入与客均日运营成本对比

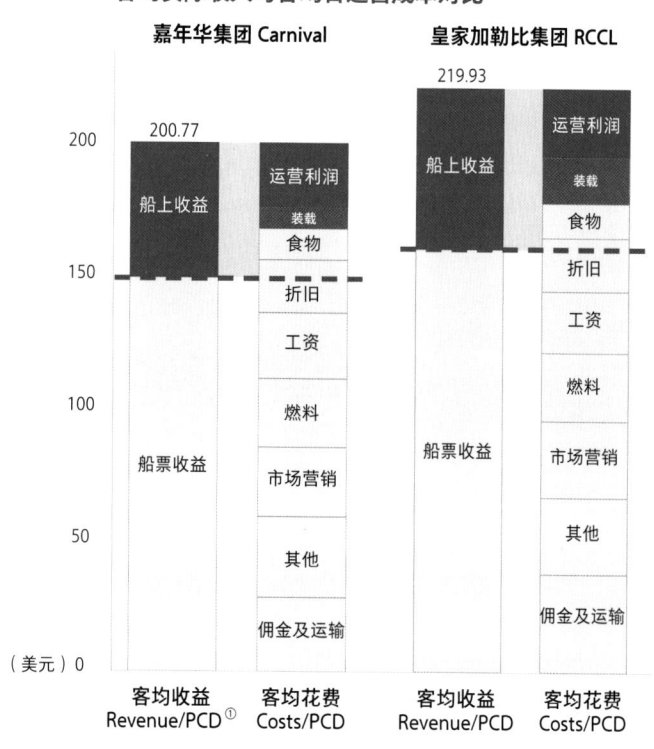

嘉年华集团 Carnival：客均收益 Revenue/PCD① 200.77（船票收益 + 船上收益）；客均花费 Costs/PCD（运营利润、装载、食物、折旧、工资、燃料、市场营销、其他、佣金及运输）

皇家加勒比集团 RCCL：客均收益 Revenue/PCD 219.93（船票收益 + 船上收益）；客均花费 Costs/PCD（运营利润、装载、食物、折旧、工资、燃料、市场营销、其他、佣金及运输）

（美元）

@MICHAELP.VOGEL.
"EconomicsofCruiseShipping:TheNeedforaNewBusinessModel"

① PCD：全称 Passenger Cruise Day，是用于描述基本邮轮单位的术语，意为一个人在邮轮上住一晚为一个 PCD。一对夫妇乘坐七天邮轮等于 14 个 PCD。该单位是预算、定价、成本控制、成本核算和其他报告的基础。

2018年中国市场运行邮轮信息统计

邮轮公司	皇家加勒比		诺唯真	公主	丽星			星梦		歌诗达	MSC	新世纪	总计
参数/邮轮	赞礼号	量子号	喜悦号	盛世公主号	大西洋号	赛琳娜号	幸运号	云顶梦号	世界梦号	处女星号	辉煌号	新世纪号	12
常驻港口	天津 香港	上海	上海 天津	上海	天津 深圳	上海	天津 厦门	广州 香港	广州 香港	上海港	上海	上海 厦门	
总吨（万吨）	16.78	16.78	16.88	14.37	8.56	11.45	10.3	15.13	15.13	7.53	13.35	7.15	153.41
载客数（人）	4180	4180	3850	3560	2680	3780	3470	3352	3376	3044	3959	1814	41245
船员数（人）	1595	1595	1651	1350	897	1100	1027	2016	2016	1196	1300	860	
乘客空间比	40	40	44	40	32	30	30	45	45	25	34	39	
船员/乘客比	1:2.62	1:2.62	1:2.33	1:2.64	1:2.98	1:3.44	1:3.38	1:1.66	1:1.67	1:2.55	1:3.05	1:2.11	
下水年份	2016	2014	2017	2017	2000	2007	2003	2016	2017	1999	2018	1995	
最新翻修					2015	2017	2015			2012		2015	

@ 表格信息整理自网络公开信息

的娱乐项目，通过更多的二次消费获取运营的利润。

2015年是中国邮轮游客高速增长的一年，增速达84%，从248.1万人次增加到456.7万人次，这也是自2011年日本福岛地震后游客增幅最大的一年。不少人非常乐观地预测中国邮轮市场井喷的时候到了，各家邮轮公司也都看好高速增长的中国未来市场，2017年纷纷派遣最新的船只前来。本来没有计划马上布局中国的诺唯真邮轮公司也无法淡定地做个旁观者。2016年，诺唯真邮轮公司将新船命名为"喜悦号"，宣布进军中国市场。"喜悦号"、公主邮轮的"盛世公主号"以及星梦的"世界梦号"3条15万吨以上的新船都是在这一年布局到中国。据作者不完全统计，2018年有共计153.41万总吨、41245床位容量的12条邮轮在以中国城市为母港运行。

2017年韩国部署美国萨德导弹，导致3月17日发生了歌诗达邮轮上3400余名中国团体游客在到达韩国济州岛后集体拒绝下船的事件，随后在中国运营的邮轮公司纷纷取消韩国港口停靠计划。3月15日至6月底期间邮轮不再停靠韩国港口，导致从中国启程的182次经由或到达韩国的邮轮航次被取消，共有预计36万名游客的韩国游告吹。这个由大环境导致的负面因素，成为"喜悦号"首航中国的阴影。

2017年6月28日，"喜悦号"在上海首航，显然错过了最好的时机。中韩邮轮停航后，在中国运营的包括"喜悦号"在内的多艘邮轮只能运行行程大约为4天的日本航线。同时，由于中国游客中的初级乘客占比多，这些乘客倾向于选择更性价比的包含多个国家目的地的行程。因此，中国邮轮游客在2017年的增长出现停滞，2018年甚至有小幅下降，预期中的持续高速增长并未出现。在来到中国运营的邮轮和船只的总吨数和床位数大幅增加的情况下，游客总量反而在减少，供大于求引起激烈的市场竞争。邮轮公司只能以更低的价位进行销售，以吸引更多潜在游客。

2018年亚太地区运营的邮轮品牌船只/床位数及市场占比统计

嘉年华集团	船只数量	床位总数	运载量	市场份额
Costa	4	9,405	729,000	15.40%
Princess	5	13,200	539800	11%
P&O Australia	5	7,710	443,088	9.4%
Cam ival	1	2,100	132,300	2.8%
Total:	15	32,415	1,844,188	39.0%

星梦集团	船只数量	床位总数	运载量	市场份额
Star Cruises	4	6,505	685,743	14.5%
Dream Cruises	2	6,800	476,000	10.1%
Total:	6	13,305	1,161,743	24.6%

皇家加勒比集团	船只数量	床位总数	运载量	市场份额
Royal Caribbean	3	11,300	852,500	18.0%
SkySea	1	1,800	131,400	3%
Total:	4	13,100	983,900	20.8%

诺唯真集团	船只数量	床位总数	运载量	市场份额
Norwegian	1	4,200	306,600	6.5%
Total:	1	4,200	306,600	6.5%

MSC邮轮	船只数量	床位总数	运载量	市场份额
MSC	1	3,300	177,200	3.7%
Total:	1	3,300	177,200	3.7%

	船只数量	床位总数	运载量	市场份额
5家公司总计	27	66,320	4,473,631	94.6%

@Cruise Industry News ｜ 2018-2019Annual Report

2018年，在同程旅游网上的对"喜悦号"的3601个评论当中，有356个评论提到了某个特色娱乐项目，且绝大部分都是正面的评价。

"喜悦号"的自助餐以个人按需取用的方式为主，但中国人还是习惯于集体用餐、分享食物，出游团队里的每个人都有可能习惯性地为别人多取一些餐食，这样会显得有礼节；另外，有的老人年轻时经历过中国最苦难的岁月，饿肚子的记忆深埋在大脑里，可能会下意识地拿取超量食品，特别是高蛋白、高价值的菜品。这两方面的原因导致中国游客在用餐时取食物会超过他们实际所需而造成了浪费。

实际上，在中国运行的邮轮普遍出现了中国游客浪费食物和用餐失礼现象。不过，这样的浪费不足以触动邮轮公司的盈利情况。"喜悦号"的失败主要原因在于"喜悦号"较低的船票价格筛选到了更多较低消费能力和消费意愿的游客群体。这些低价上船的"中国大妈"显然不是"喜悦号"期望的客群，因为他们满足于船上的吃住全包，极少带来二次消费。"中国大妈"只浪费不消费的行为看起来像是媒体的调侃，但有可能是压倒"喜悦号"的最后一根稻草。因此，"喜悦号"的退出，目标客群未能如期到位，船上缺少二次消费是直接原因；更深层原因则是2017年发生变化的中国邮轮运营环境。

2018年9月至10月"喜悦号"的航程统计

9月3日	上海－福冈－上海	5天4晚
9月7日	上海－佐世保－上海	6天5晚
9月11日	上海－广岛－鹿儿岛－上海	5天4晚
9月16日	上海－佐世保－上海	5天4晚
9月20日	上海－长崎－上海	5天4晚
9月24日	上海－福冈－上海	5天4晚
9月28日	上海－福冈－上海	5天4晚
10月2日	上海－广岛－上海	5天4晚
10月6日	上海－福冈－上海	5天4晚
10月10日	上海－长崎－上海	5天4晚
10月14日	上海－熊本（八代）－上海	5天4晚
10月18日	上海－长崎－上海	5天4晚
10月22日	上海－冲绳－上海	5天4晚
10月26日	上海－长崎－上海	5天4晚
10月30日	上海－鹿儿岛－上海	5天4晚

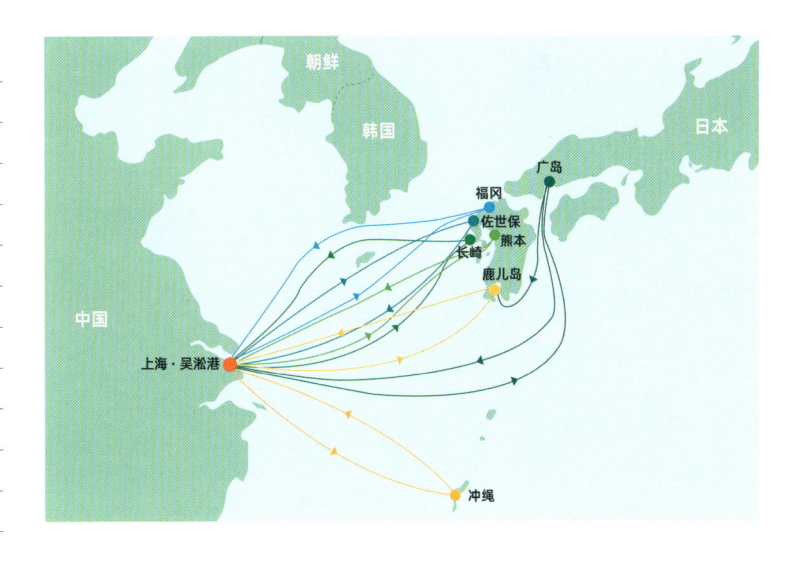

@ "喜悦号"行程信息整理自同程旅游

"喜悦号"在中国坚持了不到两年，在始终无法盈利的情况下，诺唯真邮轮公司撤出中国止损是可以理解的选择。诺唯真邮轮公司计划更换排量更小的7.6万总吨"诺唯真之勇号"邮轮来维持其中国的市场，等待市场的变化再行调整。但是，原计划在2020年夏季部署到位的"诺唯真之勇号"，由于全球疫情的暴发，导致整个邮轮旅游停摆。目前，诺唯真邮轮公司尚未完成对中国市场的布属。

邮轮运营是一个非常多面的领域，除了和邮轮的设计、格局（总布置）以及船上的运营管理、航线相对确定的要素关联之外，更是和无法掌控的地缘政治事件、环境保护、税收及劳动法规甚至海盗、局部战争等要素高度关联。诺唯真邮轮公司的计划设计虽然很完善，但也无法抵消地缘政治事件带来的市场变动。诺唯真邮轮公司的"喜悦号"离开中国市场，是针对国际市场做出的新的战略部署，是从公司效益最大化角度做出的选择。

○ 2018年中国在线邮轮用户调研显示，船上的二次消费人群占比为21.6%，餐饮消费仅占其中的1/4，也就是5.3%。2019年调研显示，有餐饮方面的二次消费邮轮游客占比达58%，表明越来越多的人愿意在邮轮上进行二次餐饮消费。

○家庭出游的二次餐饮消费意愿更高。公司团队出行的二次消费的比例也不容小觑。

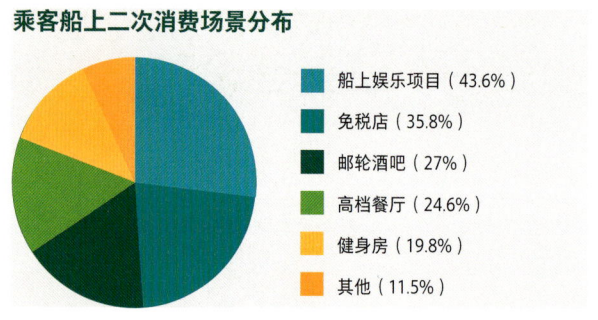

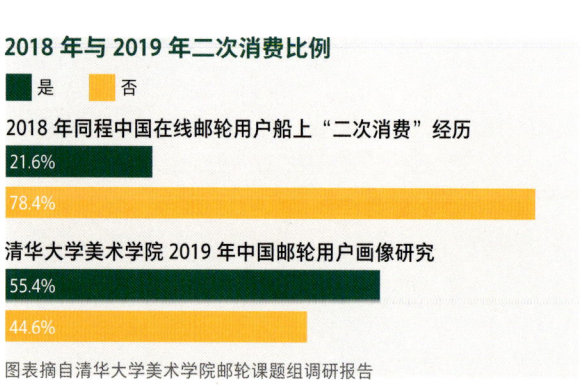

乘客船上二次消费场景分布

- 船上娱乐项目（43.6%）
- 免税店（35.8%）
- 邮轮酒吧（27%）
- 高档餐厅（24.6%）
- 健身房（19.8%）
- 其他（11.5%）

2018年与2019年二次消费比例

是　否

2018年同程中国在线邮轮用户船上"二次消费"经历
21.6%
78.4%

清华大学美术学院2019年中国邮轮用户画像研究
55.4%
44.6%

图表摘自清华大学美术学院邮轮课题组调研报告

二次消费

○ "80后"是当前邮轮市场消费的主力，有更多的消费意愿。相比之下，中老年人（70后—50后）和尚未经济独立的"95后"对餐饮的二次消费意愿更低。

不同年龄体验邮轮餐饮二次消费的比例

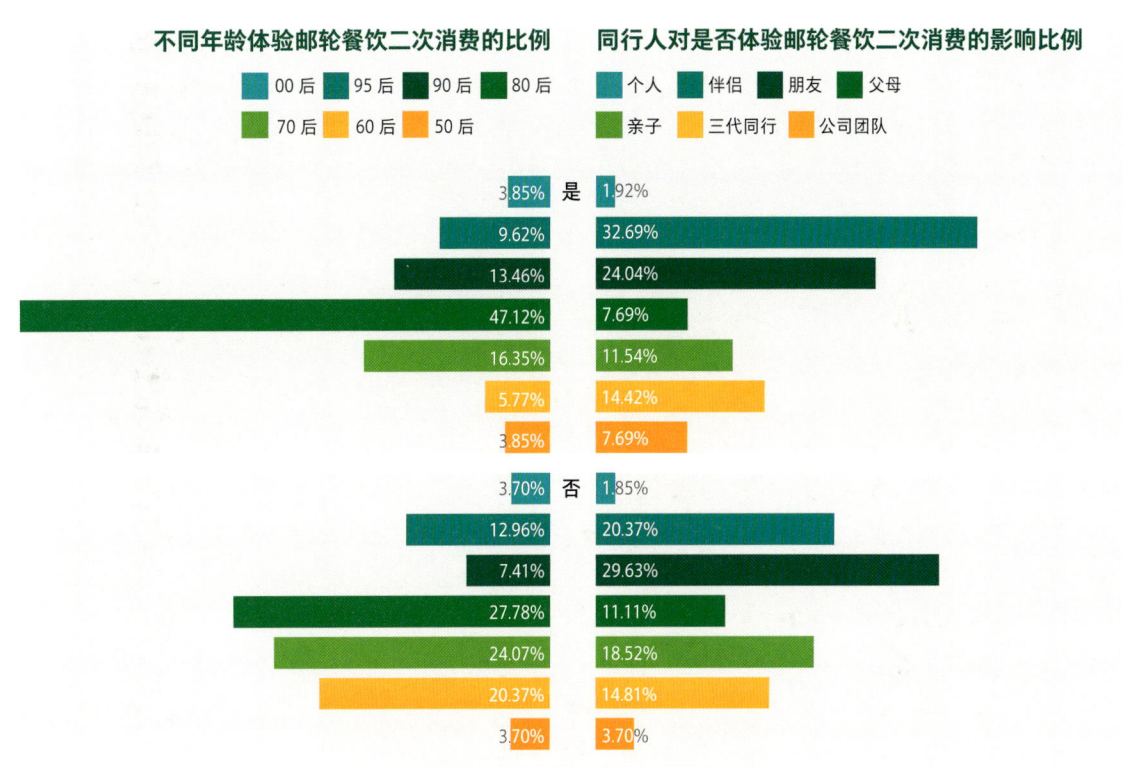

00后　95后　90后　80后
70后　60后　50后

同行人对是否体验邮轮餐饮二次消费的影响比例

个人　伴侣　朋友　父母
亲子　三代同行　公司团队

是
年龄	比例	同行人	比例
00后	3.85%	个人	1.92%
95后	9.62%	伴侣	32.69%
90后	13.46%	朋友	24.04%
80后	47.12%	父母	7.69%
70后	16.35%	亲子	11.54%
60后	5.77%	三代同行	14.42%
50后	3.85%	公司团队	7.69%

否
年龄	比例	同行人	比例
00后	3.70%	个人	1.85%
95后	12.96%	伴侣	20.37%
90后	7.41%	朋友	29.63%
80后	27.78%	父母	11.11%
70后	24.07%	亲子	18.52%
60后	20.37%	三代同行	14.81%
50后	3.70%	公司团队	3.70%

图表摘自清华大学美术学院邮轮课题组调研报告

○ 不同人群选择餐饮二次消费的原因各不相同。伴侣、亲子、三代同行的人群更想尝试不同的餐饮和更好的服务；人少不用排队、节省等待时间也是家庭出行选择付费餐饮的一个原因，朋友出行占比相对均衡，他们注重体验感，喜欢尝试不同的餐饮和享受更好的服务与高雅的环境。虽然酒吧不算是中国人喜爱的传统的消费场景，但朋友及伴侣出行的人群也有一定比例进行了酒吧消费。

通过教育培育消费

"人们常说，消费市场诱惑了消费者。但要做到这一点，成熟的、热衷于被诱惑的消费者也是必不可少，就像工厂老板能够指挥工人，是因为存在遵守纪律、发自内心服从命令的工人一样。在正常运转的消费者群体中，消费者会主动寻求被诱惑。他们的生活从吸引到吸引，从诱惑到诱惑，从吞下一个诱饵到寻找另一个诱饵，每一个新的吸引、诱惑和诱饵都不尽相同，似乎比之前的更加诱人。他们生活于这种轮回，就像他们的先辈，那些生产者，生活于一个传送带和下一个传送带之间。对那些成熟的、完全合格的消费者来说，以这种方式行动是一种强迫症、一种必需品。"【22】

"喜悦号"上的"中国大妈"多吃多占并不是"喜悦号"撤离的根本原因，原因在于"中国大妈"并不是"喜悦号"设定的游客群体从而无法获利，或者说"喜悦号"没有找到匹配她的游客群体，但无论如何这个现象从另一方面说明了"喜悦号"上设置的消费娱乐项目和中国中老年游客的欲求并不匹配。他们既不欣赏邮轮上的西餐和礼仪，也对酒吧文化敬而远之；丰富的娱乐设施，学习起来又有一定的难度，或者因过于刺激而止步，大体上只能退而求其次，通过满足口腹之欲完成了邮轮消费进程，但结果显然是没能达到双赢。

虽然说现代的邮轮已不再以最基本的需求为起点来设计，西方国家源于欲望的奖赏系统的消费社会的审美体验本身也在高速发展、迭代变化，甚至这种审美处于不再确定的动态当中。邮轮假期并没有和中国人的生活方式形成重叠，对普通的邮轮消费者的"驯化"，除了电影似乎也没有什么有效的途径。中国相对富足也就发生在近30年，物质生活不断改善，生活标准和基准点也在不断快速拔高，但是伴随的是"审美配置"①的混乱、畸形和快速更迭。邮轮产品和其他消费品一样，都是通过必要的规则、表现形式和社会地位（身份）识别相对应来进行文化生产和消费的，同时主流社会必须要做出系统性的规则的制定、引导、训练和传播。其中一个原因就是财富积累的同时意味着要花更多的时间工作，对于多数人来说，没有充足的时间和空间学习现代消费所需的技能去适应快速的社会发展、激烈的商业竞争，无法通过自然积淀形成新的生活方式，因此人们更容易通过各种媒介以视觉体验来进行认知。

特别对于中老年人来说，这种消费"驯化"会变得更为困难。信息交互更少，学习能力和兴趣下降，思维相对固化，加之以前少有出国旅游及交流的经历，他们很难在邮轮这个完全陌生的环境里按照他们并不熟悉的西方国家的礼仪和行为习惯行事，从而形成了邮轮餐厅里巨大的视觉反差，甚至影响到同船的其他游客的体验。20世纪40—60年代出生的中国人，青年时期共同经历了如困难时期、"文化大革命"、改革开放、下岗等大的政治、经济及社会活动事件，价值观和生活习惯受这些事件和经历影响较大。生活水平的改善，并不能从根本上改变相对稳定的价值观和生活习惯，即便处于邮轮上的休闲娱乐环境中，恐怕也只能做出细微的调整。因此老年乘客在很少或不参加船上娱乐休闲的情况下，在免费餐厅里驻留消磨时光便成为一些主要的活动内容。

---

① "审美配置"在布迪厄的区隔论中是指个体在社会影响的潜移默化中所形成的审美倾向。

由于文化差异以及中国相对较大的地域差异，所谓消费"驯化"或者"推广"进展变得既不均匀也很难被全盘接受。这也是为什么各大消费公司都非常重视对年轻人的消费引导、培养和教育。人们一旦成为合格的消费者，便会主动地寻求"被诱惑"，到访消费市场以便获得社会的认同和相应的地位。成熟的、热衷于被诱惑的消费者并不会凭空而出，邮轮作为舶来品，其教育和培训消费者（所谓市场培育）的方法显然需要更为细分和有针对性，甚至需要重新设计才能应对中国市场人群广泛存在的差异性。

"中国大妈"不是诺唯真邮轮"合格"的消费者，另一方面来说，如果"喜悦号"不能提供符合她们习惯和体验提升的产品，强迫她们接受诺唯真邮轮上预设的学习成本很高的各类娱乐设备，失败的结果也就不难想象了。从我国的国情来看，笔者认为，打出标语教育警示消费者，实在是一种无可奈何的举措。顺应中国人的习惯和欲求的邮轮旅行设计，虽然可能有违西式邮轮旅行的初衷，但对于国人来说更容易学习和理解，有了符合国人餐饮礼仪的餐厅，用餐自然会变成一种享受，浪费食物的游客自然会减少。

可以说，诺唯真没能找到足够被邮轮诱惑并配合它运转起来的消费者。其他邮轮公司的产品策略虽有不同，比如歌诗达邮轮大抵还是法库斯时代的、类似世界公园复合餐饮娱乐体验的模式；皇家加勒比则是通过更多、更全、更为原创的游乐设施吸引游客，但他们也并非做得特别成功。要激起欲望，并使它达到要求的程度和将它引导到正确的方向上，需要花费时间、精力和相应的经济支出。受欲望引导的消费者必须被再一次地以高昂的代价"制造"出来。确实，消费者的制造基本吞没了总的生产成本中的一大部分——不断加剧的竞争使它倾向于进一步扩大而不是削减成本。

船上的各类西式餐饮、休闲活动的开展，明面上的和背后潜在的规则需要大量的传播和教育，这显然需要时间成本。受教育程度较高、广泛接触世界文化的人显然会更适合诺唯真的邮轮，这可能也是上海成为邮轮之都的原因。中国邮轮消费者还需要很多教育和培训。诺唯真邮轮原计划等待中国市场成熟，更晚进入中国可能是一个相对稳妥的运营方案。

在阿拉斯加水域航行的"喜悦号"
@Norwegian Cruise

2019年，"喜悦号"转移至美国阿拉斯加运行，诺唯真邮轮公司投入数千万美元对其进行改造。卡拉OK室变成了会议室，Atrium咖啡馆变成了星巴克、Grand Tea Room茶室变成了District Brew House啤酒屋，添加了莫吉托酒吧，海王星海鲜餐厅变成了洛斯罗伯斯龙虾餐厅，15号甲板增加了观景休息室以便观看阿拉斯加的冰川，而健身中心从16号甲板搬到了17号甲板即原来的暖心面馆位置，面积扩大了一倍以便适应美国人健身的需要。诺唯真邮轮回到美国市场一切显得那么轻车熟路，只是谭平先生设计的三色凤凰主题涂装依然在，三色凤凰徜徉在有浮冰的阿拉斯加外海上，形成了奇丽的景观。

2016年中国邮轮市场盛宴狂欢后，到2018年只剩下一地鸡毛，除了"喜悦号"外，"盛世公主号""海洋赞礼号"均重新部署，海天邮轮公司结束中国市场运营。紧接着从2020年初开始，全球疫情肆虐，对邮轮产业是一个更为沉重的打击。邮轮产业本来就是重资产运营的行业，需要长时间的投入和运营才能获得市场而产生盈利。疫情结束后的中国邮轮市场显然需在企业相对自由的竞争之外，增加顶层设计的调控和疏导，才能恢复到健康发展的轨道上来。

"喜悦号"调研

诺唯真邮轮（NCL）：

诺唯真邮轮（NCL）自成立以来一直是最具创新性的邮轮公司之一。1966年，诺唯真邮轮（NCL）起始于克劳斯特（Knut Kloster）的航运公司 Kloster Rederi A/S 定制的一艘从英国南安普顿开到直布罗陀航线的小型邮轮，即著名的"Sunward号"。克劳斯特（Knut Kloster）开始和阿里森（Ted Arison）合作，联手成立了挪威加勒比航运公司，即诺唯真邮轮（NCL）前身，并将"Sunward号"转移到加勒比地区运营。没多久，阿里森就离开挪威加勒比航运公司，随后创办了嘉年华邮轮（Carnival Cruise Lines）。

1970年，挪威加勒比航运公司甚至一度成为当时世界最大的邮轮公司，可见在邮轮转型期的当时邮轮公司凋敝的状态。诺唯真邮轮发展过程中提出的几个创新概念，比如第一个加勒比海海岛游线路，机票加邮轮的海空结合低价旅行包（Cloud 9 Cruises）等，现在则已经是现代邮轮普遍的标杆。

1979年6月，诺唯真购买和改造大西洋班轮"法国号"，是空前绝后的大胆的改造案例。这艘20世纪60年代下水的著名跨洋班轮的尺寸，比当时新建的以娱乐为目的的邮轮要大得多。对这艘技术落后的大吨位跨代邮轮的改造，其花费不菲，且改造后的运营收益并不确定，项目风险极大，因此引起了广泛的关注和争议。改造时，进行了加层以增加载客量，同时也装载了更多的娱乐项目，带有玻璃舞池的 Dazzles Disco 和 Club Internationale 成了当时风靡一时的标志性空间，没有上过邮轮的美国年轻人蜂拥而至，诺唯真获得了成功。这个项目推动了邮轮公司进入大船时代，到今天大型化的竞争仍然没有停止。

2003年，诺唯真邮轮还认真评估过1951年下水的大西洋速度纪录保持者"美国号"（SS United States）的改造项目，只是综合考量一番后还是放弃了。

1999年，马来西亚云顶集团通过其旗下星梦邮轮收购诺唯真邮轮，但保持诺唯真独立的品牌运营。2013年，诺唯真邮轮在纳斯达克上市后，改由诺唯真邮轮控股有限公司（Norwegian Cruise Line Holdings Ltd）控股，随后，其旗下收入大洋邮轮（Oceania Cruises）和丽晶七海邮轮（Regent Seven Seas Cruises）两个品牌。星梦邮轮仍然保有相当数量的股份，同时保持着和诺唯真的交流，接收诺唯真部分邮轮，共享基础设计船型。

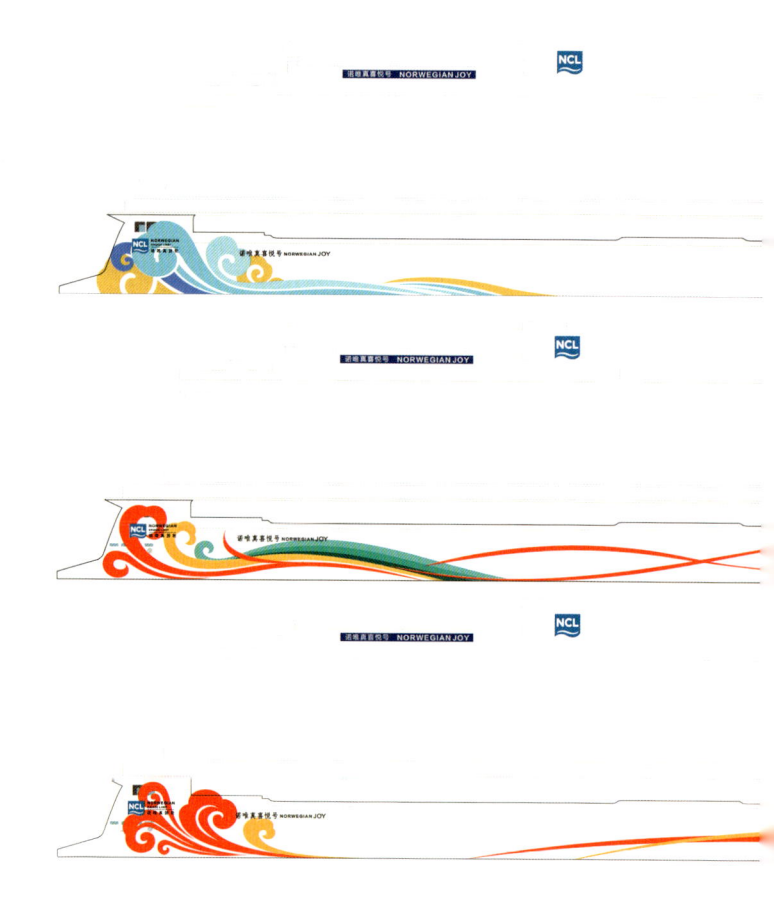

"Breakaway" 船型诺唯真史诗号（Epic）邮轮
@Norwegian Cruise

2013 年下水的 "Breakaway" 船型的发展可以追溯到 2010 年下水的诺唯真 "史诗号"（Epic）邮轮，这是一艘引发大量争议，同时也能凸显诺唯真公司个性的邮轮。"史诗号"设计之初企图从乘客用餐、娱乐甚至睡眠的方式上大幅改变邮轮体验，竭尽全力想提出具有革命性的设计概念。"史诗号"的所有舱室设计，甚至船员的舱室都进行了不同寻常的设计，几乎所有舱室都是按单人舱室设计的。其中 100 平方英尺（9.3 平方米）的、创新的 Studio 客舱，最初是为两位客人设计的，后来供单人游客使用，成为当时为数不多的积极迎合单人出游的邮轮，凸显了北欧设计的特征。这些小型客舱配备可调光色的 LED 氛围照明和大型假"舷窗"，配备了标准浴室，现在看来依然有超前的创新性。"史诗号"的非标准的外观设计引发了相当多的争议。舰桥上方伫立着非常突兀的两层专属 Heaven 套房区域，静态的建筑感的体块和船头向前倾斜有速度感的造型形成强烈的对比，缺乏统一感的造型受到乘客的广泛质疑。大量的创新尝试将 "史诗号"带入争议和不确定的状态，最终仅一艘下水运行，而计划中的第二艘则被终止了。这些经验和教训也最终成为后续 "Breakaway" 系列船型的设计基础。

"喜悦号"涂装
@ 谭平

由谭平教授设计，象征祥瑞、吉祥、和谐。凤凰是中国古代神话中的百鸟之王，在远古图腾时代被誉为神鸟予以崇拜，是人类想象中的保护神，象征美好与和平。整体运用了中国红和琉璃黄两种颜色。红、黄是中国最传统的颜色。在中国传统文化中，红色代表喜庆、快乐，体现了喜悦号名字的内涵；黄色居五色之中，代表了明亮与富贵，体现了游轮的尊贵感。同时，船身的红黄两色与海水的蓝色相呼应，组成了色彩中的三原色，三原色是一切颜色的出发点，而踏上邮轮是旅行的开始，用颜色代表了邮轮在旅行中的含义。流线的设计，最可体现凤的体态之美，同时传达出自由自在，无拘无束之感。

@谭平

"喜悦号"于 2017 年 6 月在中国开始首航,是诺唯真专门为中国市场打造的大型豪华邮轮,之后下水的诺唯真"畅悦号"邮轮(Bliss)是第一艘专为阿拉斯加航程设计,并于 2018 年下水的同级船,船体蓝鲸彩绘出自名家设计师 Wyland 之手。对比诺唯真"畅悦号",可以看出诺唯真针对中国市场的思考和布局。"喜悦号"客舱数量为 1925 间,比"畅悦号"客舱数要少 122 间。诺唯真创立的 The Haven 套房,在"喜悦号"上增加了更高级的玺悦套房,同时"喜悦号"套房居多,更多考虑家庭房,而"畅悦号"内舱房要多于"喜悦号"。"喜悦号"的免费餐厅数量面积要多于"畅悦号",而"畅悦号"酒吧占有的面积远大于"喜悦号"。

基本参数:

总吨位	167725 吨
甲板层数	20 层
载客数量	3804 人
船员人数	1731 人
长度	330 米
宽度	41.5 米
航速	22 节
下水时间	2017 年
改造时间	2019.4
中国首航	2017.6.18

"喜悦号"邮轮

"喜悦号"同程乘客的网络评论摘取:

邮轮体量很大,设施服务没的说,特别是表演非常棒,不比电视上的晚会差,每天都有不同主题的表演,每天的表演是必看项目,一场不落。一次不错的体验,家人玩得都很开心!

2018.10.22—2018.10.26　上海—冲绳—上海

几天时间体验不完各种餐厅的风格和风味。真的不光是吃得饱,而是吃得太好。沿途风景更是变幻无常,心理和生理都得到莫大的享受。我们基本都去自助餐厅吃饭,每餐都不同,菜谱会在门口贴出来,口味都不错我非常喜欢吃虾,"喜悦号"上的自助餐厅和 3 个免费餐厅都有大虾供应,而且都新鲜美味,只恨自己的胃太小。

2018.9.16—2018.9.20　上海—长崎—上海

3 个免费餐厅曼哈顿、豪品轩、韵品比自助餐厅更胜一筹。龙井水晶虾仁鲜嫩爽口,宫爆虾仁的酱汁包裹着大虾带点酸甜口感,沙拉虾球又带给你一种酥脆微甜的口感,椒盐大虾外脆里嫩,带点壳吃起来更带劲儿。避风塘鲜鱿就是一道美味的伴手零食,真想带着一边看风景一边吃吃吃。喜欢辣口的朋友们一定不能错过剁椒蒸鱼这道菜,辣得够味儿……爽!希望大家都能去'喜悦号'试试,总有一款适合你的胃。"

2018.12.25—2018.12.29　上海—长崎—上海

心愿是风,快乐是帆,祝福是船。心愿的风吹着快乐的帆,载着祝福的船。此次旅行带着满满的快乐,非常好的导游,良好的服务态度,住的房间非常大,是所有邮轮中最大的,吃得很好,是一次满意的旅行,期待下次还坐"喜悦号"邮轮。

2018.9.20—2018.9.24　上海—长崎—上海

喜悦号
@Norwegian Cruise

"喜悦号"乘客访谈：

采访者：余悦
受访者 H：女，退休，以前做过财务出纳、仓库保管，也当过工人；喜欢出去旅游，坐邮轮、自驾、自由行都有。
乘船经历：歌诗达维多利亚号、喜悦号
访谈日期：2021.6.15；访谈方式：微信语音

您和您的朋友们或者是家人的话，一般会选择怎样的邮轮呢？

选邮轮主要看性价比吧。现在邮轮不是都退出去了吗？我看同程又出了长江一线邮轮，性价比不高，从上海到武汉，一般的阳台房都要6000多，还是单程的。这个价格我觉得就照我们这一波人来说，大概不会有人去坐。我们总是看哪家性价比高就坐哪家，特别是有的在冬天会打折，或者是最后要退出去（中国）的时候，进行一轮打折。

请您回忆一下您乘坐的这艘邮轮的外观和风格好吗？

最后一次坐去日本的就是王力宏做广告的（喜悦号），后来从中国退出去了。外观都是中国元素，邮轮里都是中国红。

您可以简单地介绍一下它的布局吗？

上面嘛有免税店，坐邮轮就是这方面，特别是想买点进口商品，这上面免税店也方便。还有赌场，去国外以后他们就到赌场去，还有那个泳池我不太喜欢，本来就小，好像那么多人泡在一个浴缸里，我没体验过。还有呢就是各种吃的啊，还有舞厅、棋牌室。

您一般是和朋友一起出行还是和家里人一起出行？

我们一起去的都是朋友，还有家里人，我们性格、习惯都相同的，特别是家里的老人也随和，只要组织好了，他们都跟着走，没意见。朋友们一般都是志同道合的，其实性格都差不多了才能聚在一起啊，也不会有什么差异。

当时"喜悦号"哪一点让您感觉特别喜欢？

因为老年人多，少吃多餐觉得也蛮方便的，吃多少拿多少，吃过一段时间饿了，再去找其他地方吃，选择蛮多的。餐厅越到后面越差，他们在传中国人浪费太多了，所以出来的产品越做越差了。再说价钱大概是降得厉害了，餐厅是没有以前好了，菜品和菜的数量少了，有人浪费是蛮厉害的。我们几次下来也感觉到了，有的是不太自律，有的客人太随意了，浪费太多。看着也蛮心疼的，这个习惯不太好。我们后来都是进的自费的餐厅。

采访者：吴梓君

受访者 I：女，54 岁，居住地：江苏南京，退休，喜欢探索新鲜事物，爱好跑步、瑜伽、旅游，是热爱邮轮旅游的资深游客，最爱和船员聊天，了解他们的经历。从国内第一条歌诗达"爱兰歌娜号"开始邮轮旅游，每年多次在国内外搭乘邮轮出游。

访谈日期：2021.6.13；访谈方式：微信语音

您最早坐邮轮是什么时候？

第一艘歌诗达"爱兰歌娜号"到国内来的时候，我们就参加了。从 40 岁开始玩邮轮，现在都不知道坐过多少邮轮了。我就一直钟爱邮轮，我们在船上其实就是从眼睛一睁到晚上睡觉都不会闲着，一直在乐着，比较适合一站接一站地玩。邮轮如果不停航的话，我一年要玩好多次邮轮，就是最爱邮轮。喜欢在船上那种漂荡在大海上的感觉，每天看到海的感觉，觉得挺好的。国内的邮轮后来我基本上不玩了，全从国外上邮轮，从美国迈阿密、加拿大温哥华港口出发，安克雷奇、阿拉斯加这些地方我都去过。

那您最近的一次乘坐邮轮是在什么时候呢？

最近的一次乘坐邮轮是 2019 年，诺唯真"畅意号"，是比较新的一艘邮轮，船头，船尾都会有蓝颜色的彩绘。从洛杉矶上船到温哥华下船，6 晚 7 天。诺唯真比皇家加勒比的运营、管理要好，星巴克跟诺唯真签了合同上船，天天下午都能去喝咖啡比较开心。

您当时在邮轮上住得怎么样？

国内邮轮，我一般都选套房、金卡、最好的房间，全部 VIP 的流程，在国外我就无所谓，因为哪一档的体验我觉得差距都不大。

您对国产邮轮有什么预期吗？

我们国家现在产的邮轮我都不想上，就是一个壳子，不是有差别，是差别太大。我们国家目前就是硬件赶超国外，但这个软件相对来讲，文化素质、修养差距还是很大的，国人的基本素质差异就是比较大的。

你比较喜欢西餐还是中餐呢？

我喜欢西餐，我喜欢那种感觉。

您在邮轮上玩过的项目中，哪一个给您带来的体验感，或者说给您的印象比较深呢？

我最喜欢健身房、演出和赌场这 3 个项目。尤其是运动，我每天在船上都要跑 10km。晚上演出是一天都不能落的，晚上的演出特别好。百老汇剧目《芝加哥》就是很经典，在纽约百老汇它一直就是 100 场都不衰的这种，搬到邮轮上来，就特别好。看完节目了，再到赌场玩一两个小时，回去睡觉。有时候会去蒸蒸桑拿或者做做美容。

第五章 邮轮上的行为经济学

"不确定获得奖赏"

> "在发现转盘多次停在红色区域后，大部分人都会错误地相信下一次更可能停在黑色区域。"
>
> 　　　　卡尼曼（Daniel Kahneman），特斯基（AmosTversky）

2002 年心理学家丹尼尔·卡尼曼（Daniel Kahneman）和经济学家弗农·史密斯（Vernon L. Smith）分享了该年度的诺贝尔经济科学奖，开创了诺贝尔经济科学奖颁给心理学家的纪录。卡尼曼获奖是因为他和阿莫斯·特沃斯基（Amos Tversky）在 1979 年提出了前景理论（Prospect Theory），奠定了行为经济学的基础。行为经济学将行为分析与心理学、经济科学有机结合起来，预测人们的行为倾向，修正了经济学关于微观人的理性、自利、完全信息、效用最大化及偏好一致等基本假设。卡尼曼的"前景理论"名字起得很玄，其实大多数有关人的行为模式的结论非常接地气，大家可能非常熟悉，如在确定的收益和"赌一把"之间，多数人会选择确定的好处，称之为"确定效应"；而在确定的损失和"赌一把"之间，多数人会选择"赌一把"，这称为"反射效应"；"损失规避"是指白捡的 100 元所带来的快乐，难以抵消丢失 100 元所带来的痛苦。并且卡尼曼发现，人们往往倾向于高估小概率事件的可能性，如彩票中奖或者飞机坠毁，这就是"迷恋小概率事件"的体现。

邮轮上的其他现象也可以通过行为经济学来理解。比如：自助餐厅供应的龙虾等高价值食物会相对更快地一扫而空，即便游客明知只吃龙虾并非是餐食的最佳搭配，仍然会连续吃几只龙虾，对肠胃造成负担、甚至吃不完浪费也在所不惜。如果将邮轮船票或者自助餐厅餐券当作价值不菲的"沉没成本"，即便大家知道花出的钱就是泼出的水，后续的任何行为都不能收回已经的支出。但在沉没成本面前，多吃几只龙虾挽回损失是一个普遍的想法。

《赌王》《赌侠》《赌圣》系列香港电影 20 世纪 90 年代在大陆风靡一时，成了很多中国人第一次了解邮轮的渠道。电影将邮轮与黑帮、赌博以及刺激的生活方式关联在一起。成为有不同社会规则的法外之地，由于"赌"系列电影，不少去往香港、澳门旅行的大陆游客会参加香港、澳门的"邮轮 2 日游"。这其中就有"东方公主号"邮轮，这艘邮轮也是当时"赌"系列电影的取景地之一。"东方公主号"前身叫"海龙星号"，是由香港公司购买了国内一家远洋运输公司的"耀华号"客轮改造而成，总吨位为 10298 吨，由法国制造，1967 年下水。80 年代末，澳门赌枭叶汉租下"海龙星号"，更名为"东方公主号"，作为海上浮动赌场。1988 年 10 月 23 日，"东方公主号"满载香港赌客驶入公海，成为港澳地区第一艘海上赌船。香港的"邮轮 2 日游"实际上是包食宿的、价格相对便宜的、无目的地的邮轮水上赌博之旅。船上的餐食不错，上船以后也可以不参与任何赌博，这可能是当时中国人最方便的乘坐邮轮的方式。

现代邮轮也确实和赌博密不可分。水上赌博始于 19 世纪中期美国密西西比河上的河轮，法国的"普罗旺斯号"是有记载的第一艘提供博彩活动的远洋邮轮。公海航行的邮轮脱离了陆地国家及地区的法律管辖范围，为游客提供合法的赌博机会；远离了日常生活的轨道和压力，海上的美景、美食、美酒更容易激发人们放松的情绪；不必为后果和未来担心的氛围，让游客有了自由行事的空间。邮轮上的赌场一般都有更长时间的食物、酒和各种饮料供应，赌场里不会挂时钟，明亮的光环境、足够分贝数的声音，尽力使玩

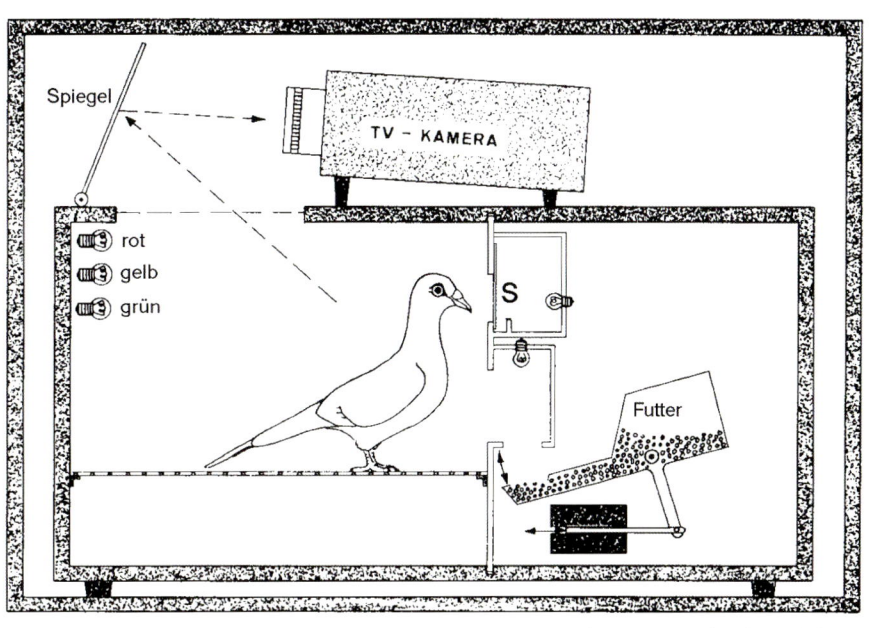

"斯金纳盒"（Skinner Box）美国行为心理学家斯金纳的变换奖赏原理试验设计的实验装置图

家保持着高昂的情绪，意识不到时间的流逝。赌场提供了很多基本的奖赏，鼓励玩家一直玩下去，忘记时间和未来。

大部分游客来到邮轮上的赌场，其实是抱有确定损失一部分金钱且同时隐约认为自己"赌一把"也是有机会和运气的，说不定中奖的"小概率事件"会落到自己身上。再比如，如果用现金付款，人们就会感觉到实实在在地失去了原本属于自己的东西；如果用信用卡付款，信用卡还是会回到我们手上，线上支付，按一下确定键就轻松完成支付，比起用现金付钱，我们更容易付出更多的钱，甚至借钱来消费。现代邮轮在大海上只有卫星链接数据，流量珍贵，所以广泛使用基于 Wi-Fi 的手机或者定制的手环来解决移动支付问题，提供支付的便利，同时降低现金付款带来的痛苦。赌场的筹码也具有这种功能。将筹码制作得相对平淡无趣，能使禀赋效应[①]降到最低。拥有筹码的感觉跟拥有纸币的感觉不同，因为我们会贬低筹码的价值。当我们在赌场输了钱，但由于只是筹码变少了，我们感到的痛苦就会少一些。

赌场提供巴甫洛夫条件反射刺激的愉悦感虽然可能使人更为亢奋，但并不足以使人上瘾，并持续地回到赌场。人们不断地回到赌场，不仅是因为巴甫洛夫式的条件反射，更主要的是被灵长类动物的强烈的好奇心和参与"不确定获得奖赏"的赌博活动而产生的快感所驱使。上个世纪 50 年代，美国行为心理学家斯金纳（B.F.Skinner）通过研究小白鼠在一个通过按压触发食物投喂的盒子里的行为模式，得出了著名的"变换奖赏原理"。他发现，如果每次按压都有食物掉下来，小白鼠就只会在饿的时候去按压。但如果按压产生的效果是随机的食物投喂，小白鼠反而会不断地重复按压，即便没有食物出现，它们也不停止按压。小白鼠的按压行为已经成为一种习惯，换句话说就是上瘾了。随机的奖励比固定的奖励更能够强化习得性行为，这就是"变换奖赏原理"的主要结论。斯金纳

[①] 禀赋效应是 Richard Thaler 于 1980 年提出的，指当个人一旦拥有某项物品，那么他对该物品价值的评价要比未拥有之前大幅提高。

认为这个原理适用于任何对象，无论小白鼠、鸽子还是人。在他看来理解人类行为的最好方法就是将行为看成一种动机和奖赏的结果，重点关注环境如何塑造人们的行为。简单来说，赌场就是利用了人们对获得"不确定的奖赏"冒险有着习惯性的生物遗传机制来盈利的。

生命科学家的研究更发现了"不确定奖赏"运行的生物学机制。人的欲求和快乐是由不同的大脑系统掌管的，两个系统之间有协作，但更多的时候是独立运作的。大卫·林登（David. J. Linden）在《寻找爽点》一书中说道："一旦腹侧被盖区中含有多巴胺的神经元被激活，就会释放多巴胺到其他目标区域，即伏隔核、前额叶皮质、背侧纹状体和杏仁核，人们就能体验到愉悦感，而在体验到愉悦之前或同时所发生的感官提示和行为，都会被当事人认为是积极的情感和体验。"【23】当一个赌徒感觉到自己运气可能快来了的时候，就是他的大脑大量分泌多巴胺的时候。很多人去赌场小试身手，感受"小赌怡情"的不确定性刺激所带来的愉悦，也就是激活含有多巴胺的神经元，让人感到愉悦甚至上瘾而乐此不疲。密歇根大学的神经科学家肯特·贝里奇（Kent Berridge）的研究则发现，多巴胺系统真正负责的是产生欲望和期待奖赏，负责愉悦感的是在伏隔核。从大脑的物理构造来看，多巴胺系统／欲望系统广阔而强大，而愉悦回路则小而脆弱，很容易遭到破坏。人们实际上不是被愉悦所吸引，而被强烈的欲望驱使回到赌场。

上瘾难以治疗的原因恰恰在于欲望远比愉悦更难以打败。贝里奇认为："人们做决定的时候，对欲望看得比愉悦更重。欲望更生猛、更强烈、更宽泛、更有力。"【24】神经生物学研究被迅速地应用在了提升感受和体验、促进消费的产品设计之上，"斯金纳盒子"被应用到各种赌博机器的设计当中。比如老虎机，赌客不知道奖励何时出现，他们就会不断地往里边去钱。随机的奖励能激励人们更多次地拉下拉杆，在这个机制应用上，人和小白鼠并没有什么区别。

大脑区域、神经元、基因和神经递质结合经济认知，包括记忆、偏好、情绪、心理表征、期望、预期、学习、知觉、信息处理、推断、模拟、评估，以及奖赏的主观体验，被用来构建认知与经济行为联系起来的模型，并被用于邮轮的商业模型、产品、空间及娱乐休闲设计。大脑决策机制的研究成果帮助商家做出更好的商业决策成为时下很流行的神经经济学①。帮助人类生存、繁衍的愉悦和欲望系统的工作原理正在被复制和建模，开发出越来越多受欢迎的深度体验的产品。希望取代欲望成了消费的推动力量，需要有一个能让需求与供应保持一致的、更具力量的并且功能更多的刺激物。人性的本能和机制被利用成为创新的原点的时候，我们可能会获得越来越多的经由刺激带来的愉悦，在不知不觉之中被勾起更多的欲望，有更多地想要但却发现并没有获得更多的快乐和幸福感。然而，当自然被排除在外以后，奖赏系统是否还能有效工作，感知身体功能的平衡，促进人的进化和生存是个疑问；当大脑不再修正我们的快乐，阻止我们的行为和帮助我们学习的时候，人类是否会面临退化和更多的未知风险呢？

---

①神经经济学（Neuroeconomics）是一个新兴的跨学科领域，它运用神经科学技术来确定与经济决策相关的神经机制。这里的"经济"应该更广义地理解为（人类或其他动物）在评价选项（alternatives）所做出的任何决策过程。——百度百科

"世界梦号"邮轮的赌场空间

"世界梦号"邮轮的赌场空间,在环境设计上没有刻意的遮遮掩掩,摆满赌桌和老虎机的大型云顶世界(包括 VIP 室)位于邮轮中庭周边的显眼位置,处在游客过往的主要动线上,大大方方地迎接赌客,还有 Resorts World Casino、Resorts World Premium Club 和 Maxim's 可以玩纸牌赌博,吸引跃跃欲试的新手。赌场创造娱乐的环境,促使我们做出巴甫洛夫式的下意识的自发反应。赌场周边布置商业及酒吧,共同营造纸醉金迷的气氛和效果,冒险后的峰值体验显然会带动消费、创造价值,这也是邮轮设计在商业上的成功秘诀之一。入住"皇宫"VIP区域的客人,无须下楼前往云顶世界,可以直接在专属的皇宫博彩俱乐部进行下注。

○ 无论被调查者是否乘坐过邮轮，获取邮轮相关信息最主要的途径都是网络和社交软件。但是最终能够成行还是通过旅行社和亲朋好友介绍，无论是线上还是线下，旅行社是主要的渠道。

是否乘坐过邮轮与获取邮轮信息的关系

图例：社交软件 ■ 网络 ■ 影视作品 ■ 旅行社 ■ 报纸杂志 ■ 亲朋好友 ■ 其他 ■

	社交软件	网络	影视作品	旅行社	报纸杂志	亲朋好友	其他
未乘坐过邮轮	20.72%	27.51%	12.64%	12.72%	8.26%	13.56%	4.59%
乘坐过邮轮	18.95%	30.67%	5.49%	16.21%	6.73%	16.71%	5.24%

图表摘自清华大学美术学院邮轮课题组调研报告

○ 由于文化差异，中国邮轮乘客对赌场与酒吧的不满较多，但赌客对赌场的评价较高，依据是对比全部邮轮体验者对娱乐项目的态度和"世界梦号"乘客对娱乐项目的态度，可知"世界梦号"乘客对赌场的满意度比较高，不满明显更少。"世界梦号"是赌船定位，赌场是其最大特色之一，赌客在乘船人员中的占比也是调研的几艘邮轮中最多的，说明普通游客对赌场并不热衷，赌客则不会反对赌场的存在。而在以用户是否乘坐过邮轮为依据进行具体分析时发现，在实际体验中，邮轮乘客对赌场的接受程度相对良好。

同时，乘客对娱乐的满意度受到多维度的影响。项目不够丰富与氛围嘈杂的问题存在于所有年龄段的乘客中。年收入在30万以下的人群认为项目不够丰富，更高薪的乘客对娱乐的质量有更多要求，对娱乐项目内容与特色不足感到不满。

不同年收入的邮轮乘客对娱乐不满的部分   单位：元

图例：环境不好 ■ 氛围嘈杂 ■ 项目不够丰富 ■ 项目不够有特色 ■ 内容不够有趣/刺激 ■ 额外收费项目多 ■ 其他 ■

	环境不好	氛围嘈杂	项目不够丰富	项目不够有特色	内容不够有趣/刺激	额外收费项目多	其他
无收入		33.33%	33.33%		33.33%	33.33%	
6万以下	63.64%		45.45%		9.09%	45.45%	
6-12万	3.70%	48.15%	40.74%	48.15%	14.81%	29.63%	7.41%
12-20万	25%	75%		37.5%	25%	25%	12.5%
20-30万	40%	80%		80%		60%	
30-40万	40%	80%		40%	20%	20%	20%
40万以上	100%			100%			

图表摘自清华大学美术学院邮轮课题组调研报告

○ 2019年的清华大学中国邮轮乘客问卷调查结果显示，赌场位居最不受欢迎的功能空间之首。大概是因为中国家庭整体出游的比例较高，同时也反映了整体民众对赌博的看法。中国文化对赌博有着根深蒂固的认知，人们也都知道赌场如何设计各种输赢率，赔率是按有利于赌场设定的同时加上抽水，赌场包赚不赔。通过访谈得知，虽然游客整体的看法是这样，但并不妨碍部分人去赌场小试身手，一些VIP赌客在邮轮上拥有积分回报和礼遇，促使他们不断地回到船上进行赌博。另外如果是赌客们偶尔赢了钱，欲望会驱使他们再次回到赌场并在随后的赌博中输得更多。但赌客们都会认为自己是特殊的人，和别人不同且倾向于认为自己比别人聪明，即使心里也知道赢的可能性很小，但依然心存侥幸。中国游客似乎更喜欢需要动脑的百家乐，把机会掌握在自己手里，是聪明的、深思熟虑的目标导向决策类型的赌客。

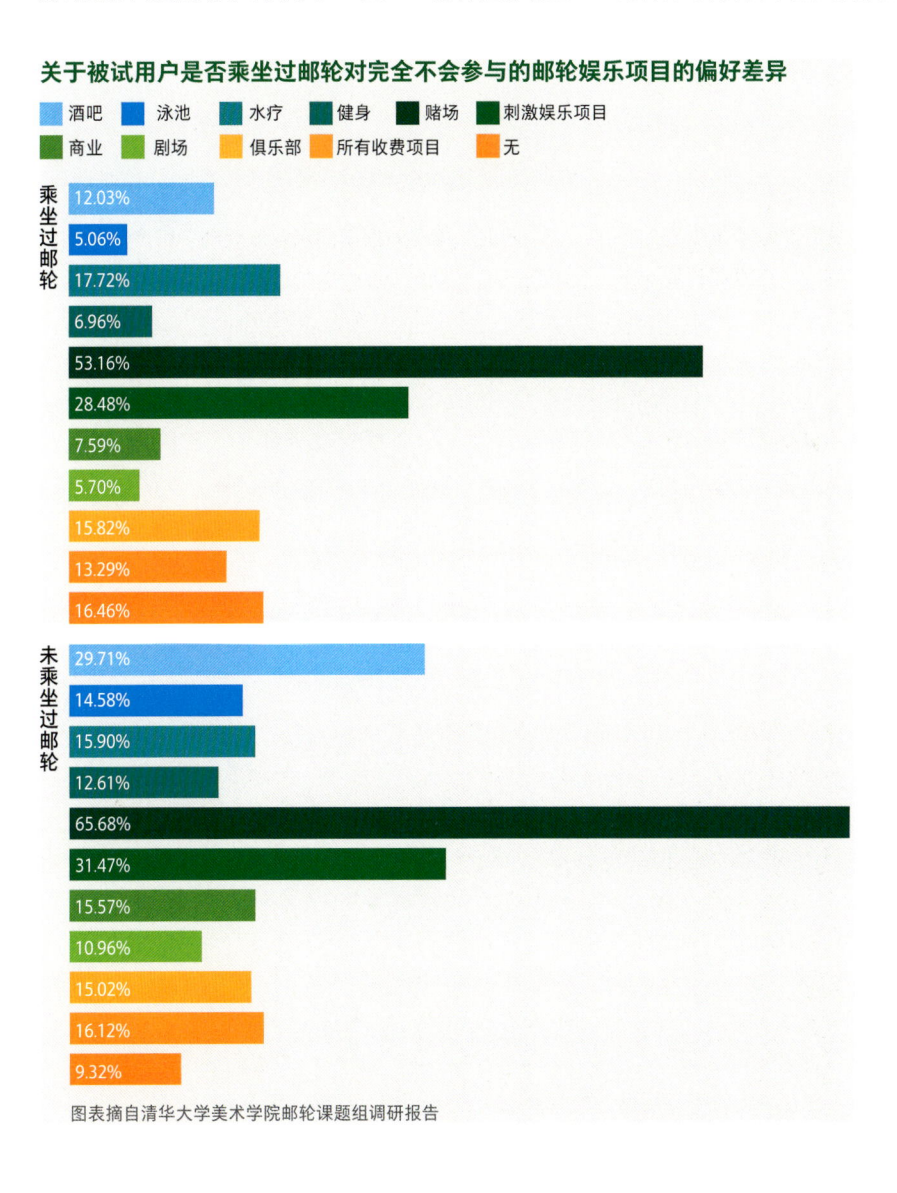

关于被试用户是否乘坐过邮轮对完全不会参与的邮轮娱乐项目的偏好差异

酒吧　泳池　水疗　健身　赌场　刺激娱乐项目
商业　剧场　俱乐部　所有收费项目　无

乘坐过邮轮
- 酒吧 12.03%
- 泳池 5.06%
- 水疗 17.72%
- 健身 6.96%
- 赌场 53.16%
- 刺激娱乐项目 28.48%
- 商业 7.59%
- 剧场 5.70%
- 俱乐部 15.82%
- 所有收费项目 13.29%
- 无 16.46%

未乘坐过邮轮
- 酒吧 29.71%
- 泳池 14.58%
- 水疗 15.90%
- 健身 12.61%
- 赌场 65.68%
- 刺激娱乐项目 31.47%
- 商业 15.57%
- 剧场 10.96%
- 俱乐部 15.02%
- 所有收费项目 16.12%
- 无 9.32%

图表摘自清华大学美术学院邮轮课题组调研报告

选择和触发

卡尼曼另一个重要发现就是峰终定律（peak-end rule），在体验设计中尤为重要。"峰终体验"是指我们的中长期记忆效用是由峰值点和终结点的记忆决定的，也就是峰和终的体验最为重要，最好或最坏的极限感受，以及事情结束时的感受构成了我们的长期记忆。如果把体验感受作为一组高低强弱不同的波来理解，那些在波峰波谷之间的体验记忆，甚至他们所占的时长比例和持续的时间，几乎对我们的长期记忆毫无影响，人们对体验的记忆只和"峰"和"终"这两个关键时刻的感受有关，即事情达到高峰时的感受和事情结束时的感受。笔者在清华大学美术学院上体验设计课程时，做过多次随堂调研，研究同学们对各类主题公园的印象和记忆（记忆效用），如果游览发生在 6 个月之前，其印象基本是过山车或者海盗船之类的刺激性"峰值"体验；而如果是短期内刚去过，比如 2021 年开业的环球影城，则会对更多的细节，如排队、票价、餐食等保有更为平均的记忆。

峰终定律对体验设计有着重大的意义和价值，峰终体验是人们用来总结体验的模型，并作为日后评价新的体验的参考基点，影响人们对未来的选择和决定。

人们的选择会基于得失差异比较来进行，通过某一个参照点判断得失，称之为"锚定效应"①。如已有的和想要的之间的差异；已有的和预期之间的差异；自己的和别人之间的差异。把已有的和想要的、预期之间的、自己的和别人之间的差异综合起来就是你对选择的期望效用（expected utility），它促使人们做出选择。在比较差异的时候，以记忆中的"峰终体验"，或者预期的"峰终体验"作为参照，是常见的方式。

邮轮消费在中国属于尝鲜消费。对于许多中国邮轮乘客来说，邮轮旅行的确带给他们非常难忘的"峰值体验"，但也留下了非常不好的离船"终结体验"，当然这有时超过了邮轮公司的控制能力，但落地旅游

心理学家丹尼尔·卡尼曼

体验部分肯定影响了乘客再次做出邮轮旅行的选择。第一次上邮轮时，人们的选择更多地基于客观的需求、性价比、品质等内容。而在完成消费后，邮轮上的用餐、观演和冲浪活动之后的感受会积攒起来成为体验效用（experienced utility）。经过一段时间仍然在头脑中存留的体验效用，就是记忆效用（remembered utility）。记忆效用会成为再次做选择时的效用比较基准。只有当体验效用符合我们的期望效用，而记忆效用经过时间考验依然还能留存并鲜活地反映体验效用时，我们才能校准并做出选择。如果享乐评价标准是通过将体验的客观质量与预期进行比较来确立的，那么只有当体验质量的涨幅跟得上预期的升高，人们才会对这个体验感到满意。简单理解的话，为了满足人们新的"期望效用"，必须不断设计生产更多的新产品，同时产生更新的"期望效用"，因此产品更加快速迭代，从而形成了一个不能停下来的循环。

① 锚定效应：假如你要决定该花多少钱买一件西装，一种方法是把这件西装和另一件西装作比较，把前者当作锚，即参照标准。

在这个评价系统中，每一件商品都只有在特定的环境下才能显示出价值。

"世界梦号"上主题演艺
@Dream Cruise

生活在信息社会，虽然可以获取更多信息，但获取的信息不完整的几率更大。正如鲍德里亚所说的我们生活在一个信息越来越多，但意义越来越少的社会里一样，即便人们获取了足够多的信息，高度专业化的信息内容也会使人们无法评估这些信息，或者需要花费更多时间研究和学习才能够判断这些信息，并从而做出抉择。

改革开放后的中国经济高速发展，社交媒体信息铺天盖地，快速的商品换代，价值、效用及审美更迭，将新的产品的体验效用作为新的预期和参照基点，产生新的"期望效用"。标准快速更迭和欲望的攀升，会让人对原来能够接受的生活方式和内容变得不堪忍受。一方面人们使用了更高质量的产品并产生了新的更强的体验以后，会快速放弃过去完全可以接受的产品；另一方面是当信息或者多样的选择增加到某个临界点时，我们反而会感到无力应对。与其说我们有更强的控制感，不如说选择多到让我们应接不暇。如果我们根本没有办法明智地选择和控制，那么拥有更多的选择也就不再是什么恩赐，也谈不上幸福。这就是传统价值系统受到迅速的冲击导致的所谓"价值眩晕"。

"价值眩晕"导致的结果会有多种，有些人能够跟进掌握社会的进展和时尚风格，得心应手；有些人则干脆反其道行之，崇尚极简主义的低物欲生活方式。总体看来人们会更多地通过生活方式来界定消费的选择。托夫勒对于消费社会的生产目的不是为了满足需求而是制造需求的现象有一个分析，即"面对价值系统的碰撞，面对一系列令人眩晕的新消费商品、服务以及教育、职业和娱乐的选择，未来的人被迫以新的方式作出选择。他们开始像早期没有选择烦恼的人消费普通产品那样'消费'生活方式"【25】。

大型邮轮就是一种"超级产品"和小型社会，提供了一种通过"亚文化群"及其物质内容所构成的生活方式组织产品和理想价值的方法来吸引相应的人群，并可以通过应有尽有的、系统性的生活方式打包集成，减缓了现代社会的人因选择太多而引起的焦虑，即多样选择又可以不做选择。不过邮轮虽然提供了这样的打包生活方式产品，但如何帮助人们做出选择依然是个挑战，通过OTA平台和旅行社来触发和组织乘客的方式一直是中国邮轮旅行的一个痛点。

1998 年，行为设计学教授福格在斯坦福大学创办了"说服实验室"。这个实验室目的是通过工程学与行为心理学的交叉研究，理解人类的深层本能，并借此改变人的行为。福格的理论基础是，为了让一个人做某件事情，必须具备三个条件：动机 - 想做这件事情；能力 - 具备做这件事的能力；提示 - 有推动去做这件事的机遇。福格行为模型展现了行为的 3 个通用要素，以及它们之间的关系（如图）。福格行为模型中，当动机、能力和提示同时出现的时候，行为就会发生。动机是做出行为的欲望，能力是去做某个行为的执行能力，而提示则是提醒你做出行为的信号【26】。

福格发现更有效的路径是让行为变得更简单容易，也就是设计一个触发机制，只要动机足够强烈，任务又相对简单，这个触发机制甚至会早于用户的意识介入，带动用户的行为发生。了解了福格行为模型，肯定分析具体人行为的产生原因，而不会再把自己的行为归咎于错误的原因，并改变自己不好的习惯行为。手机上微信未阅读的红点，以及连续通过手指滑动滚屏阅读的方式的设计，据说都是受到福格的研究的启发。

虽然福格的研究可以帮助个人用于修正不良的行为，但福格模型更多地被互联网公司应用在界面和交互设计中，来改变和触发人们的行为，进而产生消费。

2000 年后出生的"Z 一代"，伴随着触摸屏技术的成长，社交媒体和基于工程学、行为心理学的研究共同造就了 Z 一代行为模型。他们的社交、学习、玩乐、消费、欣赏等全部在线上进行，花在网上的时间比任何一代都多——每天大约 10.5 小时。其实不仅"Z 一代"，全体民众正如电影《机器人总动员》（Wall-E）里描述的逃离地球生活在太空船之中的人一样，都对手机上了瘾。一项研究表明，美国总人口中高达 40% 的人存在某种形式的互联网上瘾（电子邮件、电子游戏或网络色情等）【27】。今天每一个在市场上成功的数字产品都内置了人类对于连接、赞赏和肯定的深层心理需求，而要想最大化成瘾性，只要把用户的行为与这些不确定的心理奖赏连接起来，奖赏越不可测，成瘾性就越强。互联网对于他们已经不单纯是一种工具，而是成为了一种心理需求，对互联网的深度心理需求可以说改变了这一代人的物理、心理、情感行动和行为【28】。智能手机已经成为他们日常生活不可缺少的物品，也像是他们身体不可或缺的一部分。

福格行为模型

B 行为 = M 动机 - A 能力 - P 提示 ← T 触发

当动机（Motivation）、能力（Ability）、提示（Prompt）同时出现的时候，行为就会发生。

MSC 邮轮上的智能助理 ZOE
@MSC Cruise
2019 年 1 月，MSC 地中海邮轮推出了全球首款虚拟个人邮轮助手——ZOE，这是一款由哈曼国际设计的人工智能设备，搭载在 MSC "荣耀号" 和 MSC "华彩号" 上使用，并将在未来的新船交付时使用。

    欧美邮轮旅客的主体一直是退休后的老年群体，这个时代邮轮公司业务的主要方向之一就是如何吸引"年轻人"参与邮轮旅行。

    为了顺应人们对智能手机的依赖和使用习惯，邮轮公司也倾向于更多地通过智能手机连接用户。如前期销售使用的 App，通过 OTA 平台进行销售活动等。从收入规模来看，中国在线邮轮市场一直保持高速增长态势，2019 年占整个邮轮市场收入的比重接近一半。对于老年的中国邮轮游客来说，他们的旅游触发机制往往不是主动的，更多的是被动参与，如被子女、朋友组织参与其中，旅行社在中国邮轮旅游之中也还起着不可或缺的连接作用。

    邮轮上没有高速网络，是通过卫星提供较慢的互联网信息服务，同时也尽可能地通过局域网的 Wi-Fi 延续手机使用的习惯。通过 Wi-Fi 连接邮轮上的局域网络，乘客可以使用手机或者平板电脑接入邮轮的日程及活动预定系统，以及使用支付宝付钱和支付宝的聊天功能进行信息交互，运用射频识别技术，普遍采用一卡通的方式进行消费和管理。"今年的前两个季度，中国移动用户流媒体使用时长环比提高 25%，视频在全网的数据流量占比已经接近 70%。"[1] 尽管目前邮轮依靠卫星网络，速度难以满足陆地上的各类 App 的运行，但邮轮也不再是一个隔离的概念，乘客仍可以在邮轮上与陆地上的朋友远程交互。

    从行为经济学的角度来看，创造"峰终体验"在邮轮经济中具有重要的地位。邮轮通过主题视觉形象、极限游乐活动、美食美酒、赌博以及演艺节目等打包服务创造了较好的峰值体验，满足了中国游客猎奇的心理，同时船上的设置也越来越贴合当代用户的习惯和诉求，这些都是吸引乘客重新回到邮轮上的得分点。

---

[1] 中国移动通信集团有限公司董事长杨杰在 2020 世界超高清视频（4K/8K）产业大会上的发言。

丽星邮轮（Star Cruises）

云顶香港有限公司是马来西亚云顶集团的子公司，公司总部设在香港，20世纪90年代初成立了丽星邮轮，加入赌船的商战，试图将云顶的赌博业务从陆地上延伸到海面上。云顶集团是世界知名的马来西亚博彩公司，创始人林梧桐先生1964年在吉隆坡附近山区的云顶赌场起家，将其逐渐发展成为集酒店、公寓、种植园和棕榈油生产、造纸以及油气勘探等多产业一体的综合性集团。

20世纪90年代，马来西亚云顶公司组建了丽星的船队。丽星的船队始于从瑞典维京航运公司购买的两艘姊妹船，在新加坡三巴旺码头改装成成熟的邮轮，将之前的汽车甲板改造成邮轮的客舱和赌场，实现了将云顶的赌场搬到公海上的目的。基于对东亚和中国的了解，最初云顶以新加坡为基地，但很快转移并以香港为母港。丽星作为首屈一指的远东邮轮公司持续地扩大其邮轮编队，1995年接收诺唯真的"双子星号"，1997年有"摩羯座星号"，1998年的"射手座星号"和1999年的"白羊座"（MegaStar Aries）入列，到1998年9月交付了全新建造的邮轮"狮子座号"（SuperStar Leo）和"处女星号"（SuperStar Virgo）。这导致以"东方公主号"为代表的小型邮轮公司逐渐退出了竞争。香港拍摄过不少以公海邮轮赌博为背景的警匪片，也间接地宣传了邮轮作为香港旅游的一大特色，不少中国大陆早期赴港游客都有在天星码头附近海运大厦搭乘丽星邮轮出海的经历。随着航线的繁荣，船上以赌场收入为主要营收，提供吃住条件，其1∶2的乘服比（船员对乘客的比例）体现小型邮轮高级的服务质量。尽管在运营中遭遇过一些波折，但公海赌博一直是丽星邮轮的重点娱乐项目。1999年，丽星邮轮收购了诺唯真邮轮公司（NCL），帮助当时摇摇欲坠的诺唯真公司渡过了难关，同时使公司更为国际化。2013年诺唯真邮轮公司在美国纳斯达克上市，丽星邮轮收回部分投资，随后进行了系列并购和扩张。云顶在新加坡和香港运营邮轮比歌诗达邮轮2006年开行上海航线要早很多，可以说对东亚的邮轮市场也更为了解，因此丽星邮轮被视为亚洲现代邮轮行业发展的领先企业。

丽星的常客和拥趸都知道，丽星的卖点有三点：第一，餐饮；第二，船上的娱乐表演节目；第三，占地特大的赌场。也许对很多丽星客来说，这才是最重要的一点。我注意到，不但船顶层Galaxy of the Stars 酒廊Portside 的一边全是赌桌，现在客人只需上船后下载一个App，就可以用手机玩"百家乐"，十分方便。在船上听到的交谈，似乎人人都是会员。不错，船算老旧了，但它的卖点足以抵消任何的不满。

——摘自古镇煌《邮轮旅行秘笈》（Kindle版本）【29】

星梦邮轮（Dream Cruises）

基于丽星运营经验和对中国大陆市场发展的判断，2015年云顶香港推出了为中国及亚洲市场设立的新邮轮品牌星梦邮轮（Dream Cruises），同时收购了豪华邮轮品牌水晶邮轮。当年星梦邮轮就开始订船，在德国迈尔船厂铺下了"云顶梦号"第一条龙骨。"云顶梦号"于2016年11月首航，其姊妹邮轮"世界梦号"随后在2017年11月加入船队并以广州南沙作为母港。2019年4月，丽星"处女星号"耗资5600万美元进行改造，重新命名为"探索梦号"归属星梦邮轮运营以上海作为母港的线路。星梦邮轮相较丽星邮轮体量更大，设施和功能更全，也更接近常规的邮轮运营形式，以3至7天的有到访港口目的地的行程安排为主，

星梦邮轮的视觉主题：
宇航员、嫦娥及美人鱼的故事
@Dream Cruise

相对于丽星邮轮来说，是所谓的高端品牌。以赌博为目的的乘客仍然重要，但服务则面向大多数以巡游为目的上船旅游的乘客。

2016年收购德国系列船厂后成立了Lloyd Werft造船集团，同时签订了10艘邮轮建造协议，协议总金额达35亿欧元。协议包括建造2艘20.1万吨"环球级"超级邮轮及8艘水晶邮轮公司的内河邮轮。高歌猛进的云顶香港受到2019年底开始的新冠疫情的阻击，邮轮运营和制造业务被迫暂停。在2020年和2021年年中疫情缓解的情况下，邮轮无法去往其他的目的地，云顶邮轮开行无目的旅游，真正以邮轮为目的地，这实际是对"香港两天邮轮游"的一种重启，其中重要的娱乐内容就是公海赌博。快速的扩张遭遇了无法预计的卷席全球的疫情，无力回天的云顶集团总公司只能壮士断腕。2020年遭遇财务困难，暂停了Lloyd Werft造船项目，总造价18亿美元的首艘"环球级"邮轮未能在2021年顺利交船。到2022年1月10日，德国政府与云顶香港就进一步对Lloyd Werft财务支持合作计划的谈判破裂后，Lloyd Werft申请破产。这导致连锁反应，2022年1月19日云顶香港有限公司也申请破产清算，水晶邮轮的"Serenity"和"Symphony"两艘邮轮甚至因为无法支付燃油费而被扣押。

卷席全球的疫情导致全球邮轮停航近两年，快速发展的云顶香港运营急转直下。2022年1月19日，旗下拥有丽星邮轮、水晶邮轮和星梦邮轮（Dearm Cruises）的云顶香港有限公司申请破产清算，可能是2022年初邮轮业界最大的新闻了。

环球级邮轮效果图
@Dream Cruise

"海洋量子号"/"世界梦号"调研

"海洋量子号"邮轮

首制船"海洋量子号"2014年10月28日由德国迈尔船厂交付后,仅运行了新泽西州巴约纳市的自由角邮轮港到巴哈马的一个行程,就开启了53天的环球航行,东移布局到上海。2015年6月全新制造、科技含量极高的邮轮"海洋量子号"以上海为母港,开始执行到韩国和日本的行程。随后的2016年,"海洋赞礼号"短暂开始执行天津行程,加上2019年为中国市场定制的"海洋光谱号",这两艘船都是"量子级"的船型。基于皇家加勒比运营的经验,创新性地提供了足够的娱乐选择,除了常规的健身房、游泳池等项目外,"海洋量子号"拥有许多原创设计娱乐设施,如冲浪、攀岩、风洞体验,以及刺激程度大幅升级的项目——北极星,等等。

基本参数:

总吨位	168,666 吨
甲板层数	16 层
舱房数量	2095 间
长度	348 米
宽度	49 米
航速	22 节
载客数量	4162 人
船员人数	1300 人
首航时间	2014 年

"世界梦号"是星梦邮轮的大型度假船中的第二艘，2017年11月19日在广州南沙首航。"世界梦号"基于诺唯真的"Breakaway"船型改造而来，延续了云顶梦的构思，于2017年11月加入船队。船体涂有中国波普艺术家蔡赟骅创作的名为《双梦记》第二篇的作品，邮轮两侧涂绘着美人鱼和宇航员，以及船长和嫦娥的故事画面。这些内容被改编为舞台剧在剧场演出，也作为室内设计的主题置入到邮轮大堂的设计。总体布局和"Breakaway"船型大体相同。上层外部甲板上布满了适合所有年龄段乘客的运动项目和水上乐园景点，不过并没有刻意打造专属的特色娱乐设备。船上的5个酒吧，都采用国人熟知的酒类品牌命名，如Johnny Walker威士忌酒吧和奔富酒窖Penfold's Wine Vault等。舱房区相对"喜悦号"减少了很多内舱房，最小的房间也有14平方米，同时取消了具有北欧特色的单人客室。考虑到中国家庭用户的使用，提高了单个舱房的面积，此举虽减少了舱房的总数，但体现了自丽星到星梦一贯的重视服务的理念。类似诺唯真的Heaven套房专属区叫皇宫套房区，其中最大的皇宫别墅套房面积达到了183平方米。"世界梦号"和"云顶梦号"是全球仅有的两艘装备核磁共振扫描仪的邮轮，也足见中国乘客对健康的重视程度。虽然邮轮旅游，特别是大型邮轮在欧美是大众旅游产品，但星梦的做法符合把邮轮旅游认知为高端消费产品的想法，这也恰恰是中国人一般的理解和认知。

基本参数：

总吨位	15130 吨
甲板层数	19 层
舱房数量	1532 间
长度	335 米
宽度	40 米
航速	22 节
载客数量	3352 人
船员人数	1999 人
首航时间	2016 年

世界梦同级船云顶梦船尾
@Dream Cruise

"海洋量子号"用户网络评价摘录：

爸妈第一次坐邮轮一定要选择最好的，事实证明这次是一次完美之选。爸妈以前每一次旅游回来都会有不满意的地方，说以后不去哪哪了，一次就够了。可是这次的"量子号"爸妈是大大的点赞。就是有一点不太满意，各个餐厅不花钱的是时时排队，花钱点菜就可以不排队，希望以后能有所改进，因为大多数是老年人，他们搞不明白。总体还是满意的，他们还说等他们宝贝孙子放假再去坐一次，意犹未尽，听得我们也是心痒痒的，一定找机会我们全家一起出行一次。

1395215****，2017/11/26 21:01:00

第一次带爸妈上邮轮，出行前一直很担心老人家会不会觉得旅途很无聊，还提前做了很多功课，开始旅程后才觉得，邮轮旅行才是真正放松的假期。"量子号"的食、住、玩都很不错，主餐厅和自助餐厅都很好（我妈一趟旅程下来胖了5斤）。住的也很舒服，我也算是个有点认床的人，但每晚都睡得很好，一点都感觉不到是在船上。这里要重点说下客房部的员工们，他们每天两次的house keeping，把房间收拾得干干净净，还会在床上摆上用浴巾折叠的小动物（每天都不重复哦），这让我每天晚上回房间的时候都很期待打开房门的那一刻，猜测今天会是什么可爱的小动物。最后要说下玩，船上每天都会很细心地安排丰富的娱乐节目，特别喜欢晚上7点半皇家剧院里的表演。

_M1348201****，2017/9/26 14:51:00

10月19日携妻子乘坐了著名的"量子号"邮轮。首先讲讲居住的船舱，我们买的是内舱房，房间足够大，内部设施齐备、舒适。虽然是内舱房，但有一个70英寸的显示屏。通过船头的摄像可以实时观看外景，也是相当不错的。上船的第一天由于航道的缘故，开船时间延误了将近4个小时，没有看到任何的起航仪式。在整个航行途中，船上的娱乐设施相当丰富，可以尽情地玩耍，适合各类人群。最著名的北极星是"量子号"的一大特色。有两个泳池，一个是室外的，一个是室内的，可以满足各种需求。篮球、乒乓球、碰碰车、划旱冰、健身设施完备。攀岩、风洞几乎没人玩，冲浪是专业级玩的，看看表演还行。各种演出是一波接一波，让人应接不暇。总之在船上你不会感到无聊的。

M35321****，2017/10/25 13:23:00

第一次坐邮轮，听说"海洋量子号"上的娱乐设施最先进了。果然，从登船开始就感受到了邮轮高质量的服务，每一个环节都安排得很好。每天的早、中、晚餐都可以选择自助餐厅或者去特色餐厅点餐吃饭。四楼皇家大道上咖啡、牛奶、饼干、点心、比萨也是无限量供应，到晚上10点还可以吃，哈哈哈。量子号的客房也很棒，干净、干爽，麻雀虽小，五脏俱全。一天打扫两次，晚上还会用毛巾给我们叠小动物，小细节制胜。船上的冲浪也很有意思，但需要一点天赋，甲板跳伞的话只能感受到大风吹啊吹。总之船上体验很好、活动很多。

1592116****，2017/10/1 7:33:00

"世界梦号"用户网络评价摘录：

  带爸妈、家婆、女儿第一次坐邮轮，真的不错！很舒服！很适合带老人家、小朋友旅行，之前几次旅游都是找同程报的，觉得服务一直不错，从没遇到过像我的朋友在别的旅行社遇到的那些不好的情况。老人家都玩得很开心，觉得这次旅游很舒服。吃饭每餐都很丰富，不挑吃的我表示满足了。还有赌场，哈哈哈，虽然逢赌必输，还是玩得很开心。上岸的时候打车也不贵，冲绳打车这么便宜，真的让人感到很惊讶，哈哈哈。文笔很差，写得乱七八糟，一句讲晒：很满意。

（广州—冲绳—广州，2018.10.21）

  邮轮之旅整体来说很棒。房间里什么都很新、很干净，床铺、洗手间，包括一日三餐都无可挑剔，可以说是睡得好、吃得好。玩也还可以，打了麻将玩了赌博机。唯一觉得不怎么划算的地方是下船上到宫古岛，每人花了七八百块，根本没什么看头，本来有个坐缆车这个项目，居然也因为什么原因取消了。

（广州—冲绳—广州，2018.9.9）

  第二次上星梦邮轮，体验还是很棒，最好的是邮轮派对，凌晨12点在大海中蹦迪，超开心。孩子有VR游戏和大屏超级玛利游戏玩，当然这是自费的。两次对比，这次的表演差了些，没有太空人带美人鱼小姐上星空游历的歌舞剧好看。360°吧台表演也不怎么样，之前有人唱中文歌，这次就是一般般啦。船够大，开到公海有一点点晕，不会很厉害，一会儿就没有了。

（广州—冲绳—广州，2018.7.25）

"海洋量子号"同程用户评论词云图

"海洋量子号"网络词云图是通过对同程旅游与携程旅游平台上共 16772 条评价数据分析得出,"海洋量子号"的网络词云图的词频悬殊较大,热点更多聚焦在服务（6449 条）、餐厅（5824 条）上,这几乎是所有游客旅行中最关心的。从网络评价中可以看出,登上光谱号或量子号的乘客对娱乐设施非常感兴趣,在"设施"一词之下有"北极星""跳伞""碰碰车""冲浪""游泳池""攀岩"等项目入选,"北极星"甚至超过"长崎""釜山""福冈"等众多目的地上榜,同时伴有"齐全""高科技",甚至 App 上的"预约"也成了热词。"北极星"这个词可以上榜显示出它给乘客留下了深刻的记忆效用。"北极星"装置凭借其超出日常生活的全新惊喜和刺激,给乘客留下长久的邮轮旅游印象,应该说完成了创造乘客邮轮峰值体验的任务。"北极星"是量子号上的制高点,完全升起后距海平面 91 米,游客能够通过全透明、可 360°旋转的钻石舱面俯瞰壮丽的海洋和邮轮的景色。Ifly 甲板跳伞,通过风洞的超强气流可以将游客在邮轮顶层甲板上悬浮托起,体验失重的快感。甲板上还有水温可调的 12 米长的造浪模拟器,可以体验甲板冲浪。与"北极星"装置游客排队的现象相反,冲浪器很少有国人来体验。对于中国乘客来说,滑板、滑雪以及冲浪等身体平衡类型的运动开展时间较短,并不普及,其爱好者和邮轮乘客人群的重合度不高,可能是其中的原因。另一方面,中国邮轮普遍行程紧凑,花费时间和费用来学习运动项目,就会失去尝试别的娱乐项目的机会,导致这个项目虽有特色和看点,但参与度较低,基本属于空置状态。也因为同样的原因,Ifly 风洞跳伞等项目因为容易上手,受到大家追捧也就不足为奇了。从词云图中也可以看到,娱乐项目热度从高到低的排序:表演、北极星、跳伞、碰碰车、冲浪。和别的船相比,量子号的乘客往往对邮轮旅行已经有了基本了解,在上船前已经对整个旅途有了较高的期待。邮轮和消费社会的产品一样,只有通过不断的更新改造或者推出新船来制造基于体验效用的差异性,才能吸引乘客乘坐邮轮。

"世界梦号"用户评论词云图

"世界梦号"的航行目的地主要布局在东南亚，如日本冲绳、宫古岛、越南下龙湾、菲律宾马尼拉等都是其到访的港口。"世界梦号"词云图是通过对同程旅游平台上共681条评价数据分析得出，词云图上对目的地的反应显示乘客对这些目的地提及较多，很感兴趣，"宫古岛"（44条）超过国别"日本"（33条）成为重点，其他如"冲绳""马尼拉""芽庄""下龙湾""长滩""胡志明市"等，甚至其母港"南沙"由于各种原因也有较高的显现频率。涉及世界梦的航线也有些形容词出现，如"悠闲""轻松""漂亮""太长"等。"赌场"也相对比其他几条船高的词频高，但也并不凸显。世界梦赌场更大、更豪华，但词云图没有更多赌场的信息，很可能赌客是邮轮公司的常客，而其出游和旅行社并没有关联，所以没有做出任何评价。总体上，"世界梦号"客舱面积占比较大，其中为高端赌客提供免费套房是常见的销售行为。星梦邮轮的满意度普遍较高，特别是餐饮和服务好评如潮，船上的正宗粤菜风味受到肯定，娱乐缺乏亮点，很少被人提及。登船前等候区杂乱无章，等待时间久，登船效率低，其服务受到不少差评。

"海洋量子号"乘客访谈节选：

采访者：周泽楷
受访者A：男，32岁，游戏场景优化师，喜欢打网游、旅游，已婚，有一个一岁半的孩子。
居住地：四川成都。
乘坐船只：海洋量子号
访谈日期：2021.6.12；访谈方式：微信语音

您还能记起你这艘邮轮的外观风格吗？

外观风格比较现代，让人记忆深刻的是在甲板上有一只红色的大熊。

您觉得什么是此次旅行最好的体验呢？

晚上有非常精彩的表演，每天晚上都有。音乐，歌舞，是互动的，氛围很好，演员很多，有时候他们会从你身边的机关里面出来走向舞台，有些是魔术表演，也有带剧情的歌舞剧，表演很精彩。虽然是全英文，但剧情大概意思能够懂。除了第一天刚上船比较累，休息的比较早，后面几天的表演，我基本上每天都去看。

有什么您觉得比较独特的服务吗？

我们的房间比较乱嘛，每天回来的时候，房间都被收拾得干干净净的。私人物品服务员会给我们集中挪个地方，也不会乱动，比较独特的就是，每天回房间时，都有服务员拿毛巾给你叠的小动物放在床上，有一种亲切的感觉。虽然看不到服务人员，但是能感觉到他们很用心。

您在免税店什么东西也没有买，对吧？

我买了3个包，还有高达，高达是真正日本产的。无论是铁壶，还是马桶盖呢，都是中国产的运到那边去，然后再买了运回来的。

您再次出游还会选择邮轮，是吗？

我有孩子嘛，孩子在船上可玩的比较多，这很重要。在邮轮上你不会特别怕孩子乱跑。最好的就是有亲子中心，宝宝能够玩得比较开心，父母可以出去玩一点别的东西，有什么问题又可以随时跟我们联络。

采访者：周泽楷

受访者 B： 女，"80 后"，有一个 15 岁的女儿，三口之家。

居住地： 安徽合肥。

乘坐船只： 海洋量子号 / 海洋水手号

访谈日期： 2021.6.10；**访谈方式：** 微信语音

您的邮轮旅行经历？

2014 年和 2016 年，分别坐过两次皇家的日韩线。

疫情什么的，再加上孩子大了，请假也不方便了，后续我们也坐过一些长江邮轮。

您觉得海轮的岸上游和江轮比较如何呢？

岸上的项目其实不是特别有吸引力，去了几个很鸡肋的景点，然后去一下免税店，每个点的时间都不够。如果你购买东西意愿不强的话，都不是很想下船了。

您选的是阳台房是吧？

都坐游轮了，为什么要选内舱房呢？全部都是内循环的空气系统的话，其实风险还是挺大的，大钱都花了，为了省几千块钱，天天被关在一个连窗户都没有的小房间里感觉挺憋屈的。我知道量子号是有这种虚拟窗景的内舱房，但是还是不舒服。

就整体邮轮旅游体验来说最不好的是什么呢？

上海的邮轮码头那边登船的整个流程太长了。寄存行李、安检、登船整个流程，从你抵达码头到登上船再到你的房间，顺利的话也要一个多小时，如果是夏天的话，加上空调设施也不是特别好，带父母去的话就有点累。

如果疫情过后再次出游，您会选择哪一艘邮轮呢？

我曾经在想，如果开了从上海到三亚的邮轮，3 天 2 晚的行程，要是价格不是特别高的话，我挺有兴趣去感受一下的。说不定费用比我从上海飞到三亚的机票价还便宜，或者差不多，在这种情况下为什么不坐邮轮去呢？

采访者：马隆鑫

受访者 C： 女，59 岁，退休，爱好跳广场舞，无聊的时候看看手机头条。

居住地： 广东广州。

乘坐船只： 海洋礼赞号

访谈日期： 2021.6.12；**访谈方式：** 微信语音

您为什么会选择邮轮出游呢？

我们住的这一栋楼有个人的小孩在船务公司上班，他的票可以打折，所以叫我们几个姐妹去坐邮轮。微信群通知的，你要去就报名。

您在这个邮轮上玩了什么项目呢？

后来在船上几个人没住在一起，还要到处找来找去。我也没玩什么了，就玩了两个项目，乒乓球和卡丁车，其他的好刺激不敢玩，也不能和人家去挤。晚上一群人在那跳舞，我不敢去跳舞，因为跳舞的人多又乱。

您有没有购物呢？

我只花了船票钱，回来的时候押金退不到手里，就在船上的店里买了面膜。

"世界梦"访谈记录摘要：

访谈者：孙星

受访者J：男，有多家航空、航运公司工作经历，喜欢海洋文化，爱好做模型。

居住地：广东广州。

访谈日期：2021.6.15；访谈方式：微信语音

您之前接触到的人里面会有那种来了很多次，而且每次来都会很开心的那种用户吗？

丽星邮轮的忠实赌客比较多，并不完全靠中国大陆的观光客去挣钱。公司主要的挣钱客群是香港跟新加坡的赌客，他们可能一年上船五六十次，其实相当于在船上住下了。

您观察游客主体的构成是什么？

其实在整个大陆的邮轮运营中，老年人团体才是真正上邮轮的主体。除了一些跑短线的3天2晚、4天3晚的航线，各个邮轮公司基本上都是做6天5晚的最经济航次，因为这个安排活动范围半径和船票价格是大陆客人最能够接受的。对于一个上班族来讲，基本上是一年年假的长度。经过公司调研，中国邮轮的主体客源中55岁以上的占到整个市场的68%的份额。我们主要是服务老年人，兼顾年轻人，所以船上有一些比较刺激的活动设施，比如水滑梯、攀岩等，但老年人不太愿意动，他们上船溜达溜达，看看表演，然后吃吃喝喝。只要能吃、能喝、能睡，其他都无所谓，这是一部分人的心态。

去坐邮轮的时候，对于邮轮外观设计会有那些深刻的印象？

我比较喜欢有传神彩绘的邮轮，纹身彩绘其实是吸引我的一个点，我有点排斥单色调的邮轮。首次坐邮轮的人可能对邮轮外观不敏感，但是如果是有一定了解的话，就会发现不同。如海洋量子号的顶上的北极星，你远远地就能发现它和别的邮轮不同。北极星就是很有标志性的设计，会让人一辈子都很难忘。

首次上邮轮是通过什么渠道？

广州地区能收到香港的翡翠台，丽星邮轮会做一些广告。丽星1993年成立，我九几年就已经知道，但是那个时候我的观念就是邮轮是富豪才去坐的。后来我参加工作了，有一定的经济能力了，我才会去想要不要去试一试呢？我不知道到底会花多少钱，我的印象里它肯定很贵，但这辈子也得坐一次。所以我当时就去搜了一下它的广告，一看价钱其实还能接受。

船上的剧或是表演和陆地上同类型的这种演出会有一些不同的体验吗？

陆地上的演出基本上都是中国人的团队表演，船上请的表演团队不是船员，而是被请上船来表演的职业人员。丽星，包括星梦的一些丰秀，请的是乌克兰歌剧院的表演团队，或者是请一些欧洲比如捷克歌剧院的表演团队过来，这些都是欧洲比较大型的团队，专业度很高，和岸上差别比较大。因为之前没看过这种外国人的大型表演，其表演方式还是很震撼的。

"世界梦号"访谈记录摘要：

访谈者：白明康
受访者K：男，同程旅游随船导游。
访谈日期：2019.7.15；访谈方式：随船面谈

您最喜欢的邮轮是哪艘？

我最喜欢皇家加勒比公司的邮轮，原因是它的观念、管理是几大邮轮主体的老大。加勒比和歌诗达都是邮轮出身。星梦邮轮是赌船出身（云顶集团），这艘船赌场面积比其他船要大，以赌客为主，VIP基本上都是赌客。

咱们这个旅游团的组成（如年龄、组合）有哪些？

由于假期原因，团里面主要是家长带孩子的居多，二带一或者二带二，平均年龄在30岁左右，还有一部分是老年人（子女孝顺）。不是旅游旺季的时候基本上都是老年人，大概六七十岁的多。我们这个团赌客很少，如果是真的赌客，不会和旅游团走，他们会和赌场直接联系，用会员积分或者另一种形式上船，跟旅行团的基本上都是旅行度假的。

赌场里面的人是固定的一波人吗？我发现年轻的赌客比较少。赌博可以一个人进行吗？

可以这么说，想去的都会去。不想去的路过也不会去；中国人不喜欢老虎机，都喜欢分配类游戏。

赌博的人大部分以中年、老年男性为主，中国人喜欢玩百家乐。

可以的，你自己对荷官（赌场不怕你赢钱，就怕你不来）。

"世界梦号"还有哪些比较好的娱乐空间？

赌场（三层中庭）现场乐队表演；蓝湖餐厅（二层中庭）；大型剧场等活动场所。相对于其他邮轮，世界梦号在娱乐互动上欠缺员工的亲和力，这与星梦邮轮公司主要是以赌博为主的娱乐定位是有关系的。现在星梦邮轮的娱乐总监也从歌诗达挖过来了；其娱乐内容也在逐渐改变，增加了很多活动。

目前最受欢迎的舱室是哪种？

性价比最高的是内舱房（老百姓对于价格最在意）；我个人更希望推荐套房（原因是附加值最高，有专属的管家，有专属的吃喝玩乐空间）。估计有300多间套房，主要以家庭为主。淡季的时候套房人少，这时套房以赌客为主，真正的VIP（积分上来的）。有别于其他邮轮，星梦邮轮对于赌客的服务是最专业的（游泳、SPA、健身等）。在马来西亚云顶集团（前身就是搞赌场的），有的套房游客在房间里就可以赌博，什么时候睡醒了，就可以叫荷官来进行娱乐，这些主要是针对中国游客的。

"世界梦号"体验记录：

调研人：白明康，王守强
时间：2019.7.14–2019.7.19
行程：广州—日本那霸—日本宫古岛

登　　船	登船前游客的秩序较好； 休息区缺乏足够的座椅，多数游客席地而坐； 饮水设施数量少且不显眼。
邮轮印象	在班车接近船体时，游客被船体巨大的体量、显眼的涂装、黄色和紫色对比色的照明所吸引；主题"宇航员与美人鱼"能体现在外观涂装和三层主餐厅的壁画以及剧场的主题剧目之中； 船体照明设计也非常成功，利用上层建筑舱房的模数构建了点阵成为一个移动的媒体立面，巨大船体和造型被灯光塑造成为另外一种夜间的感觉； 登船口的迎宾空间不大，只有一张类似讲话台的桌面摆在附近，船员着装正式，体态端庄，让宾客有被尊重的感受； 地毯脚感缓解了宾客的膝关节和踝关节的劳累感； 第一感空间的层高低，局促是能被感受到的。

客　舱	客舱走廊地毯的纹样在一定程度上缓解了狭长空间带来的压抑感，淡淡的清香让空间更具氛围感和神秘感； 舱室内部带给我们的第一感受是壁板、家具以及地面精致、干净，照明效果专业，它们在一定程度上将房间的局促感尽可能抵消； 客舱一出门就是一根不可避免的粗约 120mm 的结构柱； 内舱房能感受到空气流动性较差。
免费餐饮	船尾的主餐厅正式且带有奢华感（整体中式风格），拥有船尾的大面积景致感觉非常不错，有被尊重和高质量服务的感受；餐厅位子似乎不够，早去排队或者晚去是乘客常用的躲避拥堵的手段；自助餐厅环境没有拘束感，多元的不限量食物，吃起来可以随心所欲不拘束；占座、人挤人的现象更突出，好吃或者看起来就贵的菜品秒空；比起主餐厅，剩菜现象和卫生状况令人堪忧。
付费餐饮	餐饮普遍好评,三家自助餐厅各有特色，收费餐厅价格一般都比较高，但蓝湖美食餐厅物美价廉，还设有麻将桌，常常人员爆满。店面的门脸、内装与公共区域进行了一定区分，使得其更为显眼（主要是内装壁板、地面材质、家具品质、门头 LOGO、工艺品、摆件带来的区分）； 有观景的座位比公共区域更多，空间里的家具排布间距大于免费餐厅，视觉上的感受更舒适，提供了付费的价值感。
娱　乐	SPA 门脸设计奢华，据观察出入的人不多； VR 电子娱乐空间以大人和小孩为主，人声嘈杂，玩不好； 围绕着中庭的酒吧、免税店、剧院通常是中国人打发时间的地方，可以看表演、看琳琅满目的商品（寻找打折的好物）、看热闹等； 邮轮主题并不明确，娱乐设施少，船上主打的是赌博和购物，每日活动安排有一半都是促销活动，赌场和免税商店也是船上最大的二次消费地点，其他如酒吧、娱乐等二次消费并不多。
离　船	由领队和船员共同安排游客按批次离船。

第六章

混合的餐饮文化

麦当劳化的邮轮餐饮

19世纪蒸汽机广泛应用到火车、轮船的制造，加快了全球的贸易、货物及原料运输以及人口的移动——社会精英阶层的旅行需要推动了从客栈到现代酒店的发展以及邮轮的进化。"正是由于人可以获得快捷的旅行工具，才触发了以地域为基础的社会和文化"总和"的削弱和损害，使之成为一个典型的现代进程"。【30】邮轮和酒店的发展几乎同步，其中重要的契机就是餐饮业的联姻。20世纪初，德国古斯塔夫皇帝请埃科菲[①]在邮轮上操办宴会后，邀请他开办了汉堡－美洲航运公司（Hambug-Amerikanische Packetfhart Aktien Gellschaft 或 HAPAG）的邮轮上的丽兹餐厅，于是在邮轮上，食物的制作、享用仪式成为重要传统。随后，丽兹酒店[②]的设计师梅维斯也陆续参与了德国和英国的几条邮轮的设计建造，邮轮上饮食文化开始了形成自身特点的长期过程。邮轮上餐饮文化起始于西餐中重要的法国餐饮，服务于穿梭在大洋上头等舱里的上流阶层，这一服务早期的统舱乘客是享受不到的。二战之后基于西餐体系的船上餐饮系统才扩大到服务于所有船上的乘客。现代邮轮上第一家收费餐厅是1988年设立在诺唯真邮轮上的一家法式餐厅，随后各类的不同的餐厅和餐饮内容开始依运营的需要陆续出现在各公司的邮轮上，越来越大的邮轮，为嫁接不同地域的餐饮内容提供了条件，不过至今邮轮上的主餐厅，在提供餐饮给数千位客人时仍然尽力保持着西餐的餐饮礼仪和程序。

"吃"是邮轮旅游制造快感的重要主题内容，每一家成功的邮轮公司都把船上的餐饮作为首要任务执行。现代的大型邮轮上往往都有数千名乘客，在邮轮上有限定的空间和时间内、和有限的资源条件下满足数千人提供一日三餐的供应一直是一个很难完美完成的任务。将头等舱里的上流阶层的餐饮体验平均提供给数千名的邮轮乘客的秘诀在于通过高度集约化的中央厨房提供包括主餐厅在内的数十个餐厅餐食的菜品。其厨房设备和布局都是经过长期迭代改进和升级可以适应海上的工作环境、卫生检疫以及高效服务的特点体系设计建造的。这个系统经过多年的发展打磨在符合海事、卫生、防疫要求后，还是比较有效和完善的，配合服务系统能够比较高效地提供餐饮给数千位客人，也可以有一部分菜单选择的灵活性，以满足一定程度的不同的个性化需求。同时受到邮轮行程、防疫和保存的要求制约的局限性，邮轮上一个航程的食品和原材料采购主要都是在母港一次性采购装载到位，同时更关注食材的卫生、检疫、保存和包装以及产品认证体系，以便在长期航行中保证食材的安全和质量，而供应时令性、绝对的新鲜或者地域化的特色食物等就不属于邮轮餐饮的主要特色了。

邮轮上的餐饮，看似琳琅满目，花样繁多，但实际上这些看似不同的餐厅都是由邮轮公司整体策划和运营的，主餐厅是船上最大的餐厅，乘客的不必支付

[①] 埃科菲（Auguste Escoffier）是一位传奇的厨师和烹饪作家，丽兹酒店的创始人之一。他被广泛认为是现代法国菜之父，著有"烹饪指南"，将法餐菜谱化，极大地推动了法餐在世界的地位。

[②] 1898年揭幕的巴黎丽兹酒店是巴黎的著名酒店，并成为欧洲酒店的典范之一。埃科菲和凯撒．而兹让高档酒店变成了英国和欧洲皇室喜爱的场所。凯撒．丽兹和埃科菲（Auguste Escoffier）合伙创立了包括：沙威（Savoy）、卡尔顿（Carlton）和丽兹酒店（Ritz hotel）在内的首批现代奢华酒店。丽兹酒店是世界上第一家在每间客房安装私人浴室的酒店。

额外的费用就可以在主餐厅解决的行程中餐食需求，所以主餐厅往往需要安排上千个座位，是船上最大的餐厅。即便如此大型邮轮上的客人还是须要按照给定的用餐时间分拨前往主餐厅用餐，排队和拼桌用餐的现象有时还会不可避免的出现。邮轮公司吹嘘的特色美食，大部分情况下是由收费的特色餐厅来代表的。以为中国订制的"喜悦号"为例，除了化整为零的九个替代主餐厅功能的餐厅外，还有这些收费餐厅如：Cagney's Steakhouse（高级牛排），La Cucina（意大利美食），Le Bistro（法国菜）和Manhattan Room（提供中西混合美食的餐厅），Supper Club（晚餐和表演），Neptune（海鲜餐厅），Grand Tea Room（传统茶室）和Noodle Bar（面条和点心）。这些餐厅包罗万象，能够提供各种不同地域的饮食和相应的空间布局、餐饮程序和仪式，中西餐兼顾满足不同乘客的需要。当"喜悦号"撤出中国市场后转入美国阿拉斯加航线运营时，对餐厅的进行了改造，将Atrium 咖啡馆变成了星巴克、Grand Tea Room 茶室成为District Brew House 啤酒屋、添加了莫吉托酒吧、Neptune 海鲜餐厅变成了洛斯罗伯斯龙虾餐厅、健身中心扩大占据了Noodle Bar 面馆。这也可以看出邮轮公司在面对不同市场的人群时，程式化和符号化的应对方式。

　　星梦邮轮在餐饮构架系统上做了有效的尝试。保持了在东南亚运营了二十多年丽星邮轮对餐饮的一贯重视的传统，相对其他邮轮品牌更了解中国人的餐饮口味，基于丽星的经验设置了以粤菜为特色的中餐受到中国乘客，特别是南方乘客的喜爱。星梦邮轮虽然在德国迈尔船厂制造，但通过更早引进了中餐主厨依据对东亚及中国的乘客的餐饮理解，对厨房提出的改进意见，做出了一些原创性的系统性布局调整，结合中式视觉风格设计大众化的蓝湖餐厅和高级的云顶宫来提供基于亚太地区的不同风味的地道餐饮，船上的餐饮广受中国乘客的好评。

　　国际品牌的邮轮进入不同地区运行，肯定会对原来的西餐体系做的地域化餐饮调整，带有一定的实验性和探索性，是基于服务对象变化的灵活应对，视觉形象内容的变化调整甚至占比更多，以并保持后续市场变化连续调整的可能性。餐饮服务和体验保持一致性甚至比差异性更重要，这样一来邮轮上的中餐的品质无法超越中国陆地上的特色餐饮就容易理解了。

　　总体上来说邮轮上的餐饮内核借鉴了或者是无意间借鉴了麦当劳模式，这里并非是指麦当劳的快餐模式，而是说邮轮餐饮全面具备高效、可计算性、可预见性、可控性等麦当劳化[①]的特点。由于航程的全部食材是一次性集采的、采用高度集中的中央厨房给各个不同餐厅配餐，再加上餐饮工作人员的随船集中的调配等因素，邮轮餐饮系统的麦当劳化甚至超过了麦当劳公司。随着邮轮旅游逐步发展到全球各地，目的地和乘客的来源也更为多元化，来自各个国家的乘客要求更多的餐饮形式和内容，以至于邮轮上的餐饮面临的主要挑战在于如何打破可预见性来产生差异性不足和如何提供乘客不可预知和意外的餐饮体验。

---

① 乔治·瑞泽尔，是美国社会学家，马里兰大学社会学系教授，1993年出版《社会的麦当劳化：对变化中的当代社会生活特征的研究》一书，提出美国社会及世界其他国家中越来越多的部分"麦当劳化"，他指出了高效、可计算性、可预见性、可控性，以及"形式理性的终极非理性"等麦当劳化的五个特点。

融合餐饮文化和第三空间①

美国好莱坞电影、流行音乐、迪士尼、达人秀等都是全球化语境下广泛传播文化产品。和上述文化形式和产品不同，有关食品和食物的文化传播开始还没有美国流行文化的大航海时代，早于现代全球化开始数百年。班轮时期的邮轮作为工业革命时期移民的交通工具，就已经成为新一轮饮食混合的最佳场所，文化模式观念、品味、风格以及态度交织在一起，加速了不同地域的烹饪"传统"的接触和融合。今天邮轮公司通过食品和餐饮文化的融合和交流更是非常的自然选择。正如今天的麦当劳餐厅在世界各地开设餐厅都会在主干的标准化菜单上，灵活地添加地域化的餐饮元素，如在意大利的餐厅菜单上就有地中海沙拉、在中国会增加辣味的汉堡而印度的麦当劳餐厅里则有素汉堡。邮轮餐饮的地域化主要表现方式是开设多家不同的餐厅，尽力在菜品体系、视觉设计上拉开差异，不过限于船上的西餐厨房系统，邮轮上的餐饮主体还是更善于西餐系统的开发，而融合餐饮还是以调剂一些易于被认知的"地域性"材料，如品牌的视觉元素，服务人员或者典型菜品为主。和商业综合体里的餐厅不同，邮轮上的餐厅都是邮轮公司开设运营的，通过空间布局和设计形成和商业综合体差不多的商业、餐饮氛围。

1989年才成立的地中海邮轮非常重视餐饮特色，邀请多位米其林餐厅主厨上船主办餐厅，推出"海上米其林项目"（Master Chef at Sea），希望通过和知名厨师合作授权菜式，或者举办主厨餐桌等活动，拉开不同餐厅的特色。连续25年被评选为米其林三星餐厅的德国主厨 Schwarzwaldstube（黑森林地区拜尔斯布隆）为传奇号 MSC Meraviglia、辉煌号 MSC Splendida、珍爱号 MSC Preziosa 上的 MSC Yacht Club 的 Elegant Night 餐厅设计两道主菜，并和邮轮上的厨师团队深度合作，传授技能。又邀请梁子庚②开设了海中阁火锅餐厅（SEAPAVILLION）以增加中餐的餐厅份量，其他餐饮空间虽进行了同步的更新，但空间格局几乎没有改变。梁子庚更擅长典型的中国烹饪，在火锅餐厅上的发挥余地不大，联名的作用大于实际的效果。中餐推广更习惯使用餐饮品牌，淡化个人（厨师），比如海洋光谱号"大董"烤鸭餐厅和北京的"大董"烤鸭菜单几乎都不一样，室内设计视觉形象也大相径庭，没有品牌的一致性，"大董"餐厅的合作看来仅限于品牌联名，海洋光谱号也设有"川谷汇"，火锅餐厅或者日本料理等地域化餐饮，大体选择的都是对厨房改造的要求较低餐饮内容。

这种"混搭"意味着餐饮文化的认同已经和时间、地点、历史和母文化脱离，邮轮公司似乎建立了一个菜品和餐厅的"库"，随时根据运营需要从中调配选择那些可以吸引顾客获得文化认同的要素进行组合。邮轮乘客在后旅游时代，会知道自己只是在一切计划好的行程中的一名游客，能够配合、理解、响应行程中的各类安排。"观光旅游实际上是一系列游戏，内藏多重文本，所谓真实、唯一的旅游经验根本不存在"【31】

餐饮文化不仅通过视觉形象或者媒体传播，更多地需要通过人们的旅行、迁移以及体验和感受产生迁移。汲取不同地域的饮食传统，再注入新的风味在世界各地都非常盛行，异域的餐饮通过本土的口味修正变的更为"本地化"易于接受，从而产生新的餐饮的内容和形式。国际大都市的餐饮呈现一种基于不同饮食文化的融合自生长的生态，地域餐饮不再被空间和时间所局限。

① 美国城市社会学家雷·奥登伯格（Ray Oldenburg）在1999年出版的他的《绝对的地方》（The Great Good Place）一书中提出了"第三空间"这个概念。

② 梁子庚，新加坡籍中餐名厨，美食评委，创立了"梁子庚餐饮概念工作室"。

MSC 合作的米其林星厨（从左至右）：梁子庚、Roy Yaaguchi、Carlo Cracco、Harald Wohlfahrt、Ramon Freixa
@MSC Cruise

云顶梦丝路餐厅
@Anakjajan

丝路餐厅的麻婆豆腐
@Anakjajan

苏苏餐厅的 Logo
@SUSU

玲珑餐厅的 Logo
@LingLong

煮叶的 Logo
@ 煮叶

　　Susu 和喜悦泰是两家基于北京的连锁餐厅的品牌，Susu 和喜悦泰的中国厨师使用的是"融合"菜肴的方式，他们将越南及泰国餐饮结合本地人的喜好进行融合创新。Susu 和喜悦泰餐厅里的菜单上的越南菜及泰国菜一直在持续改进，以便适应中国北方人的口味和生活节奏。喜悦泰一般设在写字楼里，更适合上班一族的时间表。Susu 则自从第一家店开在美术馆后街的四合院里之后，保持了注重和空间建筑环境相结合的特点，形成一种特殊的整体叙事和氛围组合。Susu 和喜悦泰的菜肴受到中餐的巨大影响，通过汲取后者，确保食客在 Susu 和喜悦泰所享用的菜肴，都是历经很长时间的烹饪融合与混合创新的最新式菜式。

　　北京玲珑餐厅位于东三环路的兆龙饭店裙房的 3 层，极简的环境安静、幽暗，餐厅里除了被射灯照亮的订制的陶瓷餐桌面之外最明亮的就是开放的明厨房了，透过玻璃食客们可以看到 Jason 和他的团队在里面忙碌着。餐厅的主理人刘禾森（Jason）来自台湾，年纪轻轻已获得了米其林星厨的称号。通过对根植于风土的食材和地域餐饮的田野调查，刘禾森的菜式会不断地创新和微调以便和时令、食材以及他的新知互动，成为一个有生命的系列作品。玲珑借鉴西餐文化中对厨师的个人品牌塑造、强调工作室式研究和创新并通过餐厅的空间布局表达出来，令人眩晕的中西融合的菜式通过精美的有形式摆盘精细处理体现对食物及自然的赐予的珍惜等，在整体餐厅环境文化方式呈现出来，模糊了不同餐饮文化的"真实"和"原初"表现形式的边界，用餐过程成为一种深切独特的令人久久回味艺术文化之旅。

　　通过借鉴星巴克做咖啡的文化创新和标准化生产的方式起步，时尚茶饮茶饮品牌"煮叶"得以起步，据创始人刘芳介绍，通过文化创新、叙事展示茶饮的故事以及茶品当成产品来研究是"煮叶"的秘籍。标准化并非是食物的敌人，保证品质的一致性和稳定性以及稳定输出和供应才是创新茶饮最具挑战的地方，"煮叶"的首店从北京国贸起步，今天已经在北京、成都和西安开设了数十家门店了。

融合餐饮文化和第三空间

工作中 Jason

原研斋设计的煮叶空间
@ 煮叶

罗勒酱螺丝意面
@SUSU

酥皮佛跳墙
@LingLong

贵州酸汤鱼
@LingLong

上述三个案例展现了基于中国环境及文化背景的中国餐饮创新，在融合异域餐饮本地化，结合西餐形式中餐以及餐饮工业化和文化创新上都有着各类尝试和创新，展示了中国餐饮的强大生命力和丰富的基因库，完全能够通过邮轮传播和推广中国的餐饮文化。另外现代中餐后厨系统一直有服务于大流量客群的经验和能力，效率和质量并重，在激烈的餐饮市场上优秀的大型连锁餐饮品牌很多，又都有各具特色的成熟菜品，甚至能够提供半成品和预制菜，如何接入邮轮系统内，更多的不是技术而是观念的问题。其实运行在长江里的邮轮，由于是国内运营商为主体，餐饮自然而然地采用中式厨房系统，以高质量的中式餐饮为主，提供颇具地方特色的正餐，包括中餐的凉碟、热菜、例汤、主食、餐后甜点和水果拼盘，主菜一般是 8 到 12 道菜，每天都不重复，适合中国大众口味，辅以改良版的西餐做差异化的调整来迎合国人的口味，三峡邮轮的餐饮受到了中老年人的一致好评。

在 MSC 辉煌号在准备派往中国时，对于船上多达 14 间的不同酒吧结合茶饮、咖啡以及冰淇淋吧等功能进行调整，减少酒精类型增加咖啡茶饮以便更适应中国乘客的需求，然而辉煌号的常规配置调整，从实际在中国运行的效果和网络评价上来看也是差强人意。遍布全船的剩余的酒吧，大部分时段都不见人影。意餐虽然是可能是最受中国人欢迎的西餐，但能够细致地体会和欣赏意大利餐饮的微妙之处的中国邮轮游客到底还是少数，餐饮减少了意大利特色之后，作为替代品的中餐显得水土不服，自助餐菜品的中式化调整效果平平，品种多但特色不够，餐食和原有的邮轮欧洲韵味搭配不佳。综上所述，不同文化背景的乘客的餐饮习惯差异还是非常明显的，重视餐饮的"辉煌号"显然难以达到在欧洲地中海地区运行的效果便不难理解了。

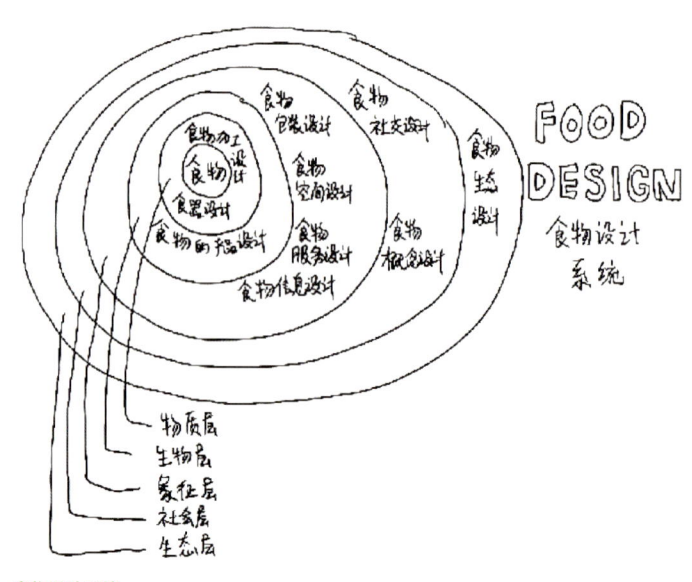

食物设计系统
@ 池伟

"辉煌号" 餐饮娱乐空间面积统计　　@MSC Cruise

餐厅	座位数	用途	面积（平米）	甲板	人/平均面积
BORA BORA BUFFET	412	Self-service buffet, pizzeria	1,288.00	14 Raffaello	3.13
BUTCHER'S CUT	121	American steakhouse with show galley and bar	261.50	7 Tiziano	2.16
LAREGGIA RESTAURANT	626	Main restaurant split on 2 decks	1,008.00	5 Canaletto	1.61
	529		907.00	6 Modigliani	1.71
PAGO PAGO BUFFET	404	Self-service buffet	882.00	14 Raffaello	2.18
SEA PAVIUON BY JEREME LEUNG	72	Hot Pot Restaurant (China itineraries)		16 Michelangelo	—
VILLA VERDE RESTAURANT	766	Panoramic restaurant	1,227.00	6 Modigliani	1.60
座位总数 / 总面积	2,930		5,573.50		1.90
酒廊	**座位数**	**用途**	**面积（平米）**	**甲板**	
DIM SUM BAR & TEA HOUSE	105	Selection of Chinese dim sum and Internationa teas	340.00	7 Tiziano	3.24
L'APERITIVO	98	Foyer bar	392.00	6 Modigliani	4.00
L'ESPRESSO	58	Coffee bar	258.00	7 Tiziano	4.45
LAPIAZZETTA	80	Italian square with live music; pastry and ice cream bar	460.00	6 Modigliani	5.75
LAPRUA PIANO BAR	108	Piano bar	393.00	7 Tiziano	3.64
SPLENDIDA BAR	28	Main foyer bar	120.00	5 Canaletto	4.29
SPORT FUN BAR	87	Themed sports bar, bowling (50 m2)	148.00	7 Tiziano	1.70
THE AFT LOUNGE	268	Bar, shows, music, dance floor	888.00	7 Tiziano	3.31
THE CIGAR LOUNGE	31	Cigar room, bar, whisky bar	85.00	6 Modigliani	2.74
THE PURPLE JAZZ BAR	106	Jazz bar	235.00	7 Tiziano	2.22
座位总数 / 总面积	969		3,319.00		3.43
户外酒吧	**座位数**	**用途**	**面积（平米）**	**甲板**	
BAR DEL RICCIO	97	Aqua Park bar, ice cream bar	—	14 Raffaello	—
MOVIDA BAR	17	Aft pool bar	57.00	15 Leonardo da Vinci	3.35
TARTARUGA BAR		Aqua Park bar	—	14 Raffaello	—
座位总数 / 总面积	114		57.00		0.50
娱乐空间	**座位数**	**用途**	**面积（平米）**	**甲板**	
GALLERIA D'ARTE	4	Art gallery	110.00	7 Tiziano	
LA PRUA PIANO BAR	108	Piano bar	393.00	7 Tiziano	3.64
LIBRARY	10	Internet point (4 PC), library and Majong Room (6 Tables)	52.00	5 Canaletto	5.20
MSC ARENA	120	Outdoor cinema	290.00	16 Michelangelo	2.42
ROYAL PALM CASINO	323	Casino, bar	1,017.00	6 Modigliani	3.15
SEA PAVILION BY JEREME LEUNG	120	Discotheque, Bar and Hot Pot by Jereme Leung	504.00	16 Michelangelo	4.20
THE AFT LOUNGE	268	Bar, shows, music, dance floor	88.00	7 Tiziano	0.33
THE STRAND THEATRE	1,603	Theatre, shows, conferences	2,086.00	6 Modigliani/7 Tiziano	1.30
座位总数 / 总面积	2,556		4,540.00		1.78

在国际水域运行邮轮由于受限于各国防疫制度对设备、制作流程、空间、食材供应的限制、以及设计的惯性,都无法提供高水准的中式餐饮。餐饮在汲取不同的饮食传统、输入新的风味和创新想法方面应该持开放的态度,中式餐饮系统性的上船一定会丰富了全球邮轮的餐饮文化,提供了绝佳的餐饮体验,带来新的时尚餐饮文化。中式餐饮上船完全可以从商业角度出发,虽大可不必上升到捍卫特定"民族"和"地区"餐饮特色的高度,但也绝非只是简单的"食不配胃"的问题。这关乎中国游客整体的餐饮过程体验。同时,说到底邮轮上的餐饮和后厨体系必须有支撑中餐供应的解决方案才能完整地解决体验问题,这样的方案甚至也能自然地帮助解决对中国消费者食物浪费和餐饮礼仪问题。

近年来随着电商兴起,和实体商业的衰落和转型,中国城市商业中心区开始大规模地更新和改造,以适应人们行为和生活习惯的变化。一个涵盖多种业态,同时通过定期举办多种活动,例如电竞比赛、产品发布会、艺术演出等,吸引更多的消费者线下参与,满足不同群体、不同亚文化的诉求及社交需求,推动群体线下的社交互动,来维持消费者和物理商业空间的连接,间接促进消费综合性社交型共享型的商业空间开始出现。美国城市社会学家雷·奥登伯格将这类空间定义为"第三空间",强调其作为社交属性的非正式公共聚集场所,以区别于"第一空间"——家和居住的空间和"第二空间"——工作的空间。商业空间里的"第三空间"通过提供舒适的及配套全面的社交及体验环境来结合实体商业受到城市居民的青睐,而创新餐饮正是内嵌于第三空间里的重要功能板块,将餐饮混合在一个糅合潮流、艺术与创造力的新空间里搬上邮轮,将邮轮公共空间打造成了美术馆、展览中心和秀场,一定会吸引了大量的新的邮轮乘客上船。

邮轮上非常容易满足"第三空间"所需要的属性,如:空间是中立的,所有人都受欢迎,具有较高的可达性,没有物理、政策或者货币壁垒,以及承载各类不同的活动,促进交流与信息共享等。将邮轮餐饮空间和其他娱乐空间打通,统一规划定义为"第三空间",全日制运行的美食集市,集餐饮、健康及社交的可以是邮轮餐饮一个新的发展方向。第三空间概念可以用来打破用餐空间的界限,为邮轮这种超大型空间创造一种更有意思的创新模态。

罗伯森[①]强调,"全球统一性"的出现并不意味着世界正向着所有东西都一样或"同质性"的单一全球文化的方向前进。相反,当面对来自其他社会的文化流动时,文化群体及其产品之间的差异可能会更为突出。这可能会带来本土和全球文化之间的动态互动,人们修改各种文化形式,以适应他们特殊的社会文化背景。全球化统一性在邮轮餐饮上是一个双向的"文化交织",是"特殊主义的普遍化和普遍主义的特殊化二者的相互渗透"【32】的双重过程,"一方面,文化形式、产品和价值在全世界范围内传播,另一方面,它们也受到不同社会个体的调试和修改"。【33】随着广泛传播,中餐文化也可以被世界人民调整、加工、添加和创新,从而也更具生命力。中餐上,邮轮是通过"吃"的文化来增加"全球化"的多样性,也是其中最有资源的部分,文化"混杂"是邮轮国产化的一个重要的内容。邮轮中餐创新可通过其特殊的可移动性,在通过空间、餐饮的混合的基础上,最终要回归到整体文化创新的角度,才能成为中国邮轮"国产"的核心内容,成为一项可以广泛传播的文化内容。

---

① 美国匹兹堡大学社会学教授罗兰·罗伯森(Roland Robertson)是社会学中从文化的视角来理解和关注全球化问题的代表性学者之一。

○ 2019 年清华大学中国邮轮乘客问卷中有一个问题的答案非常有意思，这个问题是"您认为邮轮加入哪些配套娱乐活动会更吸引人？"得到的答案排第一位的选项居然是"美食街"。这既反映了吃是中国邮轮乘客和未来的邮轮乘客最关心的内容，也说明他们已经将"美食街"的概念作为一个娱乐项目来看待了，美食街里面装进去的不仅是餐饮，更主要的是具备社交属性，是可能涵盖餐饮、娱乐、文化、艺术等业态的综合空间。同时调研显示美食街位列所有被调查者希望新增功能空间的首选项。除"00 后"之外，美食街是各年龄的首选；电竞空间最受"90 后"到"00 后"人欢迎，"80 后"最想有茶室与 KTV。在"50 后"到"60 后"人中，广场舞是他们比较想要的娱乐活动。

受访用户希望增加的娱乐项目

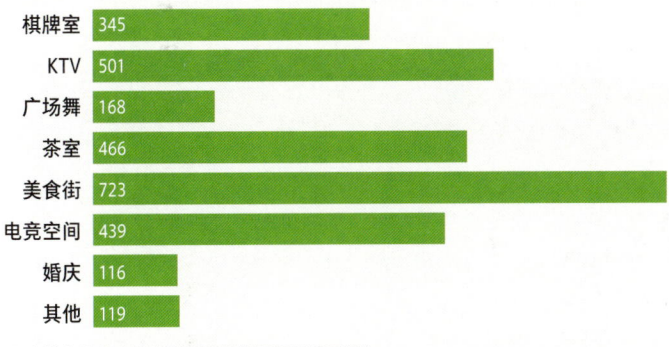

项目	数值
棋牌室	345
KTV	501
广场舞	168
茶室	466
美食街	723
电竞空间	439
婚庆	116
其他	119

图表摘自清华大学美术学院邮轮课题组调研报告

不同年龄阶段的受访用户希望增加的娱乐项目

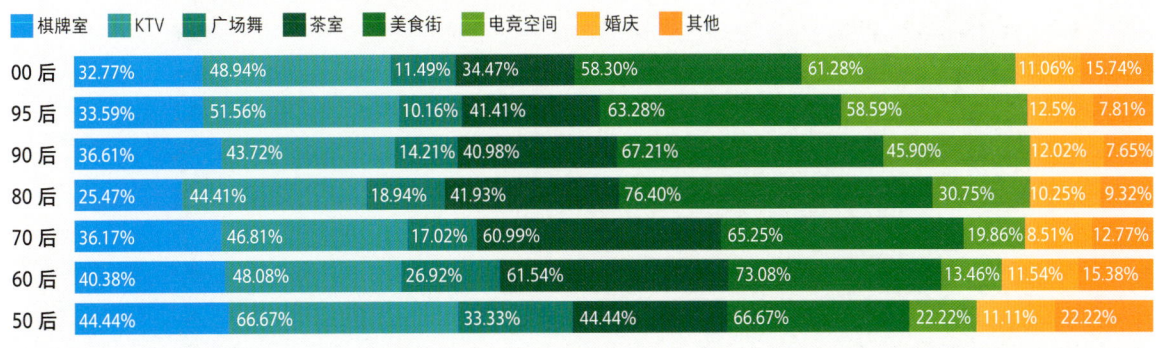

图例：棋牌室　KTV　广场舞　茶室　美食街　电竞空间　婚庆　其他

年龄	棋牌室	KTV	广场舞	茶室	美食街	电竞空间	婚庆	其他
00 后	32.77%	48.94%	11.49%	34.47%	58.30%	61.28%	11.06%	15.74%
95 后	33.59%	51.56%	10.16%	41.41%	63.28%	58.59%	12.5%	7.81%
90 后	36.61%	43.72%	14.21%	40.98%	67.21%	45.90%	12.02%	7.65%
80 后	25.47%	44.41%	18.94%	41.93%	76.40%	30.75%	10.25%	9.32%
70 后	36.17%	46.81%	17.02%	60.99%	65.25%	19.86%	8.51%	12.77%
60 后	40.38%	48.08%	26.92%	61.54%	73.08%	13.46%	11.54%	15.38%
50 后	44.44%	66.67%	33.33%	44.44%	66.67%	22.22%	11.11%	22.22%

图表摘自清华大学美术学院邮轮课题组调研报告

混合的餐饮文化

○ 吃是中国游客最关心的内容，同时也是最容易提出不满的地方，从吃、住、娱总体看来，吃的满意度最低。多次乘坐邮轮的游客会对菜品质量、就餐环境、菜品选择的不满意度升高，但随着乘船经验的增加，对排队的不满度逐渐降低。

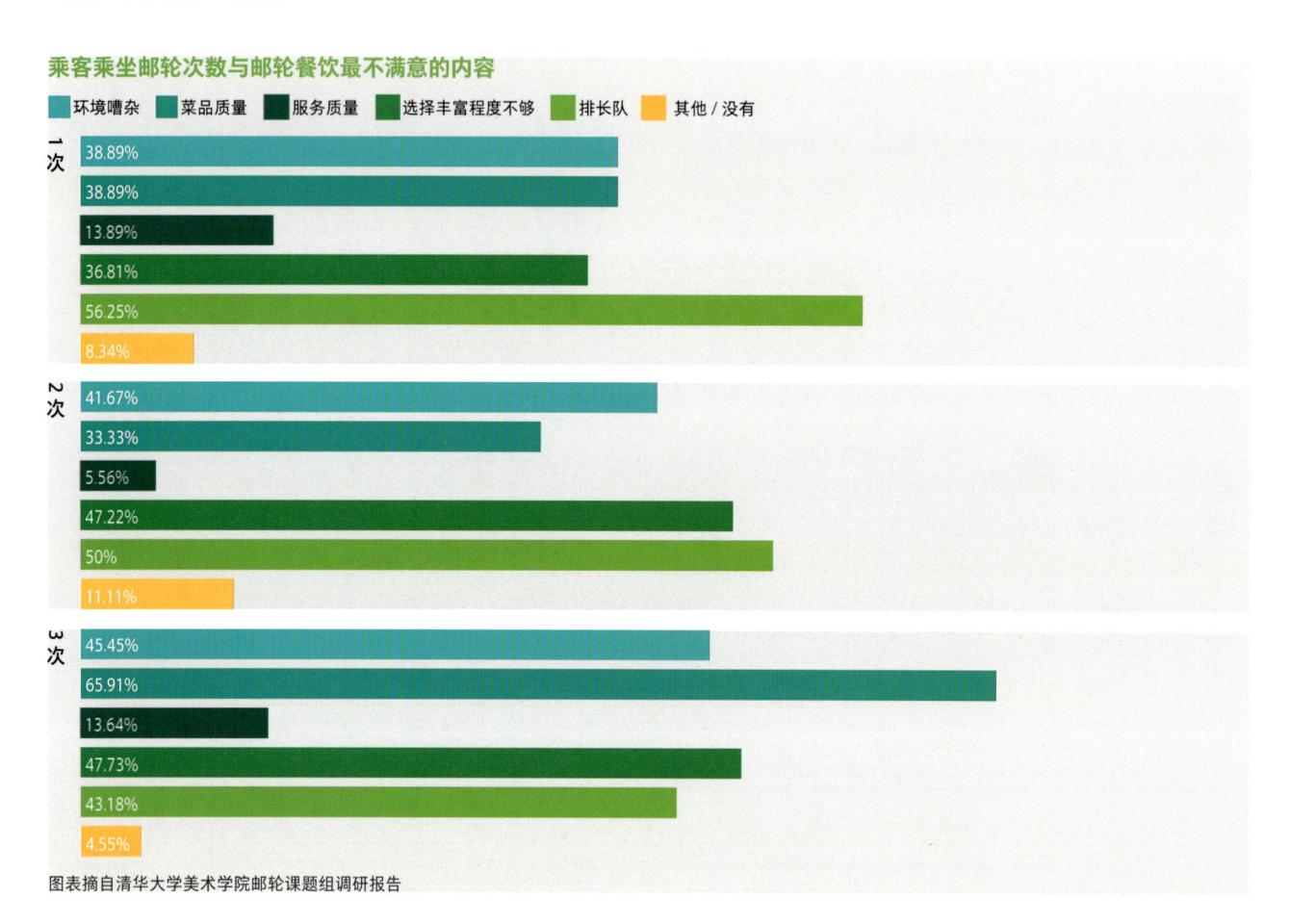

乘客乘坐邮轮次数与邮轮餐饮最不满意的内容

图例：环境嘈杂　菜品质量　服务质量　选择丰富程度不够　排长队　其他/没有

1次
- 环境嘈杂：38.89%
- 菜品质量：38.89%
- 服务质量：13.89%
- 选择丰富程度不够：36.81%
- 排长队：56.25%
- 其他/没有：8.34%

2次
- 环境嘈杂：41.67%
- 菜品质量：33.33%
- 服务质量：5.56%
- 选择丰富程度不够：47.22%
- 排长队：50%
- 其他/没有：11.11%

3次
- 环境嘈杂：45.45%
- 菜品质量：65.91%
- 服务质量：13.64%
- 选择丰富程度不够：47.73%
- 排长队：43.18%
- 其他/没有：4.55%

图表摘自清华大学美术学院邮轮课题组调研报告

○ 酒吧消费集中在"70后"等高学历、高收入的乘客中。这些乘客主要是朋友、伴侣出行，公司团队也有一定的比例。

同行人与邮轮乘客选择付费餐饮的原因

图例：个人 | 伴侣 | 朋友 | 父母 | 亲子 | 三代同行 | 公司团队

原因	个人	伴侣	朋友	父母	亲子	三代同行	公司团队
尝试不同的餐饮	1.35%	28.38%	25.68%	6.76%	13.51%	17.57%	6.76%
人少不排队	4.44%	28.89%	22.22%	11.11%	13.33%	13.33%	6.67%
享受更好的服务	1.39%	33.33%	25%	4.17%	13.89%	13.89%	8.33%
环境气氛更高雅	26.09%	36.96%		4.35%	13.04%	13.04%	6.52%
符合自身消费观念	35.29%	35.29%			11.76%	11.76%	5.88%
可以同时观看表演	50%	20%			10%	20%	
酒吧消费	23.08%	30.77%	7.69%	30.77%			7.69%
不知道要付费，误入	100%						
其他	100%						

图表摘自清华大学美术学院邮轮课题组调研报告

餐饮研讨会暨工作坊

邮轮上中餐体验创新研讨会暨工作坊：

以西餐体系为主的邮轮厨房及其厨具配置对中餐本身的限定和制约，会造成中国乘客的体验缺失。中餐上船，目标是让中国特色的餐饮企业为中国及世界的中餐爱好者提供上乘的餐饮体验，让中餐进入西方文化语境的邮轮。邮轮上的中餐也需要从食品的地域文化、器物设计、空间表达以及和陆地上一样的"透明美食"的价值取向，到从邮轮文化的角度启发中餐品牌的设定；邮轮餐饮非常适合以产品设计的方法进行，同时采用服务设计的方法进行规划，执行美国CDC、VSP相关标准以及针对疫情后时代邮轮餐饮的设计变化，关注食物设计业态的变化和发展，保持一种动态调整和更新才是中餐体验创新的常态。

时间：2019年8月24日
地点：北京市惠忠北里222号清控人居大厦8层
发言嘉宾：陈聪、曾辉、吕杰锋、池伟、崔笑声、赵昕、张盈盈、贡杰、陈虹、郑凌、曲延瑞、涂山

为期一周的中餐体验创新工作坊，从体验经济的角度研究中式餐饮和邮轮用户的交集，从餐饮体验、品牌契合度、餐饮产品的开发、餐饮流程的升级、餐饮与剧场娱乐等多维角度，结合邮轮设计和管理模式的客观条件限制，为促进中国餐饮品牌上船进行创意提案。来自11所不同国家和地区院校的不同专业的本科生和研究生参与此次活动。

指导老师：涂山、曲延瑞、严明丹、陈双喜

工作坊成果列举：

沉浸式戏剧体验餐厅

古津瑶 霍明慧 李金铭 马肖宇

采用戏剧叠加日常生活的方式设计邮轮上的餐厅。戏剧不再是对故事的纯粹再现，餐饮也不再是独立于情节外的日常行为。演员与参与者（观众）一起完成戏剧演出，并在戏剧中进行日常活动，即就餐。饮食、空间和表演构成一个互相关联的体验系统。可以跟随演员体验主线剧情，也可以独自行动，体验支线剧情。当情节进行到宴请环节时，可入席品尝经过还原的特色产品，用餐时间与程序均与剧情中的时代背景保持一致。

$$M = Ax + By + Cz \qquad E = M \cdot P$$

系统 　餐饮品牌 　邮轮型号 　剧本 　体验 　系统 　用户

M_1　　x_1 = 来今雨轩　　y_1 = Costa Vista　　z_1 = 《红楼梦》等
M_2　　x_2 = 仿膳　　　　y_2 = Viking Eistla　z_2 = 《赵氏孤儿》等
M_3　　x_3 = Geranium　　y_3 = Geoffrey Chaucer　z_3 = 《Faust》等
M_4　　x_4 = 祇園さゝ木　y_4 = Nippon Maru　z_4 = 《金阁寺》等
M_5　　x_5 = Gordon Ramsay　y_5 = Disney Wonder　z_5 = 《MacBeth》等

设计思路 **你们怎么设计？**
饮食、空间和表演互相关联的体验"系统"

吃的未来设计论坛暨工作坊

食物像一个结，关联着方方面面，食物既是 nature，又是 culture；关系着农业，也关系着工业；关联着传统，也关联着现代。饮食方式的转变，既是生活方式转变的结果，也是生活方式整体转变的一部分。食物是一门社会学，是一项没有博物馆的艺术，以更广阔的视角了解人们的生活方式以及他们如何与食物互动，可以为人带来新的、意想不到的标志性体验，同时为生活创造意义。在提倡可持续发展的时代背景下，基于食物对科技、文化、环境、经济和政治产生的影响，想象并探索未来设计和食物的不同可能性。

时间：2020 年 11 月 21 日、22 日
地点：清华大学艺术博物馆报告厅 / 美术学院
发言嘉宾：刘芳、池伟、曹涤非、孙群、候兵、苏丹、李雪柏（Amy）、祁冠榕、黄涛、刘禾森、张志成、严明丹、涂山

食物是人和环境的中介工作坊 / 第二届清华大学 SDG 马拉松挑战赛 Hack4 赛道以"吃的未来设计——食物是人和环境的中介"为主题工作坊，于 2020 年 11 月 28 日至 11 月 29 日在清华大学美术学院举行。重点关注节约食物减少浪费、食品工业化及可持续、食品产业扶贫和中餐创新发展等四个话题。作为参赛人数最多的赛道之一，本赛道自开放报名以来，吸引了超过 130 名创新挑战者报名，参赛选手来自 20 多所不同国家和地区的院校，最终共组成了 10 支线上、线下的挑战团队。

指导教师：涂山、刘芳、李雪柏、欧阳惠雨、闫丛浩

工作坊成果列举：

为食 · WISH

刘宸宇 王正达 吴迪 刘美名 沈哲琳 张晓钰

我们能为食物做些什么，让人参与到食物的生长过程中。空间：人为粮食提供育种空间；时间：感受粮食破土的生长过程。

BIA- 唧大世界

李叁陆　翟亚强　安卓尔　刘聪锐　赵晓玉

　　Bia 唧大世界是一个连接现实和虚拟世界间的饮食游戏设计。在这个关于美食的世界中，每一家现实世界中的餐厅都是虚拟时空中的一只美食精灵。玩家可以通过去实地的餐厅享受美食来收集精灵图鉴并且去养成自己喜爱的美食精灵，同时融合了游戏对战，增强现实技术。基于"Z 世代"年轻人的喜好和生活方式，通过游戏化的消费体验以及用户的反馈系统，将享受美食的过程变得更加美好。

Lagommmmm（恰）

李立峰　王浩阳　杜纤音　姚力宏　钟笑微

　　Lagommmmm 是一个拥有无限可能的团队，秉持着要让食物的量达到"恰好"的状态而走到一起；但是 Lagommmmm 关注的不仅仅是食物，吃穿用度皆是我们设计的对象，Lagommmmm 是一种先进且健康的生活方式，让我们一起来 Lagommmmm 一下吧！

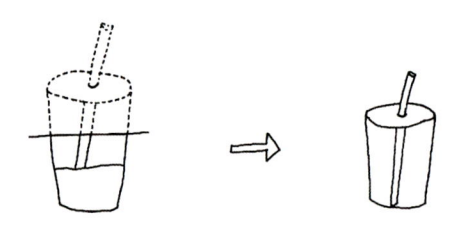

临食时代

孙家鹏　廖玉凤　刘珂　吴昊罡　梁成思

　　通过经过认证的临期食品储存柜，提示在有质量保障的情况下更为实惠的选择，避免食物的浪费。从被放弃的食品中再造新的商业价值，同时传递新价值观念，促进可持续发展。

邮轮上的餐饮服务设计研讨会暨工作坊：

除了邮轮设施和旅行目的地，绝大多数游客都会谈起邮轮上的餐饮体验，食物、环境、排队时间以及其他与餐饮相伴的活动，消费 4.0 时代，客户更关心价值、怎么让特色产品更持久地在邮轮上经营下去是个关键问题。对于邮轮命脉的餐饮体验，我们需要以一种面对复杂问题和不确定性的思维结构去面对。通过这样的研究，能够总结规划出现有的游客形态特征，以便在后期去做相应设计的时候更有针对性。其中，服务与设计的标准化是邮轮餐厅长远发展的基础。邮轮餐饮都是由运营商独家提供的，后厨可以理解为一个中央厨房，服务于船上数千名乘客和成员，厨房是最注重体系化的地方。餐厅指南和评选给邮轮餐饮提供了一个参考。

会议时间：2021 年 7 月 19 日 9：00—17：00
会议地点：新街口外大街金丰和创业园 A 座 3 层
发言嘉宾：蔡军、刘伟、杨晓昀、杜冰、胡朝晖、王军、涂山、辛欣、孙杰

基于中国用户的邮轮餐饮体系服务设计创新研讨会，2021 年 7 月 26 日开始的为期一周的邮轮上的中餐创新工作坊对邮轮上的中餐创新作出了积极回应。在为期一周的工作坊中，来自建筑设计、环境设计、工业设计、数字媒体、平面设计以及心理学专业的 34 名高校学生，根据不同专业背景组建了六支队伍，通过实地考察餐饮企业和小组间充分的思想碰撞与交流，激发出了大量新鲜、有趣、创意无尽的好想法，提出了针对不同问题的创新思路和解决方案。

指导教师：涂山、辛欣、曲延瑞、梁雯、赵昕、胡朝晖

工作坊成果列举：

邮轮小吃街

许馨元 李凌宇 张博 陈芷薇 孙星

以模块化空间与新中式小吃结合，给中青年提供邮轮上社交、娱乐、餐饮等多种可能性空间。打破常规用餐时间与习惯，提供低成本、多选择的美食饮品。通过集装箱便捷组装，排列组合，邮轮方可以组织阶段性主题活动或依据顾客人群构成进行专属定制，带来多元空间可能性。

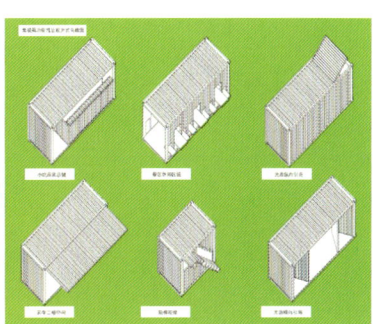

《三山一池》

王峥杰

　　山意向空间主要融合了中国古代苑囿中"三山一池"的概念，以具有三个高点的自然曲面同游轮甲板做切割。本设计将闽南地方美食的制作流程和空间消费体验的拆解、置入中国游轮旅游的框架，为用户和地方提供一个双向交流的平台。

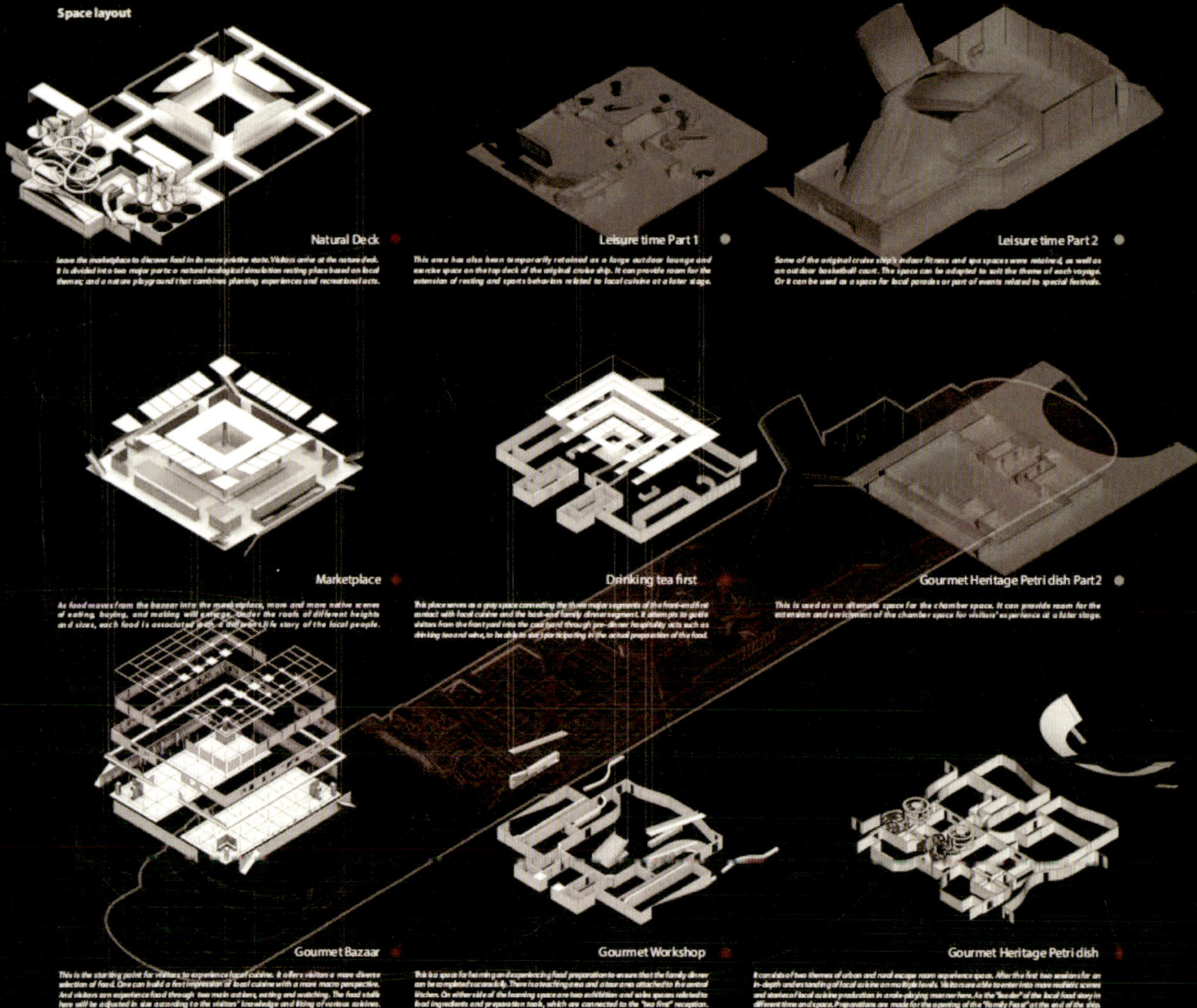

Space layout

Natural Deck

Leisure time Part 1

Leisure time Part 2

Marketplace

Drinking tea first

Gourmet Heritage Petri dish Part 2

Gourmet Bazaar

Gourmet Workshop

Gourmet Heritage Petri dish

餐饮研讨会暨工作坊

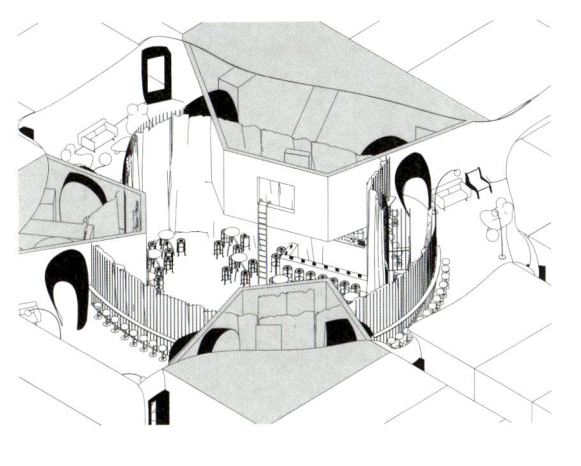

《分食氛围—邮轮驻演与餐饮空间的结合体》

王逸然

　　因为在餐饮空间中需要人们有时间停下来用餐和交流从而获得更真实的沉浸感而不是像幽灵一样没有存在感，每一个人既是观众也是演员，在传统剧场中看客凝视演员，而在这里这个关系会在某一些时候颠倒过来。

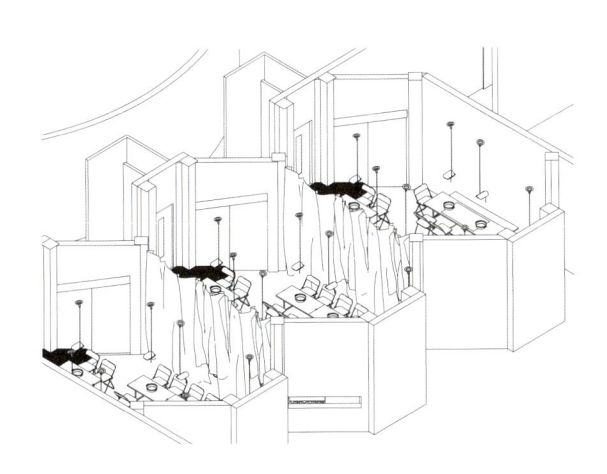

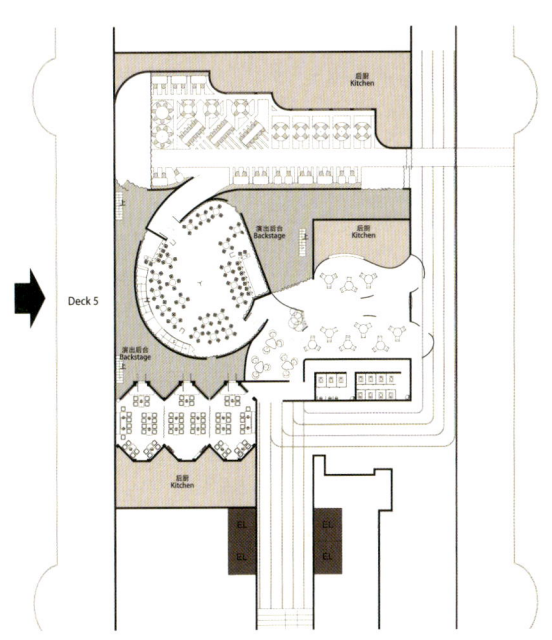

《绿洲》

赵航

　　本设计期望在邮轮上创造一次远离现实世界的"冒险之旅"。通过限定体验者的浏览路线，设立"积分机制 + 奖励机制"去激发体验者的感官体验，在邮轮上营造出一处"虚拟绿洲"。

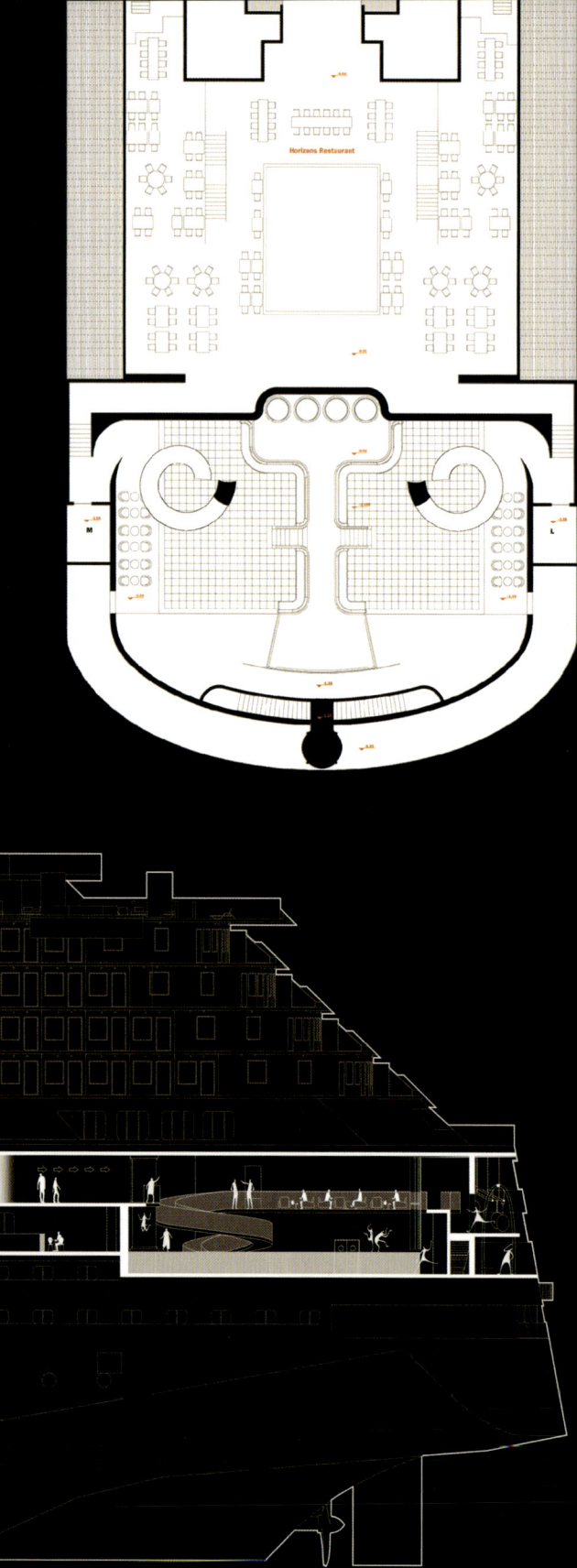

Get Your Ticket

LET'S PLAY DARTS

邮轮上的智能配送设计

孙丽媛

　　以机器人智能配送为核心的产品系统设计，为人们提供一个全新的中餐体验，满足中国游客以及全世界的中餐爱好者的就餐需求，并为国内邮轮公司完成本土化设计。

Restaurant menu
Add a takeaway service to the original Royal app, where customers can order takeaways from the Royal app.

Submit orders
After the customers have set the delivery location and delivery time, they can submit their order after payment.

COOKING IN GALLEY
The chef receives the order information and starts cooking.

The robot ... location ...

...eading to the designated
...iver food.

TAKEAWAYS

Order details
The page displays order details and order numbers to help customers get their takeaways smoothly.

Recycling details
Customers return all food packaging to the robot based on a detailed list of completed takeaway orders.

GETING TAKEAWAYS
Customers get takeaways which are delivered by robots.

TAKEAWAY STALL
The Customers pickup takeaway and buy drinks.

...k maps
...omers can know in ad-
...e how far they need to
...up their takeaway by
...g Royal's app.

"从过去到现在,这些工人的雇主,以及购买他们所生产商品的全球消费者,都很清楚中国数亿名不领取报酬的祖父母的劳动为他们带来的好处。这些祖父母从过去到现在持续为中国新雇用的劳动人口(同时还包括更漂泊不定的未被雇用的广大群众)承担绝大部分的家务。

为了改善家中的经济状况,全家必须组织起来。年轻人到外地工作,老人则留在故乡照顾家里。"【34】

第七章

移动的养老院

邮轮和老年人

根据国际邮轮协会（CLIA）的统计，2019年全球邮轮年旅客量在2970万人次，从美国港口出发的邮轮乘客总人数为1419.9万人，占全球市场份额的52%。美国佛罗里达气候温暖、环境良好，因而成为美国北部及加拿大退休老人颐养天年的理想地点。在地理上，佛罗里达临近百慕大、加勒比、古巴及中美洲各国，距离适中，有非常丰富的邮轮旅游资源，是现代邮轮最经典的行程。直到今天，佛罗里达、迈阿密等三座城市的年度邮轮出行人数仍占美国邮轮市场的一半还多，同时也是全球邮轮乘客平均年龄最年轻的市场，2019年其乘客的平均年龄在43岁左右，而即便新兴的中国邮轮市场2019年平均乘客年龄也在46岁左右。可以说，现代邮轮是依靠退休老人的旅行度假支撑起来的，将它称为"移动的养老院"并不为过。

根据国家统计局数据显示，截至2020年11月1日零时，我国大陆人口中60岁及以上人口为264018766人，占18.70%，其中65岁及以上人口为190635280人，占13.50%。与2010年第六次全国人口普查相比，15-59岁人口的比重下降了6.79个百分点，60岁及以上人口的比重上升了5.44个百分点，65岁及以上人口的比重上升了4.63个百分点。未来，随着医学水平、生活条件的持续改善，我国人的平均寿命还会在77.3岁的基础上延长。平均寿命显著延长，人口中位数年龄的不断增加，都意味着我国将会步入一个不断发展中的老龄化社会。随着生育高峰期的60后陆续退休，老年人人口占比会在未来持续增加[1]。据测算，我国60岁以上人口将在2055年左右达到最高峰，预计将达到约5.07亿人，届时，60岁以上人口占比将达到38.53%。老龄生活的时间跨度在人的一生中占比会越来越大，一个人口平均人数向第一老龄段和第二老龄段倾斜的社会，将会对生与死的意义产生深远的影响，老龄化问题将在未来几十年间快速激化，成为中国社会将要面对的严重挑战之一。

2011年CHARIS[2]调查结果显示："我国中老年人具有以房产为主体的财富积累，能够在一定程度上保障他们安稳度过老年生活。在旅游、电子产品消费等方面，未来的老年人将表现出更高的消费兴趣和更旺盛的需求。"【35】旅游也的确是老年人，特别是轻老年人生活安排中的重要组成部分，而邮轮打包式的出国旅行相对简单，这种慢节奏的休闲享受型旅行与老年游客的旅行需求相契合。

从CLIA世界邮轮游客中位数年龄统计表可以看出，2019年，中国共有出境邮轮游客191.9万人次[3]，

---

① 国际上的通常看法是，一个国家或地区60岁以上老年人口占人口总数的10%，或65岁以上老年人口占人口总数的7%，即意味着这个国家或地区处于老龄化社会。

② 根据CHARIS 2011年的调查数据，国内约20%的中老年人在2010年参加了旅行活动，55-65岁年龄组的出游率最高，超过了20%，这一群组的健康状况相对年长的老人群体更好，同时闲暇时间多，因而出行比例更高。有近2%的55-59岁中老年人的年度旅游消费超过了1万元，更高龄的群体年度旅游消费超过1万元的比例也有接近1%。考虑到数据中的花费仅涉及受访者自付的部分，子女负担的金额并未计入，实际的中老年人旅游消费水平会更高。根据"中国城镇家庭消费报告"显示，在当前"准老人"（45-59岁）比60岁及以上的老人持有更多的财产，这表明今后10-20年老人可负担的消费水平将高出现在的老年人。另外，虽然财产水平中位数的代际差异不大，但是75%分位数水平的人均财产水平差异较大，45-59岁年龄组比60岁及以上年龄组的财产水平高出34.9%。

③ CLIA.2019 Asia Deployment and Capacity – Cruise Industry Report[R]

中国邮轮上乘客的平均年龄在46岁左右。对于中国邮轮市场来说，上海相当于美国的迈阿密，从上海出发的邮轮乘客超过90万人，接近全国邮轮出行总人数的50%。2019年底，上海户籍中60岁及以上老年人口有518.12万人，占总人口的比例达到35.2%，早已超过了30%的深度老龄化标准。长三角地区的经济中心、世界级交通枢纽城市以及上海的深度老龄化社会结构是上海成为亚洲最重要的邮轮母港的主要原因。

退休老人有钱有闲，是邮轮公司关注的潜在乘客，但目前中国老龄人口的情况和境外邮轮的老龄乘客还是区别较大的。目前中国邮轮上的老年乘客（60-75岁）主体是50后以及更年长的一代人，他们经历过"文化大革命""上山下乡"和改革开放的进程，吃过苦，见过世面。限于年轻时的生活条件，他们多数没有娱乐和休闲的习惯，或者娱乐和休闲方式比较单一，即便现在生活及经济条件改善了，也还保有精打细算的生活习惯。以课题组对地中海邮轮的"辉煌号"调研为例，老年游客乘船比例很高，绝不少于少年儿童的乘船比例，但在运营欧洲线路时广受欢迎的酒吧和赌场等成年人的场所内，基本看不到老年人的身影。中国老人对"辉煌号"上的休闲设备、酒吧、赌场基本上无感，很少参与相关的活动。邮轮上的篮球、卡丁车、嬉水乐园等设施更主要适配年轻人，并不适合年长的老年人参与，迷你高尔夫球倒是很受欢迎，但需要上楼梯才能到达。国外大型邮轮的家庭用户和亲子项目配置移到国内运行还算基本适用，但中外老年游客的需求、习惯的差别还是比较大的。国际邮轮公司对这一代中国老年人的主体需要显然没有做出针对性的准备和改进，邮轮上对他们的适老设计、改造意愿和程度都保持在低位。中国老年乘客在邮轮上除了餐厅、剧场外，并没有太多适合活动的场所，甚至只能自带麻将打发多余的时间。和"喜悦号"上的大妈们一样，他们能吃饱吃好，四处看看就很满足了，这在邮轮上是比较普遍的现象。

○伴侣是邮轮用户进行邮轮之旅时最心仪的对象，占比39.36%。其次是三代同行。家庭出游包括三代同行、亲子及和父母出游，这三项接近伴侣选项，总体来看家庭出游是主体，超过76%。

邮轮用户期望的邮轮旅行同伴

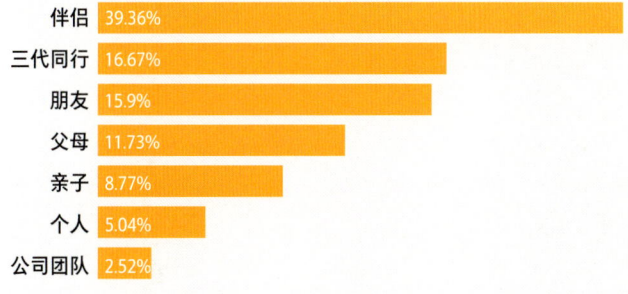

伴侣	39.36%
三代同行	16.67%
朋友	15.9%
父母	11.73%
亲子	8.77%
个人	5.04%
公司团队	2.52%

图表摘自清华大学美术学院邮轮课题组调研报告

坐邮轮和家人出行的老年人在旅游中兼顾看护孙辈的情况是很常见的，对应上了"当世界变得又老又穷"一书中描述的中国"工人"的父母，当然这里所谓"工人"概念更为宽泛，不仅是产业工人，也包括在北上广深等一、二线城市里的写字楼里上班的白领阶层。随着中国经济的高速发展，城市化带来了大量人口迁移，家庭全体成员都需要组织起来面对子女抚养、教育以及居住地迁移、定居购房等一系列压力。特蕾莎修女说过："孤独和不被需要的感觉是最悲惨的贫困。"人年纪大了，最害怕的不是老去，而是老无所用。对于大部分老人来说，照顾孙儿维系了家庭连接，成为一个顺其自然的工作选项。从统计情况来看，除了家庭出游，自己结伴组团出来旅游的中国老人也不在少数。调研发现不少老年乘客一年多次乘船出游，代表了一个邮轮常旅客群体。虽然中国老人还是以旅行度假为目的上船，还没有相对长期居住生活在邮轮上的事例，但随着老年人的代际更迭，更多元的老年旅行者开始出现，中国的邮轮旅游显然会出现快速的多元变化。

邮轮公司实际上对老龄乘客保持着长期关注，主要原因在于高净值老龄邮轮乘客占比更高，更有消费能力，邮轮公司也据此开发了更多适应老龄乘客的产品。如地中海邮轮在大型邮轮上设有"MSC游艇俱乐部"VIP乘客专属区域，主要的服务对象设定就包含高净值老年乘客。"辉煌号"上的游艇俱乐部区域提供了99间套房，入住的客人可以使用俱乐部专属的Top-Sail酒廊、私属日光浴区域、按摩浴缸、冷热水池，以及享受优先登落船、预订餐饮、预订游览和水疗中心治疗等礼宾服务。这是一个远离主泳池甲板喧嚣的区域，经常是阅尽浮华的欧美老年人躲避的悠闲空间。

2001年8月22日，CNN有一篇报道的题目是"Widow makes QE2 her home"。文中的寡妇指来自美国新泽西州的Beatrice Muller女士，她在冠达的"QE2"（伊丽莎白女王2号）上度过了14年的退休生活。她的丈夫于1999年去世，从2000年开始，

Beatrice Muller 女士

81岁的Muller女士就每个月花费5000美元在冠达的"QE2"上长期生活。到报道问世的时候，她已经在"QE2"4层甲板的4068房生活了20个月，直到2008年"QE2"退役，Muller才回到陆地上生活[①]。Muller女士在冠达"QE2"上度过了超过20年的退休生活，在周游世界的同时，也见到了来自世界各地的不同朋友，并成为邮轮爱好者关注的对象。船上生活不必去理会日常做饭、打扫卫生等琐事，一日三餐都有人安排妥当，还可以去不同的地方旅行。Beatrice Muller女士可能是一个极致的例子，但绝不排除有一定经济能力的人也会做出这样的选择。皇家加勒比公司有一位称为超级马里奥（Mario Salcedo）的超级常乘客[②]，他在过去20多年里已经航行了近950航次，每年航行350天，几乎全年生活在船上。皇家加勒比公司因此给了马里奥最高级别的Pinnacle会员资格，他在邮轮上拥有专属的办公室，并可以免费使用船上的Wi-Fi进行工作，保持着与外界的紧密联系。随着卫星网络技术的普及和覆盖，邮轮肯定会更为紧密地和陆地相连接，通过网络参与社会生活也是有可能的。

[①] https://edition.cnn.com/2001/US/08/22/qe2.home/index.html

[②] https://cruisefever.net/royal-caribbean-1-cruise-passenger-super-mario-records-8000th-cruise-point/

○若以年龄来划分，坐过邮轮的年轻人更希望体验不同国家的异域风情；老年人和没坐过邮轮的人更喜欢中国风。

是否乘坐过邮轮对邮轮内部空间风格喜好的区别　　**年龄对邮轮内部空间风格喜好的区别**

图例：是 / 否　　00后 / 95后 / 90后 / 80后 / 70后 / 60后 / 50后

异国风情（展现世界文化）

是否乘坐过：
- 是：21.81%
- 否：78.19%

年龄：
- 00后：15.77%
- 95后：13.76%
- 90后：15.10%
- 80后：34.90%
- 70后：15.10%
- 60后：4.70%
- 50后：0.67%

中国风（展现东方文化）

是否乘坐过：
- 是：8.71%
- 否：91.29%

年龄：
- 00后：26.12%
- 95后：9.83%
- 90后：15.17%
- 80后：31.46%
- 70后：11.80%
- 60后：5.62%
- 50后：0.00%

中西合璧（中式风格点缀）

是否乘坐过：
- 是：15.29%
- 否：84.71%

年龄：
- 00后：18.18%
- 95后：11.57%
- 90后：21.49%
- 80后：28.51%
- 70后：14.88%
- 60后：3.72%
- 50后：1.65%

中西合璧（中式风格为主）

是否乘坐过：
- 是：14.37%
- 否：85.63%

年龄：
- 00后：29.31%
- 95后：13.79%
- 90后：18.39%
- 80后：21.26%
- 70后：10.34%
- 60后：5.17%
- 50后：1.72%

图表摘自清华大学美术学院邮轮课题组调研报告

邮轮上乘客年龄中位数统计

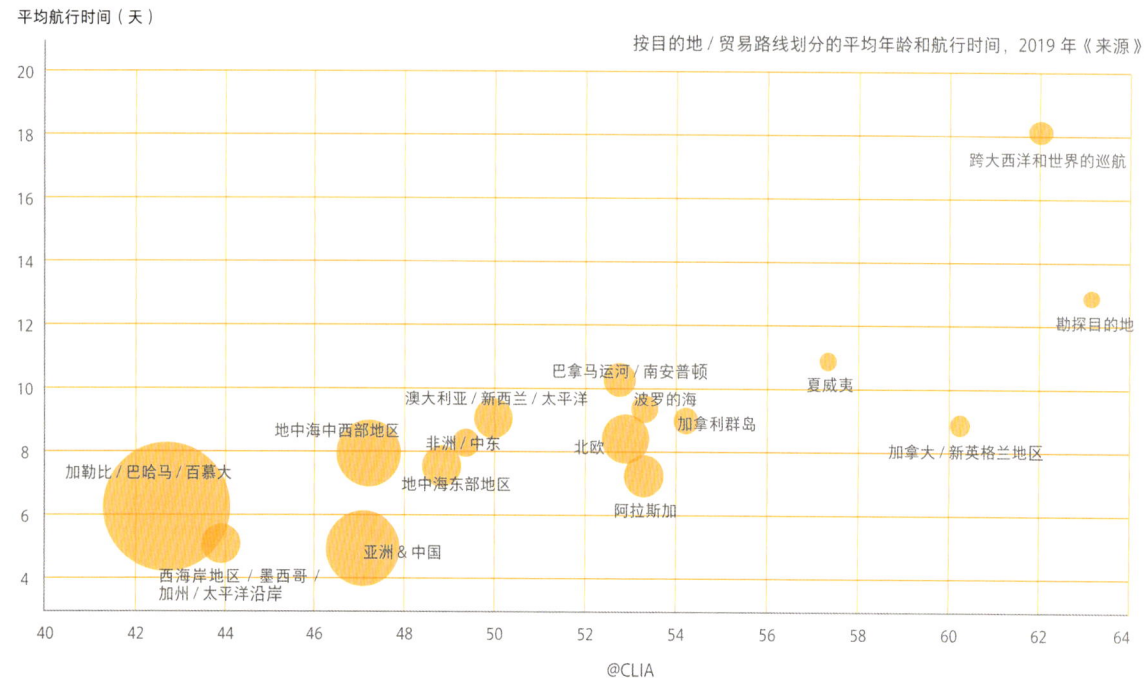

平均航行时间（天）

按目的地／贸易路线划分的平均年龄和航行时间，2019年《来源》

主要目的地标注：跨大西洋和世界的巡航、勘探目的地、巴拿马运河／南安普顿、澳大利亚／新西兰／太平洋、非洲／中东、波罗的海、加拿利群岛、夏威夷、加拿大／新英格兰地区、北欧、地中海中西部地区、地中海东部地区、阿拉斯加、加勒比／巴哈马／百慕大、亚洲&中国、西海岸地区／墨西哥／加州／太平洋沿岸

@CLIA

通过CLIA的平均年龄／目的地／旅游时长的表格可以看出，在加拿大及新美国英格兰温带地区乘船旅行的乘客平均年龄在60岁以上，平均旅行的天数也达到9天；还可以发现旅行时间更长的跨洋及环球航行的旅客平均年龄达到62岁，而探险邮轮的乘客平均年龄甚至达到63岁。

○ 结合年龄维度，"60后"至"00后"用户倾向于7天以内的邮轮行程，5天以内的行程安排更佳。6天以上的邮轮行程在"50后"中最受欢迎，该人群对长线多国巡游甚至跨洋巡航都有着积极的反馈。

受访乘客年龄与期望旅行天数

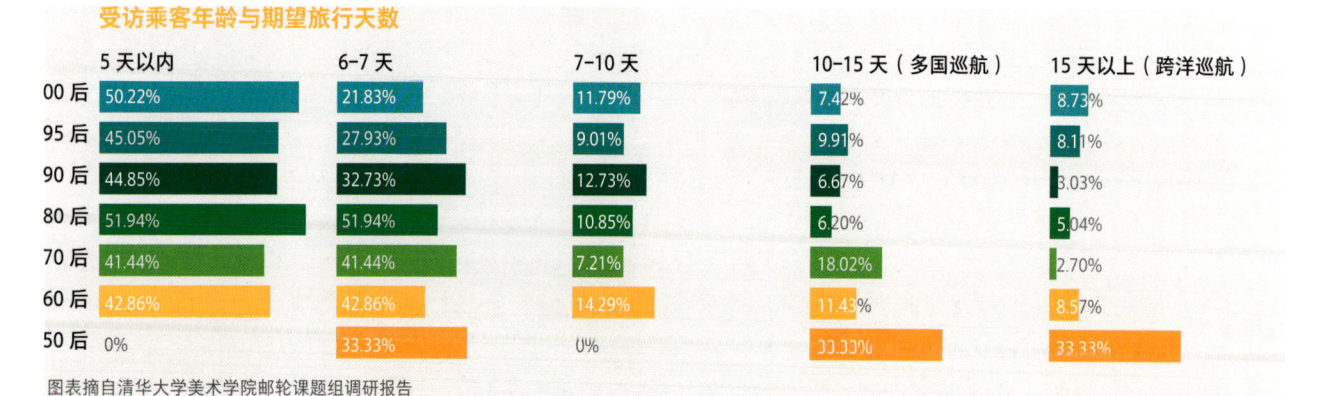

	5天以内	6-7天	7-10天	10-15天（多国巡航）	15天以上（跨洋巡航）
00后	50.22%	21.83%	11.79%	7.42%	8.73%
95后	45.05%	27.93%	9.01%	9.91%	8.11%
90后	44.85%	32.73%	12.73%	6.67%	3.03%
80后	51.94%	51.94%	10.85%	6.20%	5.04%
70后	41.44%	41.44%	7.21%	18.02%	2.70%
60后	42.86%	42.86%	14.29%	11.43%	8.57%
50后	0%	33.33%	0%	33.33%	33.33%

图表摘自清华大学美术学院邮轮课题组调研报告

SAGA

英国撒加邮轮公司（Saga Cruises）是 SAGA 旗下的邮轮公司，其特点是服务于 50 岁以上的乘客，同时为了方便老年人乘船设有多种便利服务，包括无须到母港乘船，可以在就近的港口上船，以及门到门的接送，同时为适应老年人特点采用一票全包的方式运营。近期撒加邮轮公司在迈尔船厂定制了两条新船——"Spirit of Discovery"号、"Spirit of Adventure"号，分别于 2019 年、2021 年下水，服务于 50 万 50 岁以上的会员。新船有 236 米长，总吨位 58250 吨，载客量 999 人。随着新船加入，"Saga Sapphire"号和"Saga Pearl II"号退出了现役。此外，Saga Cruises 还拥有多条河轮。

@saga

很多有经济实力的老年乘客更会选择 3-5 万吨的小型邮轮出游，和大型邮轮相比，这类船上没有太多游乐设施，少了喧闹的孩子和年轻人，更为安静祥和。小型邮轮的内部设计反倒不像大型邮轮那样通常采用夸张的风格和主题形式，而是采用现代主义设计风格，排除了喧闹的历史主题和形式，内敛、沉静、简约，彰显出不同的品味来。小型邮轮的豪华感和大型现代邮轮不同，不仅在于视觉形式不同，小型邮轮更刻意在风格、服务内容、行程目的地安排、餐饮质量上做出区分，以适应享受功成名就的退休人士的品味和诉求。地中海邮轮于 2020 年推出四条 64,000 总吨的豪华型邮轮，把 MSC 游艇俱乐部 VIP 乘客专属区域的概念扩大到一整艘邮轮上。邮轮在专属区域进行针对老龄化人群的空间和设施的设计，不仅限于无障碍通行，而且将针对性服务扩大到健康饮食配餐、适老文化活动内容、老年认知以及老年康养的层面，并结合高品质的餐饮，节奏舒缓、去往小众目的地的特色行程。其现代简约的设计风格也和大型邮轮的后现代风格刻意保持差距，让它成为有生活阅历的高净值中老年乘客的最爱。

小型邮轮里更有一种探险邮轮，专门去往北极和南极旅行，有经济基础的退休老年人是极地邮轮旅游的消费主体。根据 CLIA 的调研表格显示，具有小众、环球以及探险特色的邮轮，乘客平均年龄大大超过去常规目的地的邮轮乘客，更多有经济能力的老年人会通过追求极致航海体验和不同的生活体验来寻找自身的新的意义和价值。近年来，极地邮轮的受关注度程度进一步增加，银海邮轮、精致邮轮、水晶邮轮等主流邮轮公司都在积极介入这一领域。仅 2021 年，就有大约 22 艘全新的探险邮轮投入运行，中国也筹备成立极地邮轮旅游公司，积极跟进这个旅游热点项目。

老龄化生活方式更新

"休闲是一个骗局。它本来应该是做自己想做的事情的时间，但是它现在作为一个与人无关的东西打包出售。它让你购买一段时间，它要你在这段时间里做一些琐碎的事情，同时为它付钱……人们只有在做那些枯燥的、可憎的、受剥削的工作时，才会需要休闲。甚至，老人也不需要科尼岛[①]退休村的全套项目（Coney Island-Retirement Village package），这种东西把他们变成了永远孩童，一个下午还行，作为生活方式则不行。商业合理化（commercial rationalization）把我们从正常的生活中赶了出来，退休者所需要的是什么？失业者所需要的是什么？我们当中越来越多的人将需要的是什么？不是休闲，而是职业。应该把打包供应的休闲扔到供应者的背后去，除非你想同时购买一整套虚假的老龄化包，使之充满你的老龄化过程。先搞到一份工作，真正意义的休闲就会随之而来，如果你还有时间休闲的话。"【36】

康弗特（Alexander Comfort，1976）

生活水准的提升和生物医药技术的进步，平均寿命的进一步延长，使得世卫组织重新定义老年人的年龄，将它推后到 74 岁。老年生活的时间跨度在人的一生中占比会越来越大。人是否进入了老年，因心理和生理身体条件而异。老年人也不只有一种休闲养老的定式。高质量的老年人生活也是具备多样性的。笔者在 2017—2018 年参加英国克利伯环球帆船赛时，有来自全球 40 个国家的 667 人被分配到 12 艘竞赛船只上，接力完成 13 个赛段、4 万多海里的环球帆船赛。值得注意的是，船员的平均年龄为 45 岁，和中国邮轮乘客的平均年龄非常接近。参赛人员里有许多轻老年人[②]，感受上几乎男女各半，年龄最大是一位 76 岁的男性。他们主要的共同特点是，没有或者很少有航海经验，但退休前都有很好的职业生涯，有的甚至可以说事业有成、功成名就。在艰苦的离岸跨洋比赛中，他们褪去以前显赫的职位和身世，只是作为一个水手来坚守职责和岗位。我从来没有感到船上有老人和年轻人在同样的工作岗位上的区别，更多的老人反倒是一个个拥有不同性格特征、生活体验和认知的鲜活个体，面对危险时更不会退缩，拥有更丰富的知识技能和经验、阅历，以及经济能力上的优势。退休对他们来讲并不只是休闲，而是一个新的开始，有钱有闲的

@Clipper Round the World
帆上印有比赛口号"race of your life"的克利伯帆船敢于领先号在大洋上航行

[①] 康尼岛是位于美国纽约市布鲁克林区的半岛，地处纽约布鲁克林南端，19 世纪后半期通过桥和铁路联结到纽约市，20 世纪初叶发展成为美国最早的大型游乐区，服务于纽约市民。120 年间，康尼岛经历了巅峰时期、治安恶化、极度衰落、重整旗鼓、荣景复现的变迁。

[②] 我国《老年人权益保障法》第 2 条规定老年人的年龄起点标准是 60 周岁。世界卫生组织将 45 到 59 岁的人群称为中年人，60 到 74 岁的人群称为年轻老年人，75 岁以上的才称为老年人，90 岁以上的人群则称为长寿老人。拉波波特夫妇把成年晚期又分为三个部分——退休前、退休和晚年。一些老年病医学家提出了"轻老年（young-old）"（65 岁到 74 岁）和"老老年（old-old）"（75 岁以后）这么两个概念。

他们依然对于人生和自我的意义有强烈的拓展愿望，愿意通过花钱参加艰苦的离岸帆船比赛，进行环球航行直面来自海洋的风险，迎接新的挑战，来让自己的生命依然保有意义。英国克利伯环球帆船赛的口号"Race of your life"点到了退休老人的痛点，激发了他们新的生命力。正是由于参加了英国克利伯环球帆船赛，我更直观地了解了非常规意义上的休闲养老模式。

2022年7月19日，一场名为"老龄化生活方式更新及设计趋势"的研讨会在北京师范大学心理学系应用心理学专业方向的会议室里召开。会议围绕中国老年人特别是轻老年人的行为、心理以及审美和康养展开了热烈的研讨，通过不同学科、职业背景专家、学者以及从业者的发言及讨论，尝试探讨长寿时代里新的经济、社会结构和生活方式。

退休是人为设置的节点，并不意味着有意义的生活已经结束，或者是正式进入老人的行列，反而意味着可以追求以前没有时间、精力去做的事情。重新定义老年及老年生活，提供更有意义和价值的生活方式选项，是一个非常重要的社会议题。如果把老龄产业分为文化、物质服务以及健康三个层面来看的话，不同年龄段的老年人关注的产业内容也是不一样的。正如清华大学美术学院方晓风教授在"老龄化生活方式更新及设计趋势"研讨会上所强调的那样：养老问题不是一个静态概念，它是一种持续的概念。行为老龄化比较关键的是退休这个时间节点，但人老去其实是一个持续的过程，许多生活方式和习惯仍是前老龄期的延续。

社会应改变对老年人的刻板印象，理解年龄所导致的变化是不可能得到完全平衡和调整的，要回到从前的身心机能水平是永远不可能的。研究生命发展过程的心理学家提出关于老龄化过程的理论，他们认为发展断断续续地贯穿在一个人的一生中，发展方向也是多维的。即使在生命的晚期，人仍然存在着可塑性，存在多样的老龄化的途径，仍然有成长的空间。今天的轻老年人基本上由"40后"过渡到"50后"，受到自身经历的限制，他们年轻的时候更多地投入工作之中，很少有专门的休闲活动，或者这些活动已经不再存在和流行。这一代人主流的休闲活动还是比较单一的，如广场舞、棋牌类游戏、太极拳或者散步，但肯定并非所有轻老年人对这一类休闲活动都感到满意，或者愿意参加。老年人，特别是轻老年人是主要的旅游人群，拥有一定积蓄、特别是60-74岁年龄段的身体相对更健康的年轻老年人群体肯定更需要丰富的休闲娱乐活动来充实退休后的闲暇时光，但同样他们也更关心身体和心理的健康。对于多数人来说，不再工作后，工作延伸出来的附加社交和休闲活动也很可能不能延续成为令人愉快的退休休闲活动，所以进行对空白的时间进行填补。特别是那些把自我认同建立在工作上，把休闲活动只作为工作延伸的人，退休后会发生更为剧烈的生活变动，需要更长时间来重新定位，也可能更多面临的是心理的落差问题。

青松康复护理集团/青松健康科技创始人CEO王燕妮在研讨会发言中提到的带病生存是老年期的常态，如何维持老年人的身心健康状态是个挑战。我们要做和可以做的事情是尽量延缓老年病的发生，延长老龄人相对健康的状态，相对来说也缩短从失能到死亡这一段生活质量不佳的时间长度。正因为影响老年人健康的因素多而复杂，所以需要在医疗卫生照护之外，通过整合照护的方法，综合使用政策、经济、环境、行为及认知等方面的资源和手段来应对老龄化趋势，这不仅有重大的社会意义，有助于提升老人的尊严和幸福感，而且可以间接减少失能、失智的老人数量以及相关的巨额资金投入，有着巨大的经济价值。

北京师范大学心理学部王大华教授从雷蒙德·卡特尔[1]的智力的两种不同组成部分——流体智力和晶体智力出发，提出两种智力在老龄化进程中不同的流失模式，老年人的流体智力，也就是生来就能进行智力活动的能力在逐步下降，但同时他们的晶体智力，即个体过去的经验和已学到的知识则消退得更慢。他采用行为认知训练的"脚手架理论"[2]，提出随着年龄的增长，虽然老年人的认知能力会有一定的衰退，但在外部条件的干预下，通过一定的训练工具和活动仍然可以改变、提升和赋予老年人新的认知能力。从这个方向上结合休闲娱乐，包括邮轮旅游在内进行设计研究工作，提升和保持老年人的认知能力，对老年人的心理和生理健康都有着重要的帮助。因此，对老年人休闲娱乐的设计有着很大的价值和意义。

在中国社会，将老年人模式化或当成不完整的人的现象更为常见，人们习惯性地矮化老年人的审美感知和生活能力，认为老年人都是需要额外照顾的或者是慈祥善良的，相应的产品设计简单粗暴，缺乏同理心和老龄用户视角。人们似乎天然地认为老年游客没有个性诉求，或需求单一容易满足，对老年人群的审美、趣味以及生活的特殊性理解和认识非常不足，造成了对老年人的诉求描述错位，真正的适老化设计审美不足、功能单一，在实际销售和使用中也没有得到良好的反馈。现代老年人，特别是轻老年人已经成为重要的消费群体，他们的行为、心理、审美和健康密切相关。每一代的老年人和每一代年轻人一样都各具特色，老人没有完全相同的行为方式，财务水平、生活方式也各具特征，代际差别非常明显。在未来的10年里，伴随着改革开放成长起来的60后将会普遍退休成为轻老年人的主体。复星康养总裁助理、战略研究中心总经理曹智杰提醒大家注意未来新退休群体带来的变化，1962—1972年这10年间出生的人群即将开始退休，这会给中国带来超量的老龄人口。这一代人被曹智杰称为"5IN新青年"。相对于50后，他们受过更好、更多的教育，成长更为顺利，见识更广，也有新的思想和观念，同时普遍经济实力更强，消费特别是为自己消费的意愿更高。相比于更年长的一辈，现在以及未来的轻老年人具有更高的财富积累水平，可以支撑更高的消费水平，同时他们退休前就已拥有广泛的娱乐和休闲技能，更容易适应退休后的生活，也自然要求更高。

意大利热那亚大学 Missimo Musio-Sale 教授[3]在"老龄化生活方式更新及设计趋势研讨会"发言中提到，欧美邮轮旅游在发展之初就倾向于为退休的老年人服务，如今西方国家邮轮发展的重点已经把如何拓展和吸引更年轻的人上船作为重点的发展方向了。维珍集团进入邮轮行业之初，就在这个方向进行尝试，试图通过邮轮传递自由自在的生活方式，追求叛逆、开放、自由以及极度珍贵的浪漫等更鲜明的中青年人的生活趣味。维珍邮轮的标准用户不再是家庭，而是围绕着成熟的，对特殊经历、个性化订制及娱乐性有了更高要求，希望通过独特的旅游体验构建来满足身份和地位的中年人士进行邮轮的规划设计。维珍基于特定用户及其亚文化推出了"十八禁[4]猩红女士号"（Scarletlady）邮轮，可以清晰地传递出他们对乘客

[1] 雷蒙德·科特尔（Raymond Cattell）：心理学家，1924年出生于英国斯塔福郡，曾在英美多所大学任教授，著有《能力》《智力》等著作，提出了一般智力包括流体智力及晶体智力的理论。

[2] "脚手架"（Scaffolding）理论是由社会建构主义学家布鲁纳（Jerome Bruner）在20世纪70年代提出的，认为孩子在开始学习新的知识概念时需要来自于他人的支持，但在逐渐获得技能、掌握知识的过程中，会变得越来越独立，同时也会对支持的需求逐渐减退。

[3] Missimo Musio-Sale 教授：研究游艇及建筑设计，著有 Yacht Design: dal concept alla rappresentazione，由本书作者翻译，中国水利电力出版社出版。

[4] 维珍邮轮只服务于成年人，禁止18岁以下的青少年及儿童上船。

人群细分诉求的了解。精致邮轮公司 2018 年推出下水的大型"爱极号"（Edge），传递出对过度主题设计的邮轮的一种调整，强调设计上更少一些主题，多一些自然闲适的定位，重新阐述了精致邮轮的"高品质、出众的外观设计"的新趣向，同时也显示出更趋成熟和成年化的审美趋势。

中船邮轮科技发展有限公司战略规划部顾鹏程主任在会议上提到，中国的邮轮、康养产业都还处在初期发展阶段，这两个产业有很多共通点，中船邮轮也在探索康养型邮轮开发，以服务于中国老年人的时尚、审美和欲求。针对未来的中国老年人，中国邮轮旅游肯定可以为中国老年人的美好生活做出更多的贡献。中国的新老年人对于更健康、更丰富的生活方式的需求也更高，对技术、个性化的产品接受程度更高，对于自我价值和意义的追求也更强烈，消费及生活观念相比他们的前辈也更加主动、开放，更加关注自我，邮轮和其他的海上旅游肯定是其中一种帮助老年人实现新的梦想的渠道。

虽然目前大部分邮轮以年轻人、国际化的趣味为导向，对中国老年人的偏好和习惯仍然不了解，但在社会年龄"变老"的情况下，邮轮上的乘客平均年龄必然更加老化，邮轮必将更多地受到中国中老年人的审美和趣向的影响。实际上邮轮在针对老年乘客的无障碍设施、通用设计的产品以及防止摔伤等方面的设计还是有一定水准的，星梦邮轮甚至在"梦"级的两艘邮轮上配置了核磁共振设备，以应对必要的身体检查。今后，邮轮设计的重点在于去应对老年人的代际变化，提供更适合他们参加的体育、娱乐活动、养生保健等康养活动，甚至差异化地设计专门的适老康养邮轮以及和目的地项目相关的适老行程。随着年纪的增加，老年人会更加关注身体的保健，可以预见邮轮上的健康养生设施、活动配置需求会更为突出，未来一定会有更多针对老年乘客的医养装备、心理认知整合培训、游戏项目装载在中国的邮轮上。

海南从地理位置、气候上和佛罗里达较为接近。据统计，海南省的候鸟型人口保持连续增长，2018 年达到 132.23 万人【37】，这其中主要的人口构成是上岛避寒的北方的老年人。虽然三亚和迈阿密在邮轮市场的体量上有巨大的差距，但这同时也意味着发展潜力。我国有 1.8 万千米长的海岸和 6000 多个岛屿，如果能以三亚为母港，对南海岛屿的旅游开发及东南亚各国的旅游资源进行整合，那么随着国内老龄化社会在未来 10 年快速到来，海南地区一定能成为另外一个中国重要的邮轮市场的增长点。岛屿和邮轮文化旅游、养老康养结合，有利于岛屿旅游度假资源的开发利用，也是宣示主权和存在感的方式。对于国内乘客来说，陆地上的目的地依然非常重要。以一种船、港、城，陆地结合海洋的空间整合的方式考量邮轮和养老产业的结合发展，是必由之路。

"Silver Shadow 号"邮轮在澳大利亚塔斯马尼亚霍巴特港内靠泊，船前侧是 2017—2018 克利伯帆船赛的参赛船"利物浦号"正在进港

老龄化生活方式研讨会暨工作坊

老龄化生活方式更新及设计趋势研讨会

生活水准和医疗水平的提升大大延长了中国人的寿命，老年生活的时间跨度在人的一生中占比会越来越大。如何克服对老年人的刻板印象，重新定义老年及老年生活，提供更有意义和价值的生活方式选项，是一个非常重要的社会议题。现代老年人特别是轻老年人已经成为重要的消费群体，他们的行为、心理以及审美和老年健康密切相关。研讨会通过不同学科、职业背景专家、学者以及从业者，就老年人的心理、行为模式、康养政策、康养与健康产品、服务体系、审美及时尚设计角度等方面进行研讨，尝试探讨长寿时代里新的经济、社会结构和生活方式创新。

会议时间：2022年7月19日13:00—17:30
会议形式：线上线下结合
会议地点：新街口外大街8号，金丰和创业园A座308
发言嘉宾：方晓风、王大华、Simon Kim、Massimo Musio-Sale、王燕妮、顾鹏程、陈亮、曹智杰、徐权光、刘伟、辛欣、赵昕、涂山

会议发言亮点：

方晓风："随着人群的变化，养老始终处在一个变化进程，所以这个问题没有终点。养老问题不是一个静态概念，它是一直要持续下去的。那么，更重要的是，要有一个更好的社会系统去支撑这些。"

Massimo Musio-Sale："欧美邮轮旅游发展之初就倾向于以为退休的老年人服务来定位，如今西方国家邮轮发展的重点在于拓展和吸引更年轻的人上船。"

顾鹏程："邮轮也好，康养也好，养老也好，在中国还处于一个发展的阶段。邮轮跟养老这两个产业有很多共通点，移动的邮轮有种天然独特的属性，为身体机能没有那么强的老年人提供了一个看世界的机会。"

曹智杰："养老问题已经成为人类的共同命题。富人变老正在发生，新退群体带来新兴需求，'60后'这一代人有消费实力、意愿与需求，可以成为5IN'新青年'。"

王大华："虽然随着年龄的增长老年人的认知能力会有一定的衰退，但在外部条件的干预下，能力仍然是可塑的。"

王燕妮："带病生存是老年期的常态，更重要的是维持老人良好的功能状态。我们要做也可以做的事情是尽量延缓老年病的发生，延长健壮的状态，缩短从失能到死亡的时间长度。"

陈亮："老年人不仅需要健康，也要有生活。"

徐权光："养老产业尚未形成市场规模和商业模式，按照产业通常逻辑理解的康养行业还不存在。养老产业在未来是一定要做、要继续发展的，但它不是仅仅依靠个体或者地方政府政策足够支持的类别，国家的支持和鼓励才是发展养老产业最有效的路径。"

老龄化生活方式更新工作坊

参与 Workshop 的学生涵盖了背景和专业各不相同的本科生。学生们将在为期 5 天的 Workshop 中自由组成团队，体验信息输入讨论、创作、实验、创新等完整的思考设计过程。

指导老师：涂山、曲延瑞、辛欣、赵昕

PURIFY BUB 净化气泡

齐越辰 张晓函 张抒雨 林烨 王晨溪

基于失眠老年群体的全感官沉浸式邮轮空间设计

核心痛点：邮轮上的中老年人群被失眠问题困扰 / 找寻解决失眠的方法

设计机遇：邮轮上缺乏解决现存痛点的方式

设计方向：通过冥想空间的建立为邮轮上的老年人缓解失眠问题

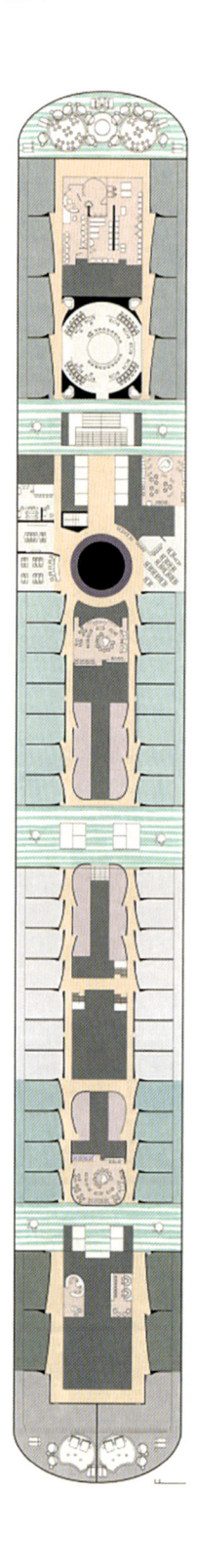

鲸落

李夏溪

邮轮客房中汇聚了大海、阳光、空气和声音等元素，以形式、空间和材料为媒介，创造出让人享受感官体验的客房环境。营造连贯且舒畅的空间形态，让视觉与动线结合，传递出一种平和、轻松的感觉，尺度、光线和色彩给人积极、灵动、柔和的氛围感。

大荒西经

西海之南，流沙之滨，赤水之后，黑水之前，有大山，名曰昆仑之丘。有神，人面虎身，有文有尾，皆白，处之。其下有弱水之渊环之，其外有炎火之山，投物辄然。

山海浴场

巫鑫洁

以《山海经》作为空间设计的脚本，以静态写生式的片段性叙事特征作为空间搭建逻辑；提取关键点作为空间重构的依据；针对《山海经》中与洗浴相关的具体文本内容进行相应的功能转译和空间氛围营造。

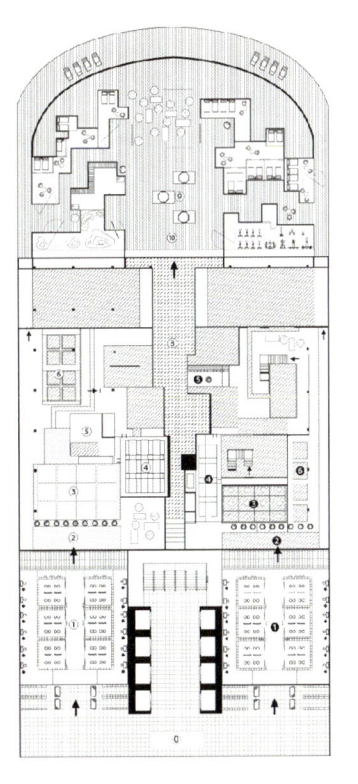

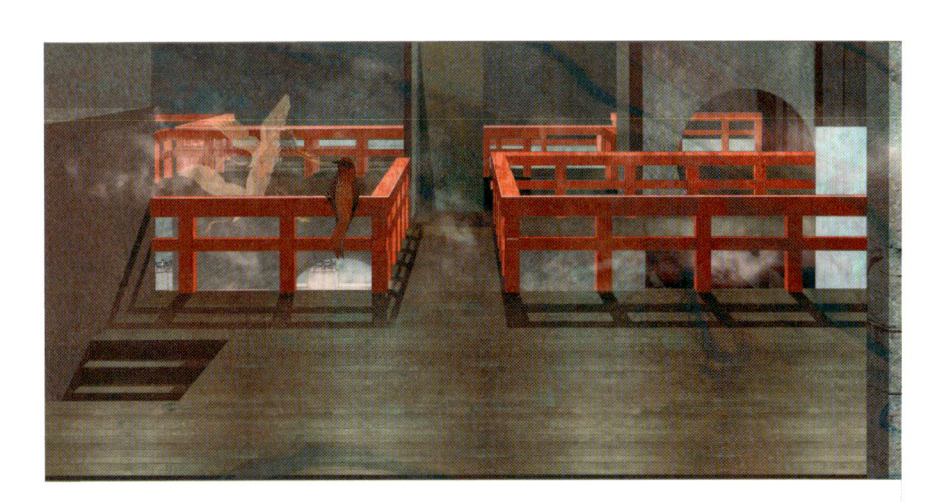

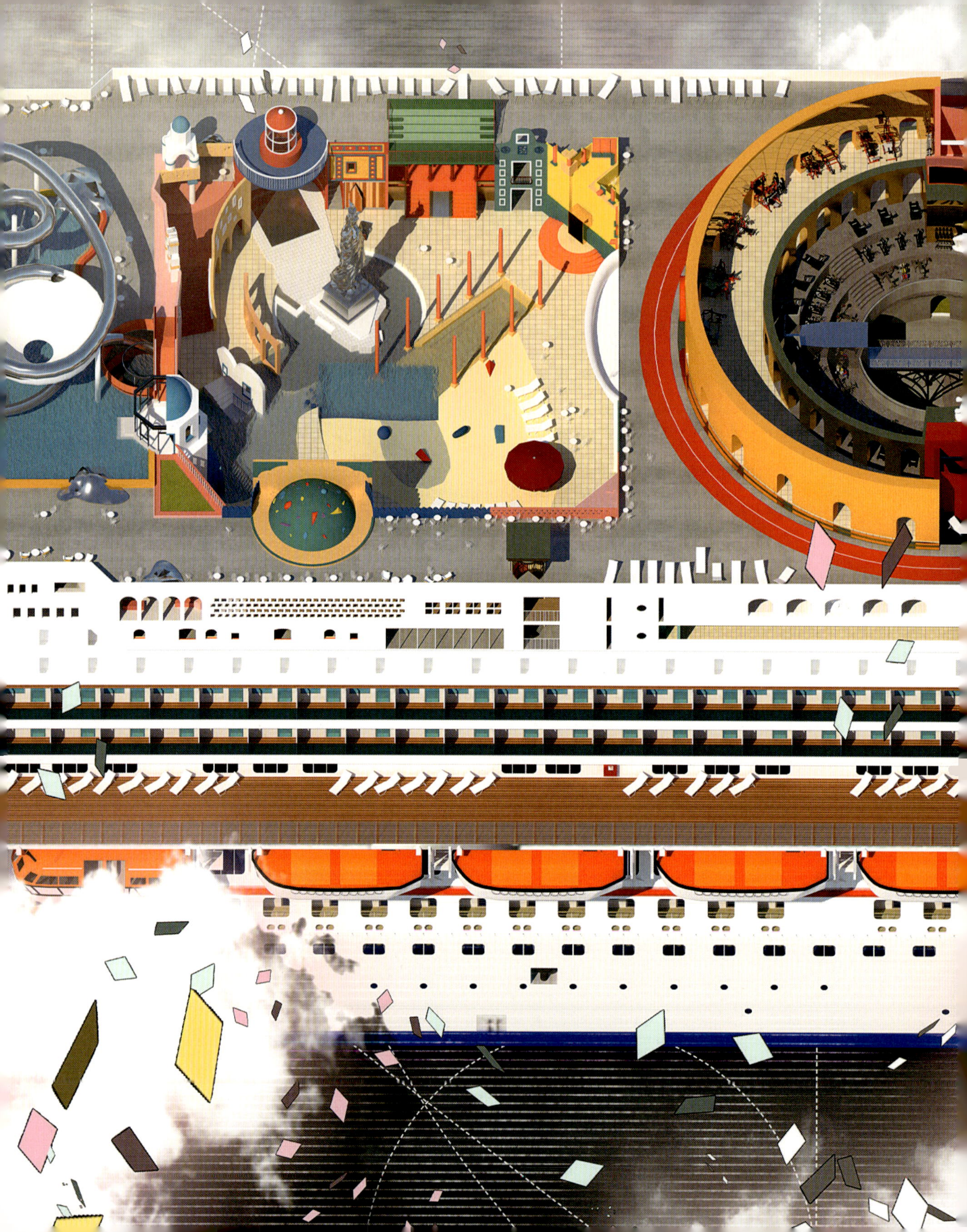

瓶中月——邮轮的消费主义空间设计

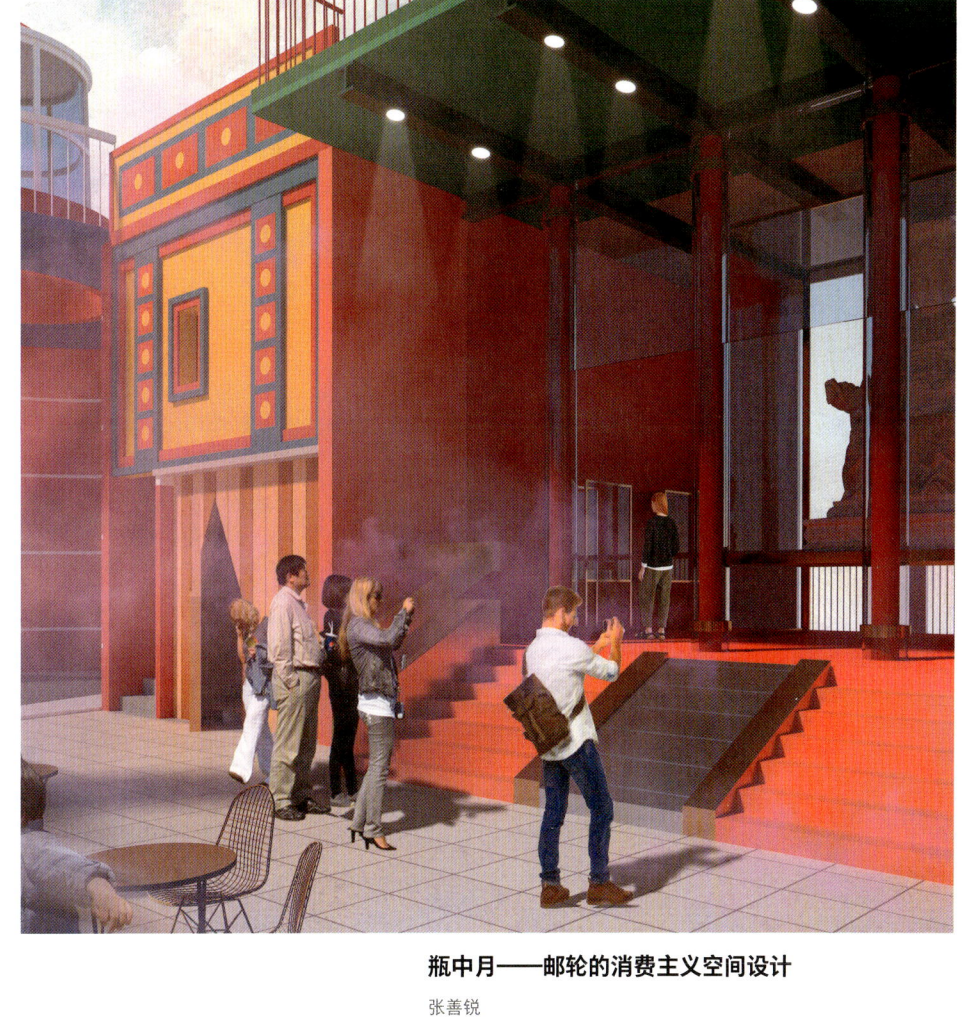

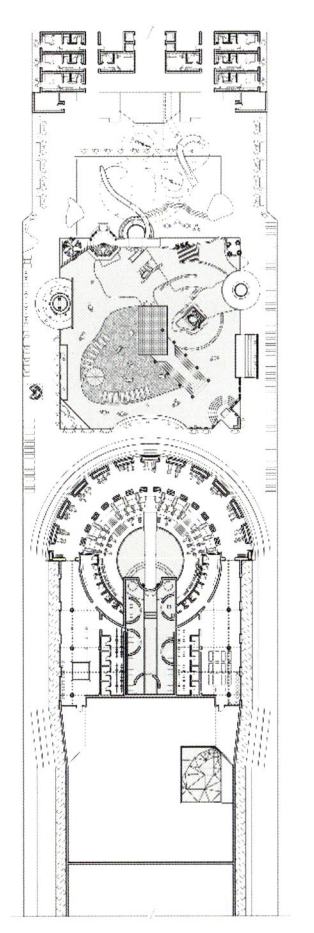

张善锐

邮轮是比城市街巷网络和一般的建筑柱网更加严格的机械架构。借助"海景"的各种与"水"有关联的主题性场景展开。有太平洋土著风格的水吧、爱琴海形象的摄影点、瓦尔登湖式的简朴茶室、妈祖庙造型的展览厅等。

邮轮上的购物 ——诗意的现实景象

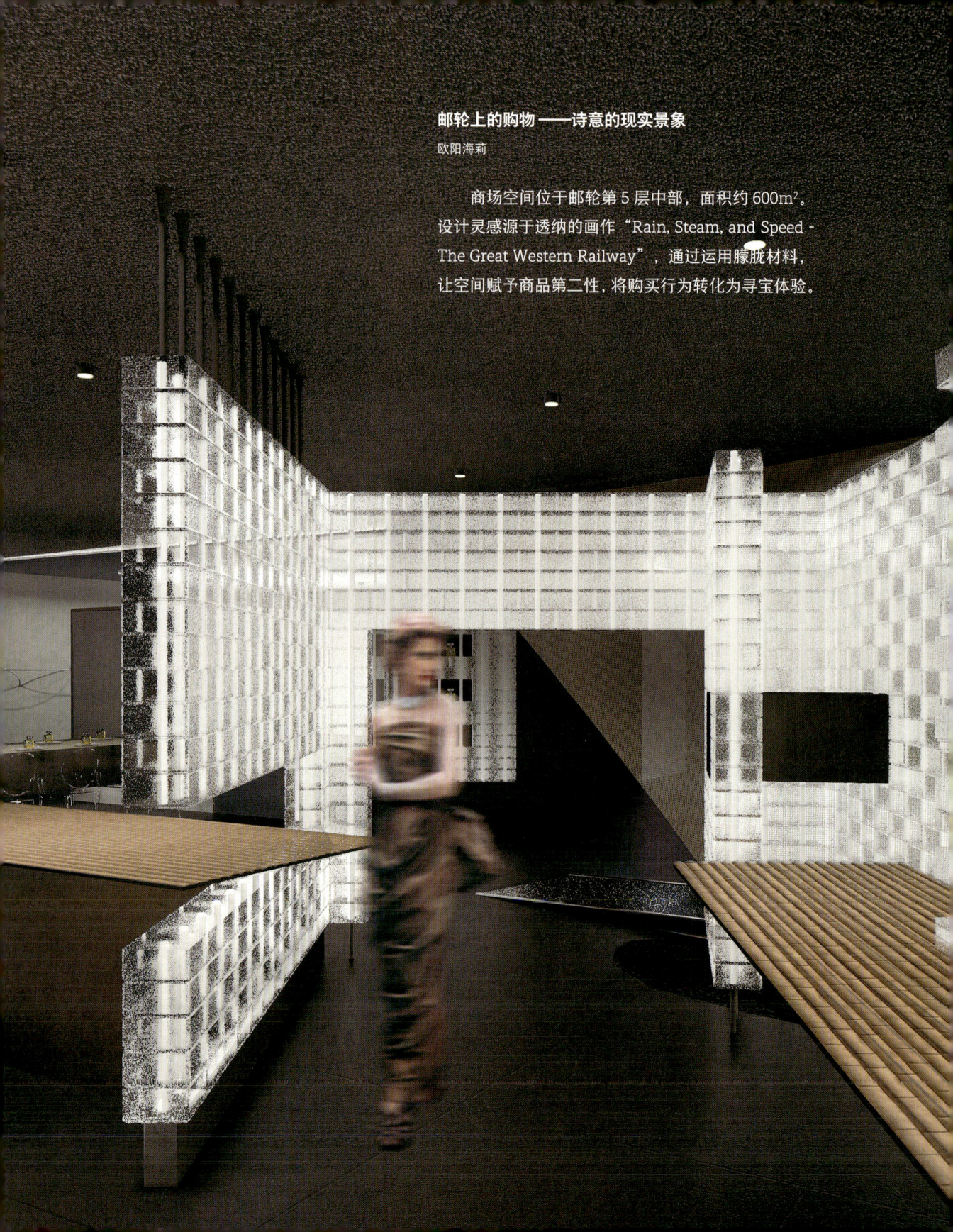

欧阳海莉

商场空间位于邮轮第 5 层中部，面积约 600m²。设计灵感源于透纳的画作"Rain, Steam, and Speed - The Great Western Railway"，通过运用朦胧材料，让空间赋予商品第二性，将购买行为转化为寻宝体验。

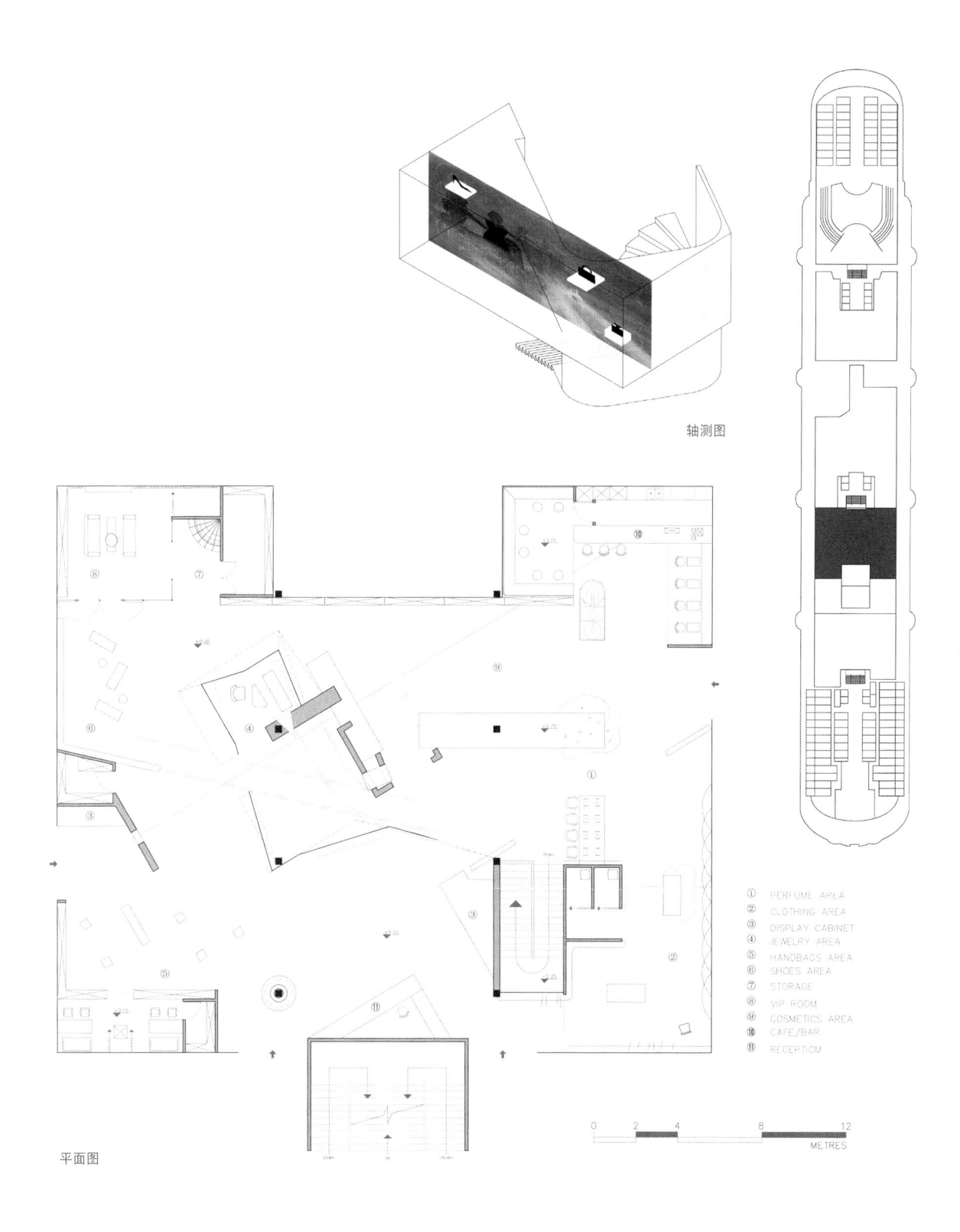

159　老龄化生活方式研讨会暨工作坊

轴测图

① PERFUME AREA
② CLOTHING AREA
③ DISPLAY CABINET
④ JEWELRY AREA
⑤ HANDBAGS AREA
⑥ SHOES AREA
⑦ STORAGE
⑧ VIP ROOM
⑨ COSMETICS AREA
⑩ CAFE/BAR
⑪ RECEPTION

0　2　4　8　12
METRES

平面图

第八章

全球视野
和本土智慧

美国消费 / 欧洲制造

19世纪早期，燃煤驱动蒸汽机作为一个新的技术系统进入到造船业，这个系统和船的融合从"克莱蒙梭号"到19世纪80年代蒸汽班轮上不再采配备辅助帆具用了近70年时间，其重要的竞争指标是依赖技术进展的船舶速度和总吨。烟囱上冒出的浓烟替代了桅杆和白帆，这不仅仅标志着动力驱动技术的换代，还有随着驱动动力变化的电力、自来水供给，单独的铺位，一日三餐，行李限额等的更高的旅行生活标准的建立，这期间彻底改变的还有造船技术体系以及陆续修改完善的组织、法律、规范、保险、交易等广义技术。蒸汽机和随后内燃机驱动的邮轮作为交通工具，延续和发展了一个多世纪。

20世纪60-70年代，不同型号的喷气飞机陆续投入运行，邮轮被迫转型并完全退出了跨洋交通领域。美国的迈阿密成为邮轮转型的起始地，现在世界前三大邮轮公司集团：嘉年华集团、皇家加勒比集团以及诺唯真邮轮集团都是在20世纪60-70年代发迹于美国迈阿密，并最后在美国上市。而百年老牌的班轮公司在转型中，传统惯性强大，转型不易，最终倒闭关门或者被新的邮轮公司收购。整合交通、住宿、餐饮和休闲活动等全面功能的邮轮从迈阿密出发，途经加勒比、巴哈马、百慕大的不同海岛，最后回到迈阿密，形成一个完整的闭合行程，成为邮轮的母港巡游模式。迈阿密的邮轮模式非常成功，到目前为止仍然在全球被广泛采用。今天美国迈阿密出发的邮轮，旅程最短的有到百慕大的2天行程，最长有环绕南美洲的48天行程。

20世纪60-70年代的邮轮转型是消费文化驱动的转型，而不像19世纪早期技术驱动的邮轮创新，是消费文化对邮轮技术系统的重组。人们在恰当的时间和地点，在新的领域（旅游）开辟了一个新的市场。巡游邮轮复合了旅馆和交通功能的可移动的空间，通过美食、电影、娱乐活动、演艺节目，结合热带海洋环境，创造了一个旅途和目的地空间不再间断的娱乐世界。消费的转型创新开发了新的需求，邮轮转化为服务及体验经济的典型代表，自身成为旅游的目的地。巡游邮轮表现的不再是技术的进步，而是消费社会的升级。巡游邮轮不是对已有需求的满足，而是创造出来的全新消费种类，不是所谓的"需求带动供应"，而是对人潜在的欲望和情绪发掘后的满足，这种供应和欲望、情绪一直保持着一种动态的交互。邮轮转变为"游轮"之后，制造技术对于邮轮产业的服务对象——乘客来说只是隐形存在的必要条件，邮轮旅游内容则仰赖于人文的概念框架，设计概念受到地域、世界观、传统风俗、审美和感性模式的深入影响。邮轮说到底成为一个文化产品。

邮轮产业复合影响6大产业
国际邮轮协会（CLIA）2019年统计

文化创新帮助邮轮产业腾挪转型，化解了来自航空业的致命冲击，旧的技术获得了新的应用，得以延续和发展。今天，复合型的邮轮产业辐射不仅限于邮轮的运营、制造和旅游业，还影响着政务服务、交通运输、批发零售、制造业、金融、保险、房地产（FIRE）、农业、基础设施、建筑业等不同的产业方向。

邮轮转型起源于美国，消费市场也集中在美国。根据国际邮轮协会（CLIA）的统计，转型后的邮轮产业保持了 40-50 年的增长，即便是最近 10 年也保持了年均 4.06% 的复合增长率【38】。2004—2016 年，全球邮轮市场游客量从 1314 万跃升到 2470 万，其中亚洲地区邮轮载客量达到 227.24 万人次，占全球邮轮市场份额的 9.2%，比 2012 年增长了 193.6%。中国是全球增长最快的地区，客源占亚洲客源的 47.4%，成为亚洲第一的重要市场。2019 年全球邮轮年旅客量 2970 万人次，形成了 1545 亿美元的产业总值。其中 2019 年从美国港口出发的邮轮乘客总人数为 1419.9 万人，占据着全球 52% 的市场。作为邮轮出发和终点的港口城市——邮轮母港，往往是客源市场，是具备交通枢纽的大城市。佛罗里达是美国乃至世界最大的单一邮轮市场，有着巨大的影响力【39】。迈阿密邮轮码头是世界最大的邮轮码头，可以同时接纳 12 艘大型邮轮靠泊，年接待旅客量位世界第一，2018 年接待了超过 559 万人次（出发 + 到达）的邮轮旅客，接待邮轮母港船只 55 艘，邮轮靠港 1220 航次，乘客在迈阿密消费超过 222 亿美元。迈阿密是美国南部最大的贸易中心，是仅次于纽约的国际金融中心。其温暖的气候条件吸引了大批美国北部、加拿大、欧洲的人前往度假，以及退休人士前来定居，而乘坐邮轮前往加勒比、巴哈马、百慕大地区的岛屿游览则是迈阿密度假和定居行为的延伸性开发和内容填充。

2017年诺唯真"喜悦号"和"世界梦号"分段前后在德国迈尔船厂出坞

邮轮产业及其带动效应不是匀质分布在全球的，也并非每一个海洋资源丰富、经济水平高的国家都发展出了相应水平的、全产业链的邮轮产业。邮轮制造作为一项传统产业，百年来始终聚集在欧洲地区。目前欧洲三大邮轮制造船厂是德国迈尔、意大利芬坎蒂尼以及法国的大西洋船厂。

日本在二战之后经济起飞，1981年GDP就已经超过1万美元；且其国土四面临海，旅游产业非常发达，看似特别适合邮轮产业的发展。无奈东亚秋冬季北风强劲，东太平洋黑潮活跃，地理位置和气候条件使得邮轮在这个季节航行并不舒适。邮轮上传统的戏水乐园、阳光和酒吧等典型户外活动在秋冬季都不恰当。2017年日本邮轮的乘客数量突破了30万人，人口渗透率仅为0.23%（发展了10年的中国邮轮旅游的乘客总数量已经达到239万人，渗透率也达到了0.17%）。虽然国民富裕程度高，GDP早已迈入发达国家等级，日本的邮轮旅游却并没有呈现出高速发展的势头。作为造船大国的日本也尝试参与过邮轮制造，不过他们更多的想法并非服务于本国的乘客需求，而是想在邮轮制造领域有一个立足之地。三菱船厂在2001年首次建造"钻石公主"（Diamond Princess）和"蓝宝石公主"（Sapphire Princess）邮轮的过程中发生特大火灾，延误了交船日期，造成直接经济损失高达3.1亿美元；2011年，三菱船厂再次启动"AIDA Prima"的建造，过程中又发生了三次火灾。两次不成功的邮轮制造经历造成了巨额亏损，也反映出制造邮轮的难度和特殊性，之后，三菱船厂基本放弃了参与邮轮制造计划。

美国制造的邮轮仅有二战后军舰改造的"美国号"及"合众国号"，之后美国就再没有参与邮轮整船的建造了。全球邮轮制造业的经济体量一直在稳定增加，每年的造船量（包含大中小型邮轮，不包括极地邮轮）在15-20艘不等，以适应市场新增运力和旧船的淘汰更新。以世界最大的邮轮制造商芬坎蒂尼为例，2020年他们完工下水8艘不同的邮轮，同时手持5年内34艘邮轮的订单（包括和中船集团合资在中国生产的2艘13.55万吨Vista级的邮轮），平均每年有7艘邮轮订单。邮轮的传统市场在美国，因此几乎所有的邮轮设计制造，除了执行SOLAS、MARPOL及船级社的规范要求之外，一定都还需参考执行美国海岸警卫队（USCG）、美国卫生防疫中心（CDC）的VSP计划等对邮轮的设计要求，以便能够在未来下水后能够顺利地进入美国市场运行。可以说，邮轮是在欧洲制造，服务于美国市场的。

2012—2019 年美国国际邮轮业的上船人数

						增幅			
港口 Port	2,012	2,014	2,016	2,018	2,019	2,014	2,016	2,018	2,019
佛罗里达（总计）	6,074,000	6,891,000	7,079,00z	7,512,000	8,286,000	13.5%	2.7%	6.1%	10.3%
Miami	1,887,000	2,549,000	2,551,000	2,771,000	3,403,000	35.1%	0.1%	8.6%	22.8%
Port Canaveral	1,708,000	1,769,000	2,088,000	2,092,000	2,243,000	3.6%	18.0%	0.2%	7.2%
Port Everglades	1,797,000	1,940,000	1,840,000	1,851,000	1,931,000	8.0%	-5.2%	0.6%	4.3%
Tampa	487,000	451,000	405,000	598,000	514,000	-7.4%	-10.2%	47.7%	-14.0%
Jacksonville	195,000	182,000	195,000	200,000	195,000	-6.7%	7.1%	2.6%	-2.5%
加利福尼亚（总计）	837,000	984,000	1,058,000	1,117,000	1,253,000	17.6%	7.5%	5.6%	12.2%
Long Beach	457,000	549,000	591,000	660,000	696,000	20.1%	7.7%	11.7%	5.5%
Los Angeles	213,000	291,000	300,000	247,000	311,000	36.6%	3.1%	-17.7%	25.9%
San Diego	105,000	49,000	55,000	107,000	145,000	-53.3%	12.2%	94.5%	35.5%
San Francisco	62,000	95,000	112,000	103,000	101,000	53.2%	17.9%	-8.0%	-1.9%
New York	586,000	576,000	499,000	557,000	550,000	-1.7%	-13.4%	11.6%	-1.3%
其他美国港口（总计）	2,598,000	2,613,000	3,022,000	3,497,000	3,705,000	0.6%	15.7%	15.7%	5.9%
Galveston	604,000	642,000	869,000	985,000	1,092,000	6.3%	35.4%	13.3%	10.9%
New Orleans	488,000	502,000	534,000	552,000	586,000	2.9%	6.4%	3.4%	6.2%
Seattle	464,000	408,000	484,000	549,000	596,000	-12.1%	18.6%	13.4%	8.6%
Baltimore	241,000	199,000	211,000	219,000	216,000	-17.4%	6.0%	3.8%	-1.4%
余下的美国出发总人数	801,000	862,000	924,000	1,192,000	1,215,000	7.6%	7.2%	29.0%	1.9%
美国总计	10,095,000	11,064,000	11,658,000	12,683,000	13,794,000	9.6%	5.4%	8.8%	8.8%

@Port Authorities and Business Research and Economic Advisors

2019中国港口指南

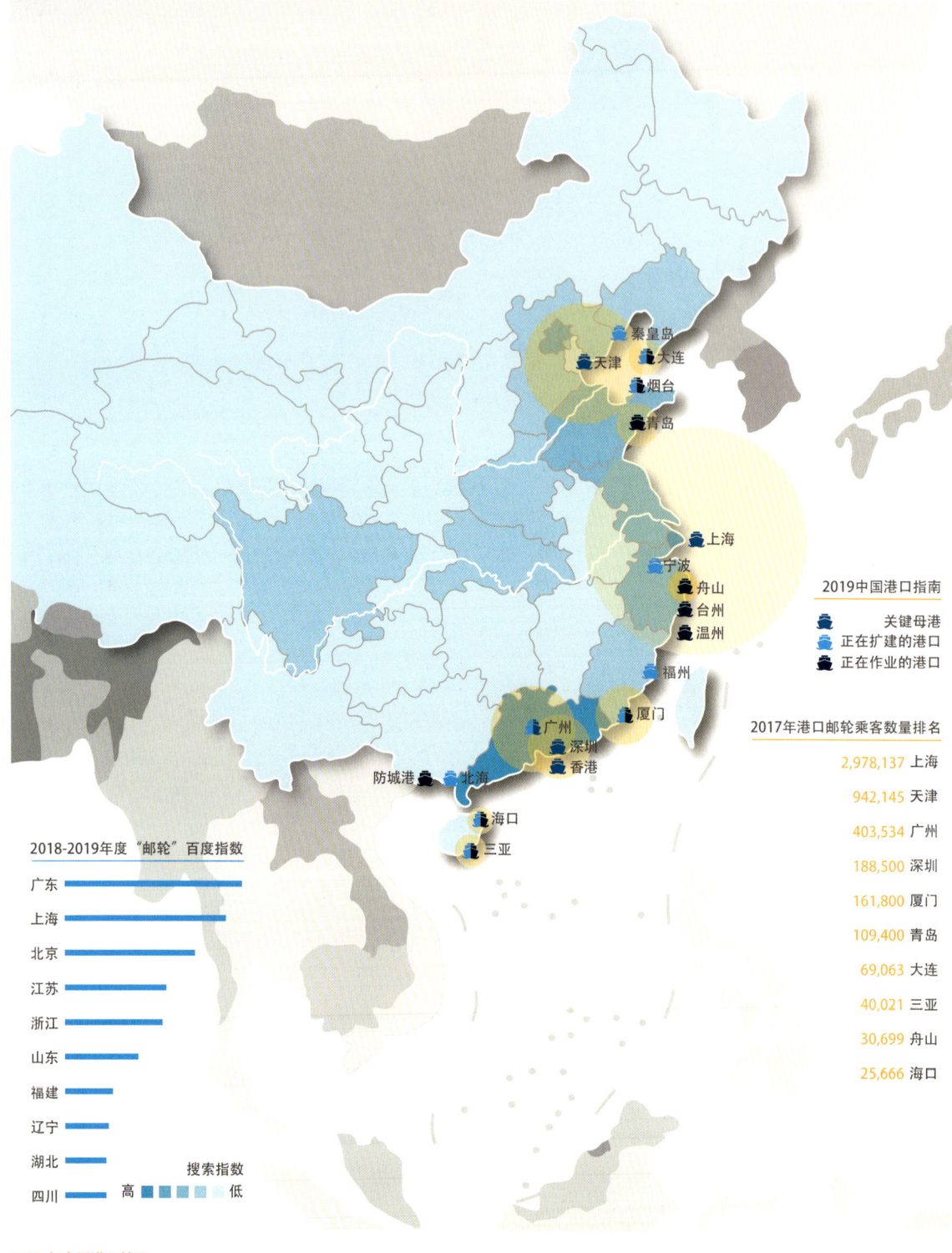

- 关键母港
- 正在扩建的港口
- 正在作业的港口

2017年港口邮轮乘客数量排名

2,978,137	上海
942,145	天津
403,534	广州
188,500	深圳
161,800	厦门
109,400	青岛
69,063	大连
40,021	三亚
30,699	舟山
25,666	海口

2018-2019年度"邮轮"百度指数

- 广东
- 上海
- 北京
- 江苏
- 浙江
- 山东
- 福建
- 辽宁
- 湖北
- 四川

搜索指数 高 — 低

2019年中国港口情况

根据 Cruise Industry News/2018–2019 Annual Report 绘制

引进、消化、吸收

2006年，上海国际客运中心邮轮码头投入运营，开启了中国的"邮轮"旅游时代。2008—2018年的10年间，上海、天津等沿海城市地方政府先后在上海北外滩和吴淞口、天津滨海新区、深圳太子湾、厦门、三亚凤凰岛、青岛、舟山、广州南沙兴建了9个现代邮轮港，在温州、大连、连云港、海口将货运港升级改造成4个邮轮港，加上香港启德邮轮码头，总计邮轮泊位32个，总投资累计超过200亿元【40】。至此，我国的母港建设数量应该说是相当充分了，泊位的数量和吨位、港口条件都可以和世界最高水平的母港媲美，但建设更多的邮轮母港很可能是一种浪费。

以美国为例，佛罗里达由于经济、交通、地理、气候特点，一直汇集了全美60%邮轮出行的游客，2019年佛罗里达州共有828.6万游客集中在包括迈阿密在内的3个母港来登船【41】。中国的情况也有相似性，2019年上海邮轮口岸出入境人数超125万人（进出合计算1人）【42】，汇集了中国邮轮出境旅游人数总量的63%。检视上述母港就会发现，邮轮母港需要有以下先天条件：市场人群聚集区域；发达的交通枢纽，便利的行程目的地。如西雅图的阿拉斯加北极航线，迈阿密的加勒比及百慕大航线，威尼斯、热那亚向东和向西方向出发的环地中海线路等，都是经典的行程。从中国邮轮母港统计数据来看，晒码头的"邮轮母港"也不在少数，能够真正盈利的邮轮母港或许只有1-2个，其他的邮轮母港则需要财政补贴。

中国邮轮母港设施和接待能力

开港时间	城市	邮轮港口	泊位数	接待能力	投资(亿元)
2006年	三亚	三亚凤凰岛国际邮轮港	3	2艘15万吨级和1艘8万吨级邮轮	16.0
2007年	上海	上海港国际客运中心	3	3艘7万吨级邮轮	18.2
2010年	天津	天津国际邮轮母港	2	2艘22万吨级邮轮	12.4
2011年	上海	吴淞口国际邮轮港	4	2艘15万吨级和2艘22.5万吨级邮轮	30.0
2013年	香港	香港启德邮轮码头	2	2艘22万吨级邮轮	61.0
2014年	舟山	舟山群岛国际邮轮港	1	1艘15万吨级邮轮	6.3
2015年	青岛	青岛邮轮母港	3	1艘22万吨级和2艘中小型邮轮	10.0
2016年	深圳	太子湾国际邮轮母港	2	1艘22万吨级和1艘12万吨级邮轮	20.0
2016年	大连	大连港国际邮轮中心	2	2艘15万吨级邮轮	3.0
2017年	连云港	连云港国际客运中心	1	22万吨级邮轮	2.0
2018年	温州	温州国际邮轮港	1	15万吨级邮轮	3.0
2018年	海口	海口秀英港	2	2艘4.5万吨邮轮	2.0
2019年	广州	广州南沙邮轮母港	2	1艘22.5万吨级和1艘15万吨级邮轮	19.0
2019年	厦门	厦门邮轮港	4	1艘15万吨级、2艘10万吨级和1艘22.5万吨级	6
总计			32		208.9

@上海社会科学院 . 国家高端智库 . 邮轮对中国的经济贡献研究报告 2021

邮轮号称本身就是旅行的"目的地"，但围绕着邮轮母港（地理位置和经济地位）的邮轮行程依然有不可替代的重要性。对于中国有意愿参加邮轮旅行的民众，特别是初次登上邮轮的乘客来说，邮轮本身之外行程的丰富性是具有重要意义的，目的地是邮轮旅行非常重要的组成部分。相比迈阿密－加勒比地区，地中海沿岸的中国邮轮线路是非常单一的，中国市场以4-7天去往韩国、日本，三亚去往越南等周边国家的更短的行程为主，缺乏有特色的行程线路。其原因在于相对美国、欧洲邮轮的行程来说，中国能够匹配的到访港口以及可去往的目的地的数量是远远不够的，这些可能的目的地的开发以及相应的配套访港建设不足。除了受到自然条件和综合旅游开发的条件所限，中国的邮轮旅游还受到地缘政治的广泛影响。同时，中国缺乏邮轮文化的普及和本土化创新，尝鲜游后"回头客"相对较少。在新冠疫情爆发之前，中国邮轮市场已经略显疲态，增长放缓。对于未来中国邮轮旅游市场的预期，应冷静分析，谨慎计划，再图发展。无论是设计制造端还是市场端，本土化发展毫无疑问成为一个重要的方向。

交通运输部、国家发改委等十部委在2018年《关于促进我国邮轮经济发展的若干意见》中提出："到2035年，我国邮轮市场成为全球最具有活力的市场之一，邮轮自主设计建造和邮轮船队发展取得显著突破，体系完善、效率显著的邮轮产业链基本形成，邮轮经济规模不断扩大，对城市转型、产业升级、经济发展和人民消费的支撑力和保障作用显著加强。"其中邮轮旅客年运输量的目标是在2035年达到1400万人次。

从2006年中国邮轮元年开始，尽管经历了2011年福岛地震和2017年韩国萨德两个事件的冲击（中国的邮轮旅游主体是从中国邮轮母港出发的周边国家韩日两国4-6天的邮轮产品），中国邮轮市场在2010—2019年这10年间的复合增长率仍然保持在令人震惊的17%。2019年，中国大陆共有出境邮轮游客191.9万人次出行（包括自境外母港登船的中国游客，大约在2%左右），成为当年世界第四大邮轮客源地，是亚洲邮轮产业增量中的主要组成。2019年有超过70艘邮轮在亚太地区航行，其中排名前5的有5家国际邮轮公司的27条邮轮。通过其市场份额统计表可以看到，这些邮轮拥有超过6万6千张床位，从中可以感受到2019年邮轮市场竞争的激烈程度。

达到和接近人均1万美元GDP是进入中等发达国家的指标之一。2019年，我国人均GDP达到1万美元，有14个城市人均GDP甚至超过了2万美元，这些城市大多数位于中国东部和东南部沿海地区，涵盖了1.4亿人口。2018—2019年度，中国国内主要的邮轮游客90%来源于上述这些地区。邮轮母港也都布局于中国这些城市，是邮轮相关服务、物料补给、文化内容生产、邮轮制造研发以及邮轮游客的重要资源提供的地域。

伴随着国民可支配收入的持续增长，不少沿海城市和地区的人均GDP已经达到了作为中等发达国家指标之一的2万美元，消费台阶也必然升级。虽然有2020年的疫情冲击，但如果以10年作为尺度来看，中国邮轮市场的增长还是可以预期的。如果中国游客保持10%的复合增长水平，到2035年国内的邮轮旅游市场规模会达到1766万人次每年，市场渗透率为1.26%左右，大体相当于美国2019年的市场规模。这个规模大体相当于现在全球前两位的邮轮集团——嘉年华集团和皇家加勒比集团这一年的年承载量。2019年，嘉年华集团（Carnival Corporation & plc）旗下的9个邮轮品牌共有98条邮轮在运营，占有全球近一半的邮轮市场（299亿美元，运载1286.6万名乘客），而皇家加勒比集团（Royal Caribbean Cruise Ltd.）通过50条邮轮及旗下3个品牌运送了655.4万人次。如果简单换算，到2035年可能需要150条中大型邮轮船队的运营服务来满足中国市场需求，这也是国际邮轮公司积极布局中国市场的主要愿景。

引进、消化、吸收

受访用户在未来三年是否愿意尝试邮轮旅行

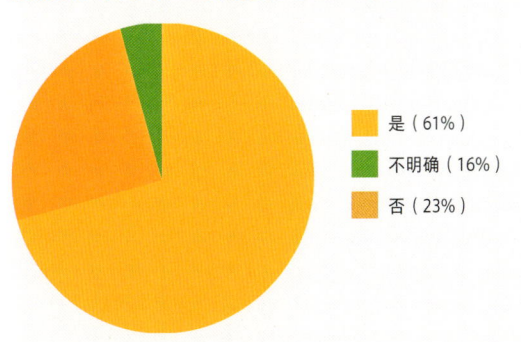

- 是（61%）
- 不明确（16%）
- 否（23%）

图表摘自清华大学美术学院邮轮课题组调研报告

○当询问到用户：未来 3 年，是否有尝试 / 再次乘坐邮轮的打算时，超过 70% 的人准备在 3 年内乘坐邮轮，仅有 4% 的人表示不会乘坐邮轮。另一方面，85% 乘坐过邮轮的人更有打算在 3 年内乘坐邮轮，仅有 1% 的人放弃了 3 年内再次乘坐邮轮的想法。

关于用户是否乘坐过邮轮与未来愿意再次体验邮轮旅行的关系

■ 是　■ 否　■ 不明确

	是	否	不明确
乘坐过邮轮	85.44%	0.63%	13.92%
未乘坐过邮轮	68.42%	4.82%	26.75%

图表摘自清华大学美术学院邮轮课题组调研报告

　　7 天以内的航期是邮轮用户在问卷调查中选择最多的邮轮行程，和国内目前的公假时长吻合。其中 4 晚 5 天的航期最受人欢迎（47%）。对比 2016 年的同程调研 95.3% 以上的人群选择 3-7 天的行程，2018 年达比中国邮轮在线用户调查也在 96.5% 左右，这可能意味着民众对邮轮的接纳。其中有意愿参与更长时间的、7-15 天邮轮旅游的人也有四分之一，这是一个很大的变化，其中高收入人群更为积极。

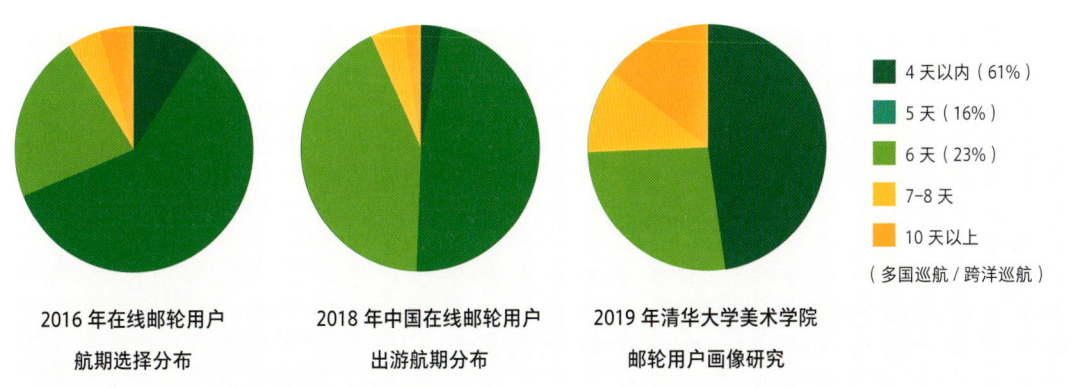

2016 年在线邮轮用户航期选择分布　　2018 年中国在线邮轮用户出游航期分布　　2019 年清华大学美术学院邮轮用户画像研究

- 4 天以内（61%）
- 5 天（16%）
- 6 天（23%）
- 7-8 天
- 10 天以上
（多国巡航 / 跨洋巡航）

图表摘自清华大学美术学院邮轮课题组调研报告

2017年，嘉年华和中船集团合资成立了邮轮运营公司——中船嘉年华邮轮公司，到2019年，这家公司已经在运营接收"大西洋号"和"地中海号"两条歌诗达公司的8.85万吨"Spirit级"邮轮。2018年2月，中船工业集团和美国嘉年华集团、意大利芬坎蒂尼集团在北京签署了中国首艘国产大型邮轮建造备忘录协议，中船集团同时和意大利芬坎蒂尼造船厂以成立合资公司的方式开启了中国大型邮轮的制造，国家主席习近平和意大利总统马塔雷拉见证了文件签署过程。目前正在合作制造2条13.55万总吨的Vista型邮轮，首制船将于2023年11月下水运营，第二条船也在2022年8月开始建造。中船集团暨嘉年华集团希望能够通过合作建造及运营统筹国产化邮轮，来分享中国邮轮经济增长的红利。其他的大型央企如中旅、中交及中远也纷纷尝试购进或者改造邮轮，涉足邮轮运营，快速布局邮轮市场。中国不仅仅要参与全球邮轮制造领域，也会积极参与邮轮的运营。

汽车、高速铁路以及大飞机等国家重要的制造业项目均是采用中外合作的方式发展起来的。在引进重要的先进技术和运营管理理念时，中外合作策略被屡次采用，可以说明策略的成功，也佐证了采取"引进、消化、吸收"的方式来处理邮轮的高技术和运营的正

○关于中国风，无论受访用户是否乘坐过邮轮，被调查者的意见相对一致，中国文化活动被列为首位。中式餐饮以少量微差的得票数屈居第二，中式的茶室是很好的中国特色空间，二次消费水平也很高。

不同年龄用户对邮轮如何凸显中国邮轮特色的看法的区别

■ 外观涂装　■ 中式餐饮　■ 中国文化活动　■ 内饰中式视觉元素　■ 通用语言

	外观涂装	中式餐饮	中国文化活动	内饰中式视觉元素	通用语言
00后	42.98%	66.38%	65.53%	45.96%	37.02%
95后	39.84%	60.16%	67.97%	46.09%	32.81%
90后	40.44%	67.21%	71.58%	51.37%	33.33%
80后	32.61%	63.98%	73.91%	50.31%	32.92%
70后	25.53%	67.38%	80.14%	51.77%	29.79%
60后	34.62%	73.08%	71.15%	40.38%	30.77%
50后	22.22%	66.67%	77.78%	33.33%	66.67%

图表摘自清华大学美术学院邮轮课题组调研报告

是否乘坐过邮轮对邮轮如何凸显中国邮轮特色的看法的区别

■ 外观涂装　■ 中式餐饮　■ 中国文化活动　■ 内饰中式视觉元素　■ 通用语言

	外观涂装	中式餐饮	中国文化活动	内饰中式视觉元素	通用语言
乘坐过邮轮	11.68%	27.25%	28.22%	20.68%	12.17%
未乘坐过邮轮	14.59%	25.36%	28.02%	18.73%	13.30%

图表摘自清华大学美术学院邮轮课题组调研报告

确性。不过需要注意的是，不同行业还是要视具体情况采用不同的执行路径，既要在国际环境里运营，也需要执行国际通行的标准制造。同时，我国也是重要的增量市场，邮轮项目和大飞机项目在研发制造上有相似的地方，而二者重要的区别在于邮轮不再是交通工具。邮轮作为一种旅游方式和内容的载体，本身就是旅游的目的地，说到底还是一个大型复合性的文化产品。考虑到我国将会是世界邮轮主要的增量市场，邮轮需要服务中国人和到中国地区乘船的国际人士，赋予中国地域特色的的文化创新内容、场景和服务就是必须考虑的内容，也需要恰到好处的硬件环境配合。这些内容如何和国际化的运营管理结合，如何结合"引进、消化、吸收"方法，需要进一步探索。

现代邮轮不像上个世纪初的时候作为先进技术的代表成为构建国家身份认同的主体，而是全球化语境下的一种"超级生活方式产品"的载体。今天的邮轮装载的更主要是基于娱乐休闲目的的多元的消费文化内容，通过用户的消费而被接受、参与和使用，进而得到商业效益的传递及文化传播。邮轮空间容器及空间里容纳的文化内容和产品共同构成了现代邮轮的概念，对于乘客来说，制造、运营技术越来越成为隐形存在的技术文化和必要条件，阳光、大海、美食、娱乐以及旅游行程成为另一面的显性内容，共同组成全部的整体，密不可分。

自20世纪初以来，邮轮搭载的内容和风格广泛地受到拉斯维加斯后现代主义消费文化的设计和迪士尼乐园的影响。邮轮首先服务于美国游客，又随着邮轮在欧亚太地区的扩展，以麦当劳化的产业模式被广泛输出和接受。大型邮轮公司通过文化表述创造品牌文化，开展市场营销，顺应了当今社会文化表述媒介已经转移到大众商业媒体的趋势，用娱乐气氛代替了沉重与严肃的意义，美国消费文化成为世界邮轮产业的驱动器。邮轮旅程提供一种连续的动态节日感受，乘客们也随时可以更新和调整不同的情感状态，富有意义和责任的文化形式不再流行，一切为了大卖而设计，邮轮成为提供了一种广泛的全球化认同的"超级生活方式产品"的容器和载体。

希望通过邮轮去了解和体验其他国家和地区的不同的文化，是吸引我国乘客登船的主要缘由。20世纪90年代在美国到加勒比海地区成功运行的"意大利风情巡游"的歌诗达邮轮，于2006年到上海开始运营以上海为母港的日韩航线，这种直接移植在低烈度竞争的情况下获得了短期的成功。但是，随着中国人更多地到世界各地去旅游和进行文化接触，以及社交媒体的广泛传播，社会时尚、需要和欲求的关切变迁，回归到东亚地区的语境、关注时代的变迁、切合国人诉求的邮轮显然会比照搬、照抄的邮轮更能贴近中国社会的运行规则以及乘客的需求。中国"文化内容的创造和生产"虽可以参考，却并非能够完全按照上述内容逻辑和程序来完成。在当今技术资讯环境以及全球化的语境下，我国邮轮上的文化内容显然也会在映射方式上产生不同，这都需要我们在未来的邮轮国产化进展中进行深刻思考。邮轮制造可以依赖经验积累、理性计算和组织，工程思维强调逻辑性、实用和解决问题，这些对于交通工具性的邮轮是适用的，其目标可以被简化为速度、排水量、安全及舒适度，但邮轮上的文化生产需要有新的方式和目标定义。

正如1998年6月30日在上海召开的一次"塑造21世纪的中国"圆桌会议上，克林顿总统所说的："在经济成长方面，你们几乎超越了传统欧洲国家和美国所经历的一个世代的发展，你们必然将同时创造出一个工业社会和后工业社会。"【43】今天，信息时代的中国邮轮产业想要发展也必然面临重构，要将新的技术、地域文化进行整合，同时也必将改变邮轮经济的结构和形式。后工业时代的社会消费者通过消费构建个体自我认同中的重要性，超越了获得消费商品本身。消费者特别是中国的邮轮消费者需要能从更为宽广的可选范围里寻求指引、选择及生活方向，相关的、多元的亚文化和具有价值观念的生活方式的体系建构显然变得比以前更为重要和急迫。

基于环境的体验设计

2020年9月,国家主席习近平在第75届联合国大会会议上表示,中国的二氧化碳排放力争于2030年前达到峰值,努力争取2060年前实现碳中和【44】。双碳目标将极大地改变中国生产、制造、能源消费的每个方面,具有深远的影响和意义。近年来,全球化问题逐渐显现,而邮轮作为消费社会的典型,是一个高能耗和高排放的巨构装置。随着环境保护问题的凸显,气候变化语境下碳达峰的目标等给邮轮产业带来了全新的技术要求,新能源、减排技术以及基于双碳目标的运营模式是国产邮轮的重点研究内容。

2020年初开始的全球新冠肺炎疫情按下了邮轮产业的暂停键,全球邮轮公司无一例外,在这三年疫情期间都处于亏损状态,不断有邮轮公司破产清算,其中包括拥有丽星邮轮、水晶邮轮和星梦邮轮(Dearm Cruises)的云顶香港有限公司。2023年疫情基本结束之后,不同国家和地区对疫情的认知和对应策略的差异,也无疑会带来邮轮产业的巨变,后疫情时代的邮轮旅游也必然无法回到疫情前的模式。

随着环境保护压力逼近极限,可持续发展的理念广泛传播,也影响了消费文化的内容建构,邮轮公司、制造商以及消费者对世界环境的关注和有责任的行动越来越成为趋势。数字科技及移动互联技术的高速发展对社会形态造成冲击和改变,在后疫情时代及后全球化地缘政治的环境里,邮轮运营显然需要新的理念和创新思维,新的转型在所难免。中国邮轮设计制造需要有超前的意识,在吸收学习现有技术的同时理解重要的前沿技术、发展趋势尤为重要。今天危机和机遇并存,中国邮轮产业需要充分利用后发优势,提供创新性邮轮产品,带来新的模式和方向,建构新的邮轮格局,为世界邮轮的转型做出贡献。

邮轮的制造和运营一定是全球化的,但也需要全球化格局下地域性的文化内容,即便中国邮轮产业的主要服务对象是中国人以及对中国、东亚感兴趣的国际人士,也不能排除中国风成为世界的时尚潮流。100年前,邮轮意味着两个地点之间的旅程,自20世纪70年代起,邮轮出行是在不同的多目的地的闭环之旅。在新的技术和新的方式条件下,网络和社交媒体的设置、行动、话语、氛围等全方位的诱导会完成对民众的塑造,未来的邮轮旅游将会是多分叉、更多维度的体验之旅,中国的邮轮旅行可以让无论船上的乘客还是船下的观众体验更多地域文化和更为个性化的内容。

地缘政治、疫情等因素使得中国邮轮产业发展由外而内,成为一种双循环的态势。其中内循环的邮轮旅游中,开发国内的旅游目的地作为重要的行程补充是当务之急,邮轮到访目的地的选择和经停港的规划、建设及开发是邮轮经济的重要内容。目前我国沿海,包括海岛的到访港和目的地几乎是一片空白,是中国邮轮内循环旅游增长制约的主要因素。到访港的帮助达成船—岸整合旅游产品的有效衔接,承接邮轮到访乘客的导入,打造"船上+船下""白天+夜间"的港区文化业态,通过基于海滨、港口及其周边区域的文化演出、体育活动、娱乐消费、健康管理、中医养生、

MSC "魔术号"在威尼斯和刚朵拉、水上出租以及水上公交船同框
@AFP

2020 年疫情中停航的邮轮在锚地集中
@TED ALJIBE/AFP

高端酒店等多种形式，以港口为中心支撑周边的水上旅游，形成以邮轮为特色的文化旅游区。据CLIA统计，平均每位邮轮乘客会为到访港带来100美元每天的收益，维珍集团、迪士尼、皇家加勒比都在加勒比海有以私属岛屿作为停靠港口的行程，岛上开发和设计的特殊娱乐休闲项目提供给乘客完整可控的邮轮假日体验。借鉴国际主要邮轮公司开发各具特色的私属旅游岛屿及停靠码头，能使整个行程更可控，同时也更具特色。

开发海岛和中国南方欠发达的滨海地域作为邮轮到访新增的目的地，对于树立海洋策略下美好水滨生活的样板、形成经济文化旅游的一体化发展模式是一举多得的重要邮轮旅游发展方向。我国虽有1.8万千米长的海岸线、6000多个岛屿，但岛屿分布有近岸多、离岸少，南方多、北方少的特点，可供邮轮旅游使用的并没有想象的多，中国南海岛礁资源显得异常珍贵。离岛邮轮的旅游方式是对海洋资源较好的利用方式，还可以结合人文地理环境的文旅开发，柔和地宣示有争议海岛的主权。

海岛不仅是邮轮行程上的一个站点，同时也是风能、潮汐能等离网低碳、零碳能源获取和利用的最佳场所。国内有特色的目的地开发能为邮轮旅游提供能

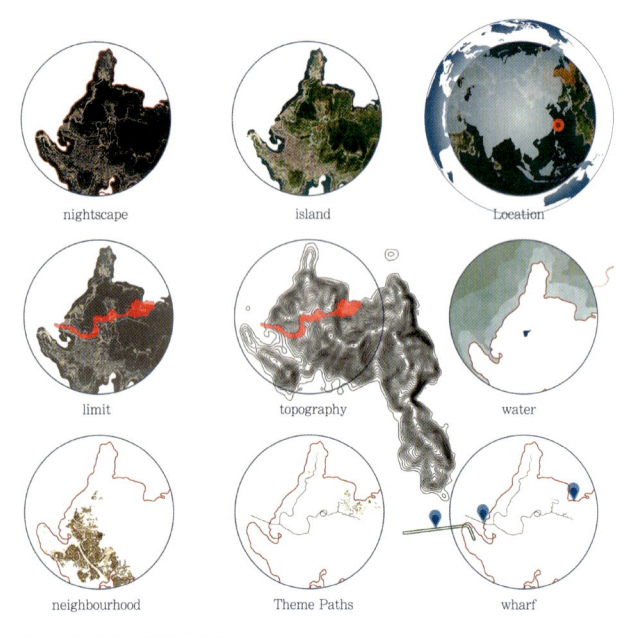

浙江嵊泗岛海岛环境要素分析
@ 高斯宇

源补给站，也可以成为后疫情时代和地缘政治之下邮轮旅游的支撑点。通过离岸海岛丰富的风能、潮汐洋流能的利用，建立零碳海岛旅游区，甚至通过岸电能源形式的存储和转换提供给邮轮使用，能促进新能源邮轮的研发，帮助传统燃烧石化燃料的邮轮的减排转型，协助交通行业碳达峰的目标实现，建立邮轮可持续发展的海洋能源的利用循环经济的模型。

到访港和目的地的开发只能通过顶层设计，充分发挥体制优势，配合一带一路的延伸和辐射，通过国有经济对市场的调控，对供需两端进行一定的规划设计和干预，使其相对高效地匹配，整合邮轮制造、运营、城市更新、文化生产以及旅游消费。陆海协同发展有难度和挑战，也正因如此更具有重大意义，城、港、船、区联动发展是中国邮轮未来快速发展的关键优势所在。

美国战略地平线LLP公司的共同创始人约瑟夫·派恩和詹姆斯·吉尔摩在共同撰写的《体验经济》一书中将体验经济定义为"企业以服务为舞台，以商品为道具，以消费者为中国，创造能够使消费者参与，值得消费者回忆的活动"，体验经济是满足人们各种体验的一种全新的经济形态，是继农业经济、工业经济和服务经济之后的一种主导型经济形态。邮轮旅游就是一种典型的体验经济形态，乘客购买的船票及其包含的服务，在本质上不再是实实在在的商品或服务，而是一种整合的经历和感知、体验，其主要的任务是给顾客留下难以忘却的愉悦记忆。

设计起源于产品的大规模生产驱动，但更服务于大众消费。从广告和商店橱窗展示对产品的场景进行虚拟的叙事构想和表达开始，到今天迪士尼乐园与大型购物中心以更为广阔的沉浸式整体环境来刺激消费者的欲望和并制造快乐，设计师早已越过造型、材料和工艺的工作边界，主动投身参与构建了消费文化，或者说设计师通过和消费文化及商业领域的互动完成了自身的转变。以设计为主导的消费文化，通过产品、空间、展览、场景以及环境叙事等方式，成为文化经济与政治的主导力量，渗透影响着社会生活的方方面面。从购物到旅游观光，包括参观历史遗迹、博物馆和主题公园，也包括各种休闲活动，针对环境及场景的设计都起着关键作用。环境的外部形态以及内部从场景的体验流程开始的总体布置和导向标志，每个局部的内部布置、道具和装置以及环境中的产品、家具、包装和品牌，都通过文化梳理形成一个整体环境。迪士尼乐园与拉斯维加斯的景观遍布世界的购物中心与商业区，消费者早已无法分清自己出行是为了购物还是为了休闲旅行。

自20世纪80年代起，各大邮轮公司主要的竞争内容之一就是在全球范围内展开对文化资源的经济化，而品牌是各大公司开展市场营销最重要的文化表述工具。邮轮环境设计的首要任务就是邮轮文化内容生产，邮轮文化的肌肤需要设计的深度参与，在文化创新和邮轮环境建构底层技术之间形成完美的人文表皮，营建邮轮整体的环境及场景。

邮轮的原型开发更倾向于品牌参与市场竞争的一种再次塑造，以适应不同用户的意识形态或者说生活观念。设计如果能够成功地成为一种文化表述，使消费者愿意参与互动和体验，从而达成基于认知的体验，那就是成功的。品牌传达出创新的文化，成功地吸引消费者并创造价值，是品牌文化的基本战略。邮轮帮助人们通过选择生活方式来简化对过于丰盛的商品、服务、教育、职业和娱乐的选择。通过意识形态建构的邮轮"超级产品"，能够准确地表述其目标用户的意识形态，以文化密码为中心，规划整体的氛围和环境，再逆向构思为实现这种体验所需的服务、产品及技术，使得意识形态变得易于理解，并和人们建立共鸣和关联，用户也通过消费及其负载的故事进行展示和传播，并产生新的期许，便有了专属的邮轮旅游体验。

后现代性的消费文化采纳这种"总体的环境设计"概念，是源自消费者的欲望与对身份认同的需求。邮轮的内容要进入到基于中国人需要和欲求的痛点和痒点的服务和体验的发掘中去，要理解中国的特点。中国邮轮乘客虽然现阶段大部分都是尝鲜型消费者，但已经出现了一小批邮轮旅行极客，随着未来60后开始加入老龄人群，不同人群也开始展现多样性的需求。邮轮用户虽然平均年龄可能增长，但心态会更年轻化，更趋向于重视自我价值，在休闲活动、度假、运动、游戏、旅游、节目等方面的兴趣和投入越来越多，体现为对舒适性、便利性的超越，对特殊经历、个性化订制及娱乐性有了更高的要求，希望通过独特的旅游体验，满足身份和地位的认同。参与邮轮旅游的人群会更关注时尚、潮流、个性化，并渴望不断更新和互动。

适应中国的国情，中国风并非只是装饰，而是更多地通过中国的人文精神、文化活动来承载，反映当下的中国风貌，特别在中国餐饮文化、适老环境创新方面，要做好邮轮运营的结合。这样的产品包裹在基于叙事的文化表皮之下，形成浸没式的生态系统，并通过多巴胺奖赏系统和用户建立几乎不可分割的多样链接，可以采用适合国情的邮轮运营方式如品牌授权、合作经营等，以及美食、康养、演艺等，完成对地域性邮轮内容的加载。中国的邮轮设计更多地乎中国人对美好生活外在形式的表达，将高端制造和大众消费联系起来，其任务是把中国邮轮的设计从需要、欲求提高到匹配中国人可支配收入的层次，其开发更倾向于利用品牌文化资产参与市场的再次塑造，以适应中国的用户和社会风尚。邮轮的设计应该是"技术的公共关系，美化其产品，磨砺其市场形象。设计代表并推销技术，或是直接的，或是潜意识的"【45】。显然，邮轮设计的意义不仅止于其包含的内容和诱惑力，在更广阔的意义上，设计扮演着隐喻的角色，要把功能利益转化为中国人可感知和认知的形态。中国制造的邮轮必须是文化产品，以所谓美好生活"文化肌肤"的面目出现，是中国美好生活的具体的可见、可听、可感的外部形态和重要的载体。

十九世纪的邮轮是铁路的延伸，是资本超越地理空间限制而实现的空间的自我生产的载体，而二十世纪中后期的邮轮则是资本主义积累空间化转变的后现代的代表。二十一世纪的邮轮发展更多地从人，特别是个人及小型群体的价值观来考量。在中国发展的邮轮产业发展也离不开全球邮轮运行的环境，是全球化的资本在中心－边缘的空间高差体系上流动创造，结合中国的造船工业及消费升级共同造就的。不过邮轮产业本质上是资本的空间化表达，不能过于简单地作为一种技术使用"引进、消化及吸收"来对应。伴随资本前来的是一个完整的场景，包含劳动实践、技术组合、消费文化和政治－经济结构的完整的西方发明和定义的邮轮场景，我们需要用"空间及环境"的整体方式来思考对应的方案，具体通过参与邮轮技术的组织对系统、环境、观念和价值进行构建。更多地传递出中国地域环境的特点，特别是有关人的价值观，将价值和思想揉合成为一种文化创新系统并通过视觉及无感体验来传达，推动其在邮轮产业中寻求技术的联结和整合表现，才能实现了真正的创新，邮轮设计才会成为技术和商业的链接体。

附录 1：2018-2019 年中国邮轮乘客问卷调研

基本情况

　　清华大学美术学院邮轮课题组问卷调研启动于 2018 年年底，在问卷内容设计完成后，又经过数次内测迭代，确定最终问卷版本，通过线上线下两个渠道进行散发回收。线上问卷于 2019 年 6 月 29 日通过问卷星平台上线，经由微信 BlueSpot 公众号、同程旅游协助在其邮轮乘客群中散发，调研小组同时通过社交软件发布到网络。截至 2020 年 2 月 29 日，访问次数达 40166 次，收到问卷 27152 份，依作答时间与答题逻辑筛选回收合格问卷 1070 份。线下问卷由调研人员携带，在 2019 年 6 月 30 日—2019 年 8 月 10 日期间通过上海出发的歌诗达"威尼斯号"、皇家加勒比"海洋光谱号"、广州出发的星梦邮轮"世界梦号"以及天津出发的"地中海辉煌号"等 4 艘邮轮进行散发，通过和同程旅游的导游合作，发放给邮轮乘客。共发放问卷 1200 份，合格问卷 426 份，并录入问卷星平台。纸质问卷的数据将与网络问卷数据在本节进行组合比较，结合测试中的数据，获得共计 1496 份有效问卷后，借助问卷星数据分析系统，对各问题进行交叉分析，寻找相关性，为用户分类提供依据。问卷包括：被调查者基本情况、邮轮信息获取和选择、对邮轮上吃住娱的体验和意见、未坐过邮轮的被调查者的期望等内容。

第一部分　人口属性

1）您的性别是？

　　由数据可知，目前邮轮乘客以女性为主，和男性相比，女性更愿意去乘坐邮轮。

受访邮轮乘客性别比例

- 女性（58%）
- 男性（42%）

2）您的年龄阶段是？

　　"80 后"是目前中国邮轮市场的主要受众与主要消费人群，"80 后"人群往往工作已经稳定，经济上相对充裕，有消费能力。他们愿意在休假时出行放松休闲，对游玩品质有一定的要求。同时，他们假期时长有限，而邮轮旅游提供了一个相对高品质且行程时间合适的出行选择。

受访邮轮乘客年龄段分布

- 00 后（6.77%）
- 95 后（8.63%）
- 90 后（14.21%）
- 80 后（35.53%）
- 70 后（17.26%）
- 60 后（10.66%）
- 50 后（6.94%）

3）您来自哪个省 / 直辖市？

来自于上海、江苏、浙江、广东等沿海地区的邮轮乘客为当前邮轮旅游的主要受众。这些地区的最大特点是建设有邮轮港口或邻近邮轮港口，为邮轮体验提供了基础条件，可以降低乘客的触达成本，减少乘客前往码头的时间及经济花费。

受访邮轮乘客来自省市分布

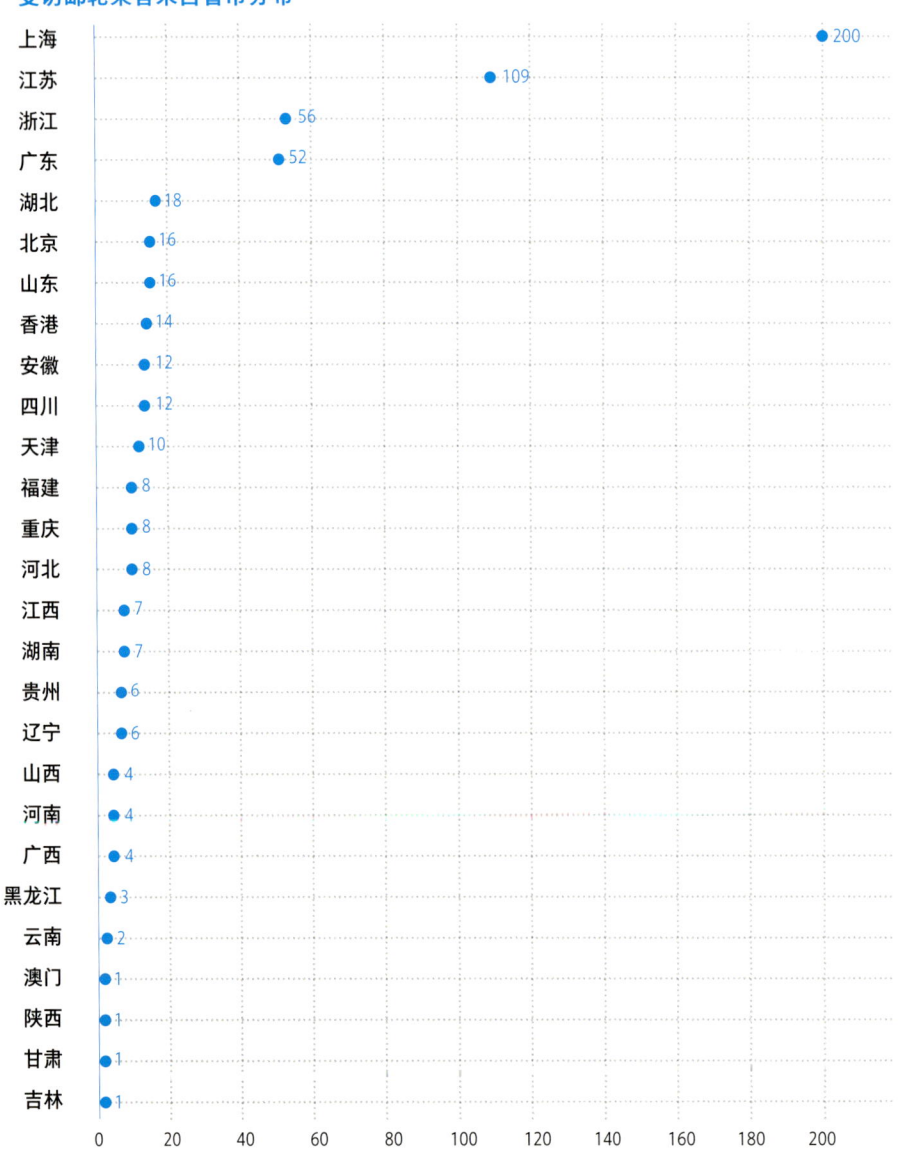

省/直辖市	人数
上海	200
江苏	109
浙江	56
广东	52
湖北	18
北京	16
山东	16
香港	14
安徽	12
四川	12
天津	10
福建	8
重庆	8
河北	8
江西	7
湖南	7
贵州	6
辽宁	6
山西	4
河南	4
广西	4
黑龙江	3
云南	2
澳门	1
陕西	1
甘肃	1
吉林	1

4）您的受教育水平？

在学历结构上，本科学历用户占比最高，但硕士及以上学历的占比不超过总体的一半。邮轮用户学历水平大部分集中于本科及以下，说明邮轮旅行正逐渐被大众接受。

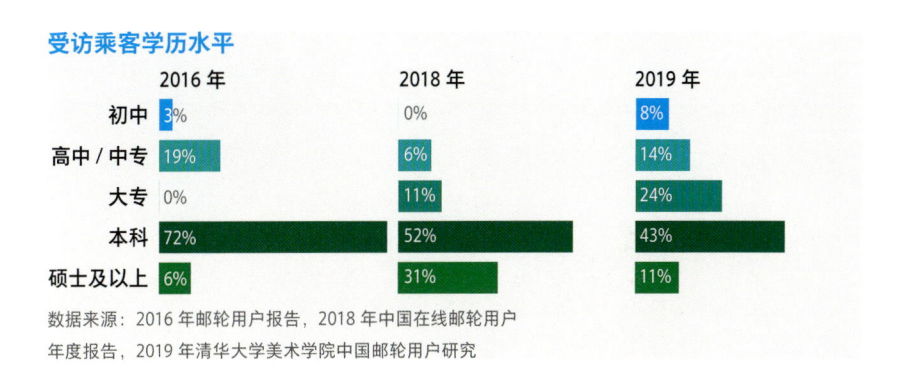

受访乘客学历水平

	2016 年	2018 年	2019 年
初中	3%	0%	8%
高中/中专	19%	6%	14%
大专	0%	11%	24%
本科	72%	52%	43%
硕士及以上	6%	31%	11%

数据来源：2016 年邮轮用户报告，2018 年中国在线邮轮用户年度报告，2019 年清华大学美术学院中国邮轮用户研究

5）您的收入范围是？

在邮轮乘客的年收入水平上，整体上看 2019 年占比最多的人群年收入为 6 万—20 万元（占比超过 50%）。

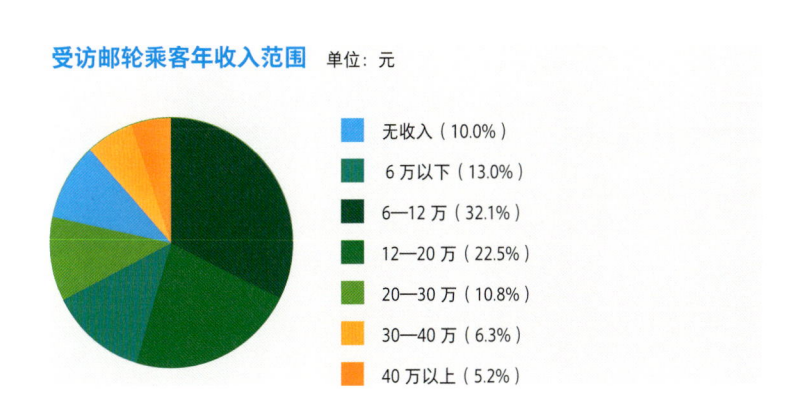

受访邮轮乘客年收入范围　单位：元

- 无收入（10.0%）
- 6 万以下（13.0%）
- 6—12 万（32.1%）
- 12—20 万（22.5%）
- 20—30 万（10.8%）
- 30—40 万（6.3%）
- 40 万以上（5.2%）

第二部分 行为层面

1）您经常选择的旅行方式是？

更多的用户喜欢追求性价比高的旅行方式，即可以在一段时间内游览更多的景点。

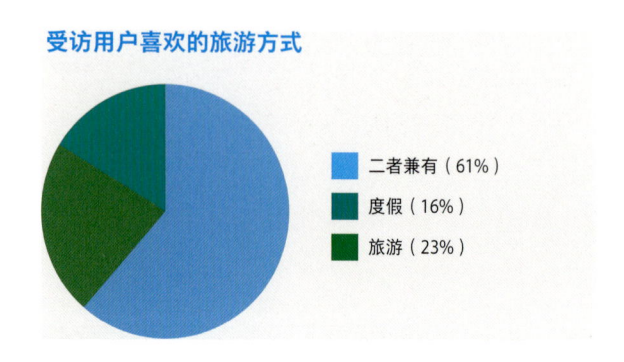

受访用户喜欢的旅游方式

- 二者兼有（61%）
- 度假（16%）
- 旅游（23%）

2）您从哪种方式获悉的邮轮信息？

无论是否乘坐邮轮，获取邮轮信息最主要的途径都是网络和社交软件，但是通过旅行社和亲朋好友介绍获取邮轮信息后，客户真正选择登上邮轮的概率更大。

您从哪种方式获悉的邮轮信息

社交软件 | 网络 | 影视作品 | 旅行社 | 报纸杂志 | 亲朋好友 | 其他

	社交软件	网络	影视作品	旅行社	报纸杂志	亲朋好友	其他
未乘坐过邮轮	20.72%	27.51%	12.64%	12.72%	8.26%	13.56%	4.59%
乘坐过邮轮	18.95%	30.67%	5.49%	16.21%	6.73%	16.71%	5.24%

3）您是否乘坐过邮轮？若乘过，乘坐过几次邮轮，最近乘坐的邮轮是什么？

网络问卷数据显示超过 3/4 的在线用户还没有体验过邮轮旅行，而在乘坐过邮轮用户中，仅乘坐过一次邮轮的用户仍然占大部分。这可以体现出邮轮旅行还处在尝鲜阶段。

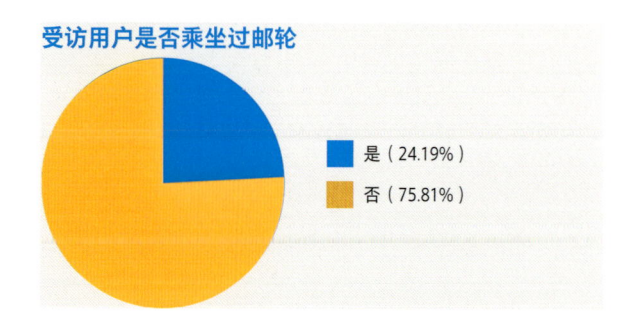

乘坐过的受访用户邮轮乘坐次数

1次 | 2次 | 3次及以上
60% | 22% | 18%

受访用户是否乘坐过邮轮

- 是（24.19%）
- 否（75.81%）

4）您乘坐 / 最近乘坐的是哪艘邮轮？

　　"光谱号""公主号"与"威尼斯号"是目前中国邮轮乘客乘坐占比多的几艘邮轮，其中"光谱号"占比最高，为整体的 21%。这个数据可能是受到邮轮载客能力的影响，参考网站 Cruise mapper 上的具体数据，这些邮轮载客能力位于前列，人数最多时均超过 4000 人。

中国运营邮轮相关参数

邮轮	客舱数	承载人数	航次（次 / 月）
威尼斯号	2116	4232～5260	/
光谱号	2137	4246～4819	1～3
量子号	2094	4162～4819	3～5
公主号	1780	3560～4272	0～3
辉煌号	1637	3274～3929	/
世界梦号	1686	3376～3400	3～5

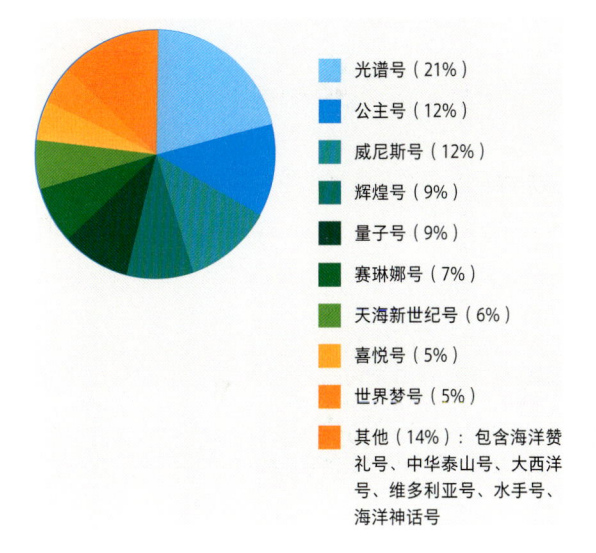

饼图：
- 光谱号（21%）
- 公主号（12%）
- 威尼斯号（12%）
- 辉煌号（9%）
- 量子号（9%）
- 赛琳娜号（7%）
- 天海新世纪号（6%）
- 喜悦号（5%）
- 世界梦号（5%）
- 其他（14%）：包含海洋赞礼号、中华泰山号、大西洋号、维多利亚号、水手号、海洋神话号

5）您乘坐 / 多次乘坐邮轮的原因是？

- 喜欢大海（22.7%）
- 尝试新鲜感（22.5%）
- 符合时间及目的地行程安排（21.3%）
- 娱乐活动多种多样（13.3%）
- 希望尝试多种航线及不同品牌的邮轮（12.1%）
- 体验不同的邮轮客舱等级（4.8%）
- 已多次乘坐此品牌邮轮，认可此邮轮品牌（3.3%）

6）您同行人的身份是？

在同行人选择上，朋友、伴侣相伴出行最多，各占1/4。但伴侣、亲子、三代同行与父母同行等家庭乘客叠加接近70%。

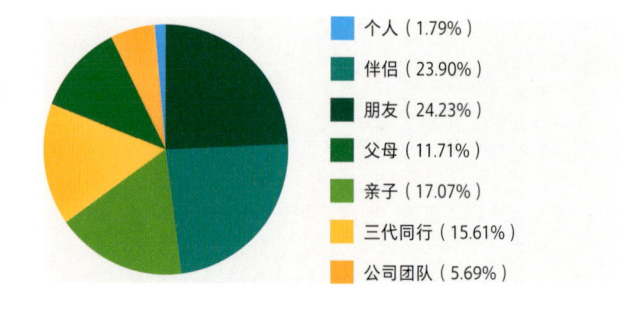

- 个人（1.79%）
- 伴侣（23.90%）
- 朋友（24.23%）
- 父母（11.71%）
- 亲子（17.07%）
- 三代同行（15.61%）
- 公司团队（5.69%）

7）您入住的客舱是？

超过九成的用户会在阳台房、内舱房与海景房中进行选择。虽然阳台房在邮轮乘客中最受欢迎，但最终比例则受制于邮轮本身客舱空间布局的房型比例。

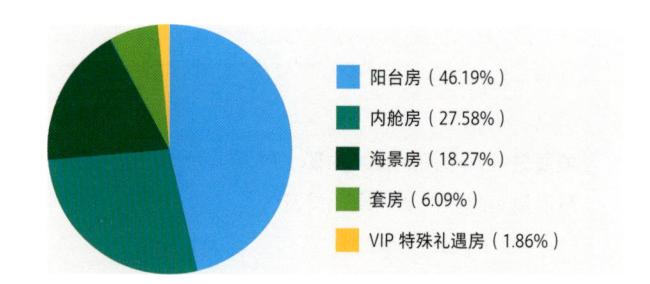

- 阳台房（46.19%）
- 内舱房（27.58%）
- 海景房（18.27%）
- 套房（6.09%）
- VIP特殊礼遇房（1.86%）

8）您入住的人数为？

入住人数发现两人一间是邮轮乘客出行最多的构成。邮轮房间虽然较小，但沙发以及折叠在吊顶内的加床也可以容纳多人出游同住，是家庭出游和节约支出的热门选择。

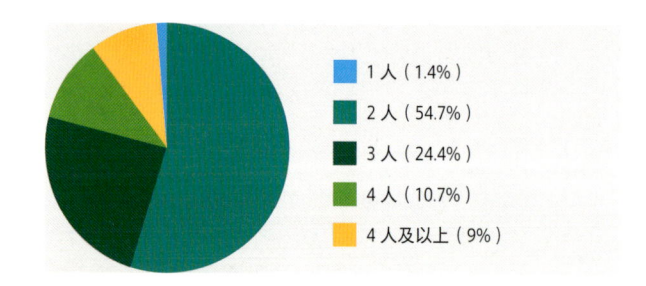

- 1人（1.4%）
- 2人（54.7%）
- 3人（24.4%）
- 4人（10.7%）
- 4人及以上（9%）

9）您选择这个客舱的原因是？

影响邮轮乘客选择客舱最主要的因素是环境景观条件和价格，乘客都想在符合自身消费能力的条件下享受景观条件更好的房间。同时，附加礼遇服务和他人的推荐也会影响用户的决策。

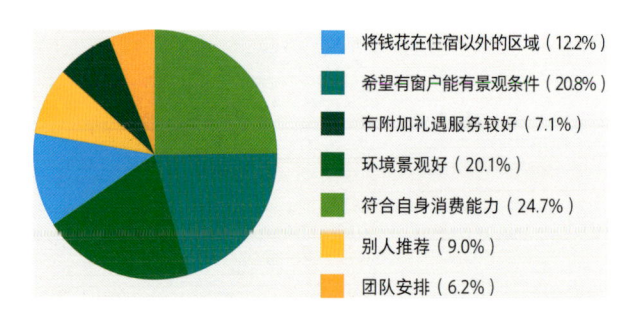

- 将钱花在住宿以外的区域（12.2%）
- 希望有窗户能有景观条件（20.8%）
- 有附加礼遇服务较好（7.1%）
- 环境景观好（20.1%）
- 符合自身消费能力（24.7%）
- 别人推荐（9.0%）
- 团队安排（6.2%）

第三方面 感受和体验

1）您对邮轮上的客舱、娱乐、餐饮满意吗？是什么因素决定的？

以是否乘坐过邮轮为依据进行针对性分析。其中有经历的乘船体验如下：

不同人群对邮轮旅程体验的满意度是有区别的。邮轮乘客最满意邮轮的住宿，干净整洁是首要的要素，和陆地上的酒店空间大小差异似乎并没有对游客产生很大的困扰。乘客普遍关注的是餐饮，餐饮体验目前看来主要是解决巨量乘客同时用餐时产生的矛盾，重点集中在食物的质量、排队和用餐时间控制、餐厅环境质量等几个问题上。对船上的娱乐活动，大家的满意度没有想象的高，娱乐设备的设置倾斜给青少年和儿童，剧场里的演出成为最受成年人欢迎的娱乐项目。

邮轮乘客对邮轮上客舱、娱乐、餐饮的满意度及不满度

■ 满意度　■ 不满意度

	满意度	不满意度
客舱	66.3%	33.7%
娱乐	49.02%	50.98%
餐饮	33.41%	66.59%

客舱： 多数会优先考虑景观条件，其次是经济性。客舱整体评价较高，环境氛围是邮轮乘客对客舱最满意的部分；大部分邮轮乘客对清洁及客房服务感到满意，最不满意的是隔音。

邮轮乘客对客舱的满意部分

项目	比例
清洁及客房服务	69.8%
空间布局	39.22%
家具，内饰品质	23.53%
设计风格	25.49%
房间采光	31.76%
隔音	10.98%
电视节目	5.88%
背景音乐	5.1%
卫生间	14.9%
其他	8.24%

邮轮乘客对客舱的不满部分

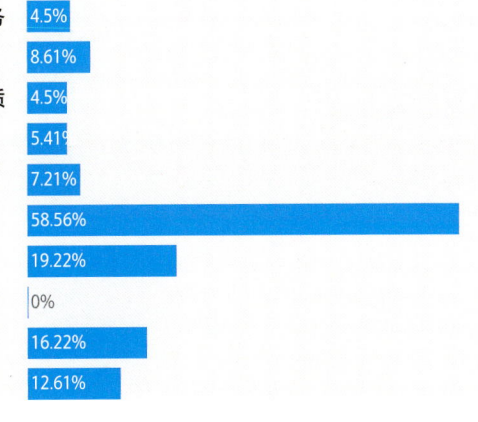

项目	比例
清洁及客房服务	4.5%
空间布局	8.61%
家具，内饰品质	4.5%
设计风格	5.41%
房间采光	7.21%
隔音	58.56%
电视节目	19.22%
背景音乐	0%
卫生间	16.22%
其他	12.61%

餐饮： 吃是中国游客最关心的内容，满意者较多，但不满更多。"90 后"对餐饮的满意度最低，对菜品味道满意，对可选种类少、排长队不满。多数有付费餐饮经历，原因更多是为了尝试不同餐饮，而非避免排队。年收入更高的人对就餐环境有更高要求，但对菜品种类选择与排队要求相对较低，原因是这类人群更愿意去特色餐厅体验并消费。多次乘坐的人群对菜品质量、就餐环境、菜品选择的不满意度升高，但对排长队的不满度是逐渐降低的。

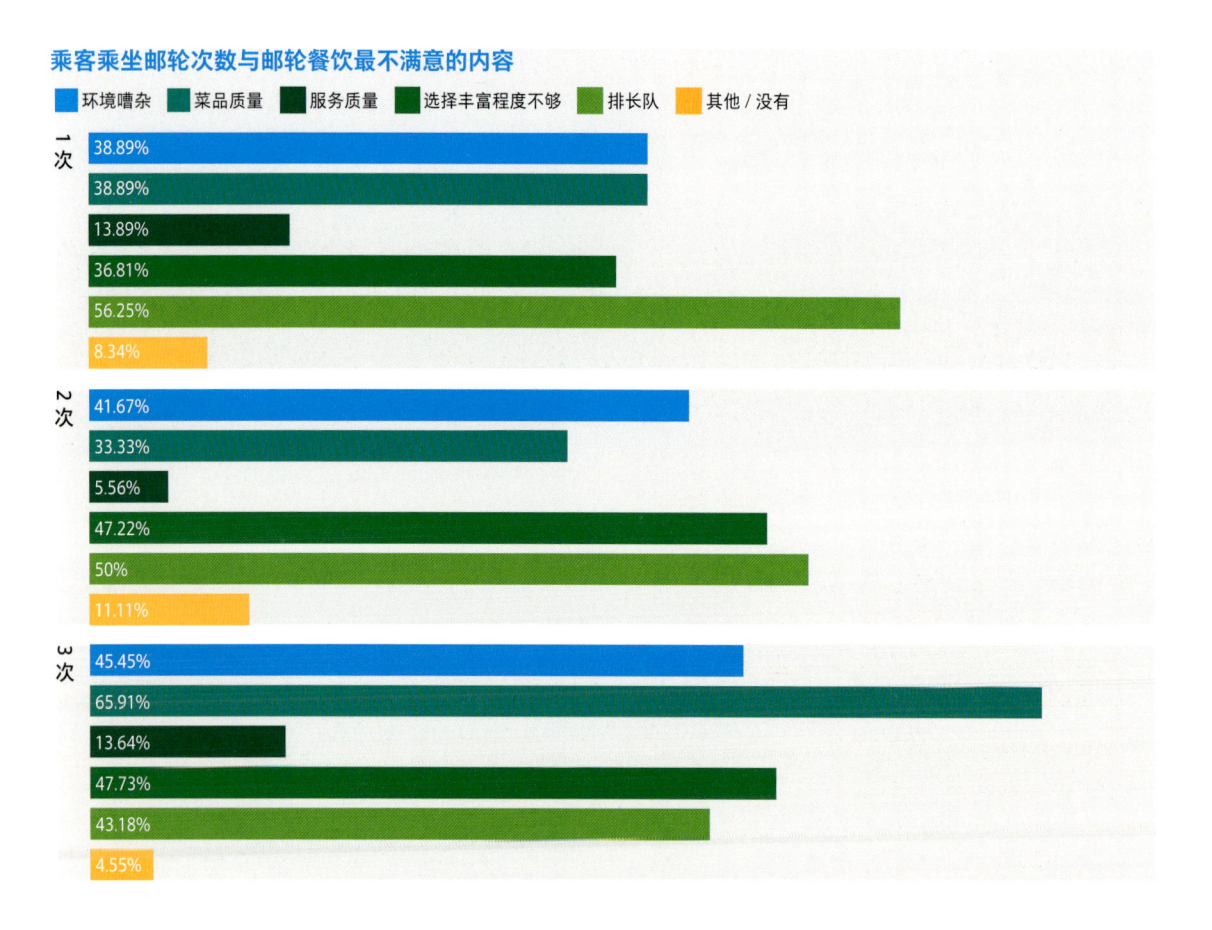

乘客乘坐邮轮次数与邮轮餐饮最不满意的内容

图例：环境嘈杂 | 菜品质量 | 服务质量 | 选择丰富程度不够 | 排长队 | 其他 / 没有

一次：
- 环境嘈杂：38.89%
- 菜品质量：38.89%
- 服务质量：13.89%
- 选择丰富程度不够：36.81%
- 排长队：56.25%
- 其他 / 没有：8.34%

2 次：
- 环境嘈杂：41.67%
- 菜品质量：33.33%
- 服务质量：5.56%
- 选择丰富程度不够：47.22%
- 排长队：50%
- 其他 / 没有：11.11%

3 次：
- 环境嘈杂：45.45%
- 菜品质量：65.91%
- 服务质量：13.64%
- 选择丰富程度不够：47.73%
- 排长队：43.18%
- 其他 / 没有：4.55%

娱乐： 从数量上看，乘客对邮轮娱乐部分的满意和不满都较少，特色表演和水上娱乐最受欢迎。

邮轮乘客对娱乐的态度（满意度/不满意度）

项目	满意度	不满意度
收费项目多		24.74%
娱乐环境	44.68%	10.31%
娱乐氛围	35.11%	20.62%
项目丰富程度	35.11%	43.3%
项目特色	26.6%	19.59%
内容有趣/刺激	19.15%	14.43%
其他	15.45%	19.59%
免费项目多	14.89%	
健身作用	10.64%	

未坐过邮轮的被调查者对邮轮的期望如下：

客舱： 对清洁要求最高，其次是房间大小、装饰风格、隔音、卫生间。

餐饮： 对餐饮质量的期待最高，考虑排队的很少。

娱乐： 对于船上的娱乐项目，由于被试人群都没有邮轮的体验，相对感受性的选项占了主体的回答。环境和氛围变得最被看重，项目丰富以及相对陆地上项目的特色是次一级的选择要素，刺激有趣以及免费列在其后。对比乘坐过邮轮的被试人群的调研，我们知道，他们最满意的是特色表演、剧院活动以及水上娱乐和泳池，也正是邮轮最有特色的传统项目。而对船上娱乐最不满意的是项目不够丰富、氛围嘈杂以及不够有特色，对于环境是比较满意的。年轻一些的人群主要的不满在于项目不够丰富和有特色，年长一些的人则更在意氛围过于嘈杂，这也是完全可以理解的。收费项目多位于第四位，但对于高收入人群来说，收费不是问题，也许这正是他们需要的。

未乘坐过邮轮的被试用户对餐饮的期待

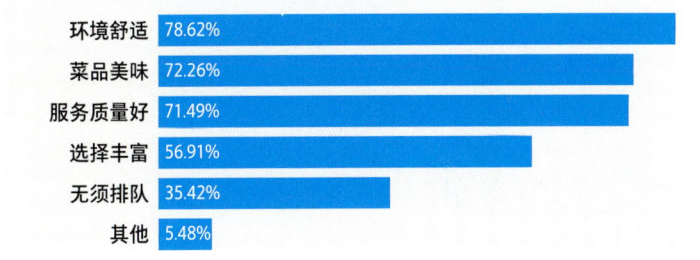

项目	比例
环境舒适	78.62%
菜品美味	72.26%
服务质量好	71.49%
选择丰富	56.91%
无须排队	35.42%
其他	5.48%

未乘坐过邮轮的被试用户对娱乐的期待

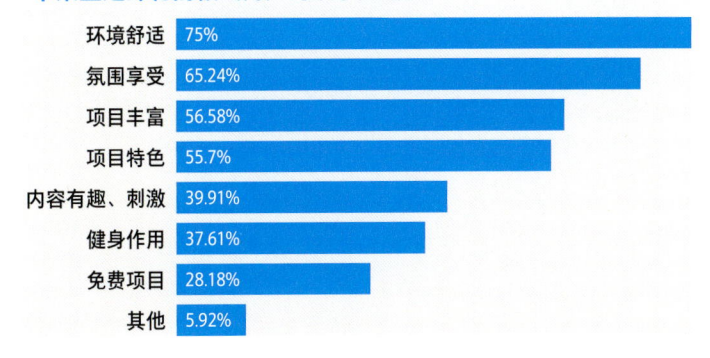

项目	比例
环境舒适	75%
氛围享受	65.24%
项目丰富	56.58%
项目特色	55.7%
内容有趣、刺激	39.91%
健身作用	37.61%
免费项目	28.18%
其他	5.92%

2）您是否体验过邮轮付费餐饮？

过半的乘客进行了餐饮上的二次消费，伴侣、朋友与三代同行的人群餐饮二次消费意愿最高，约占7成。"80后"是消费的主力，但"90后""00后"有更多的消费意愿。原因可能是"80后""90后"工作已经步入正轨，有较为稳定的收入来源；"00后"更多的是随家人出行，不需要自己买单。相比之下，中老年人（70后-50后）和"95后"对餐饮的二次消费意愿更低。

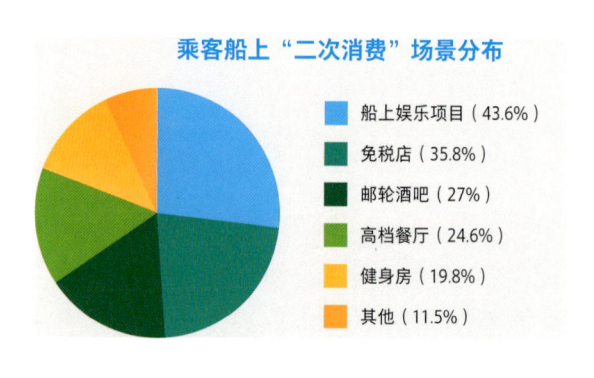

乘客船上"二次消费"场景分布

- 船上娱乐项目（43.6%）
- 免税店（35.8%）
- 邮轮酒吧（27%）
- 高档餐厅（24.6%）
- 健身房（19.8%）
- 其他（11.5%）

年龄对是否体验邮轮餐饮的区别

00后 / 95后 / 90后 / 80后 / 70后 / 60后 / 50后

是：
- 3.85%
- 9.62%
- 13.46%
- 47.12%
- 16.35%
- 5.77%
- 3.85%

否：
- 3.70%
- 12.96%
- 7.41%
- 27.78%
- 24.07%
- 20.37%
- 3.70%

同行人对是否体验邮轮餐饮的区别

个人 / 伴侣 / 朋友 / 父母 / 亲子 / 三代同行 / 公司团队

是：
- 1.92%
- 32.69%
- 24.04%
- 7.69%
- 11.54%
- 14.42%
- 7.69%

否：
- 1.85%
- 20.37%
- 29.63%
- 11.11%
- 18.52%
- 14.81%
- 3.70%

2018年与2019年二次消费比例

是 / 否

2018年同程中国在线邮轮用户船上"二次消费"经历
- 21.6%
- 78.4%

清华大学美术学院2019年中国邮轮用户画像研究
- 58.4%
- 41.6%

不同人群选择二次餐饮消费的原因各不相同。伴侣、亲子、三代同行的人更想尝试不同的餐饮和更好的服务；朋友主要是享受更好的服务与高雅的环境；父母最看重的是人少不排队。同时，酒吧消费在亲子中占比最多。餐饮过程中可以同时观看演出在朋友、伴侣、父母、三代同行人群中也有一定需求。

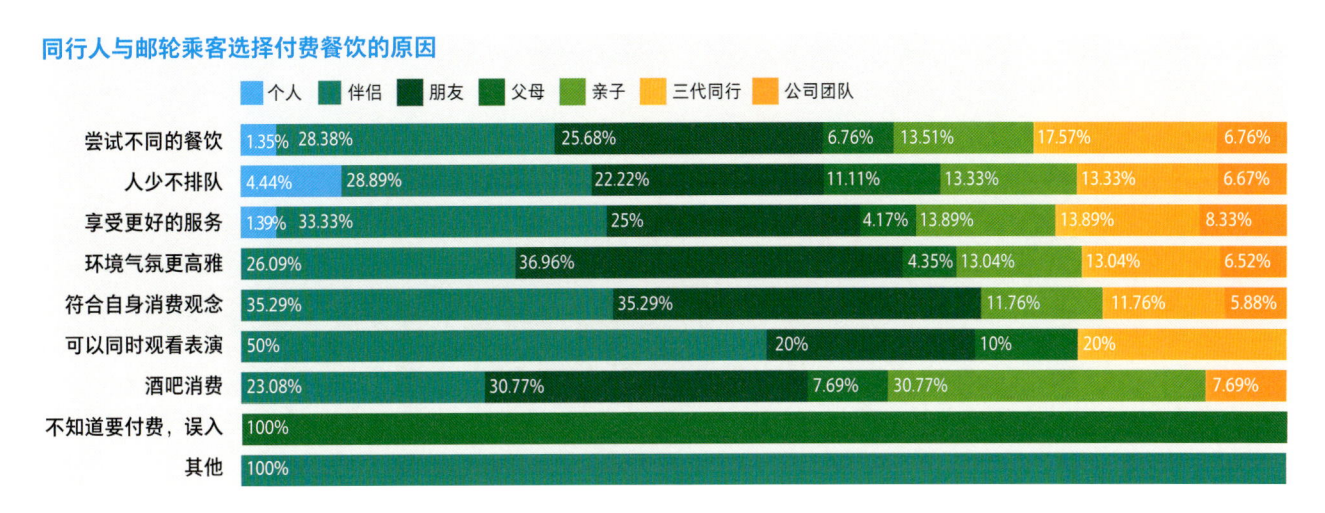

同行人与邮轮乘客选择付费餐饮的原因

原因	个人	伴侣	朋友	父母	亲子	三代同行	公司团队
尝试不同的餐饮	1.35%	28.38%	25.68%	6.76%	13.51%	17.57%	6.76%
人少不排队	4.44%	28.89%	22.22%	11.11%	13.33%	13.33%	6.67%
享受更好的服务	1.39%	33.33%	25%	4.17%	13.89%	13.89%	8.33%
环境气氛更高雅		26.09%	36.96%	4.35%	13.04%	13.04%	6.52%
符合自身消费观念		35.29%	35.29%	11.76%		11.76%	5.88%
可以同时观看表演		50%		20%	10%	20%	
酒吧消费		23.08%	30.77%	7.69%	30.77%		7.69%
不知道要付费，误入			100%				
其他			100%				

3）由于您是经验丰富的邮轮体验者，请提出您认为邮轮体验需要改进的方面。

根据中国邮轮用户的反馈建议，以云图的形式展示提取出的关键词。首先，针对娱乐方面的建议是最多的，"60后"及"70后"希望增加他们能参与的娱乐项目，目前船上的娱乐活动偏年轻刺激化，娱乐氛围吵闹。"80后""90后"人群认为现有的娱乐活动种类不够丰富。一位乘客提出："船上适合年轻人的娱乐项目偏少，装修风格也比较偏向美国老年人的喜欢。"可以看出不论是年长的邮轮乘客还是年轻的邮轮乘客，都对当下邮轮上的娱乐活动项目充满期许，反而不够满意。其次是餐饮方面，餐饮多样化、减少排队、加强服务都是提高邮轮体验的改进方向。

邮轮建议词云

4）您更倾向于哪一种邮轮旅游消费方式？

有关消费模式，53%的人选择基本全包、选择性消费，还有31%的人愿意采用一票到底，优质优价。支持采用基础票价方式的人仅占10%。国人对价格虽然敏感，但对于物有所值、优质优价有一定的认识。

受访用户倾向的邮轮旅游消费方式

- 票价中包含船上的住宿、部分餐饮和部分娱乐服务体验，选择性额外消费（53.36%）
- 票价中包含全部的餐饮和娱乐服务的体验，高质高价（30.56%）
- 票价中仅包含基本吃、住，其他所有服务另行收费（10.09%）
- 不明确（5.98%）

5）您更倾向于选择几天的邮轮行程？

7天以内的航期是邮轮用户选择最多的邮轮行程，这和国内目前的最长公假时间吻合，其中4晚5天的航期最受人欢迎（47%）。

受访用户倾向的邮轮旅游消费方式

- 5天以内（47.6%）
- 6—7天（26.9%）
- 7—10天（10.9%）
- 10天以上（多国巡航/跨洋巡航）（14.7%）

结合年龄维度，"60后"至"00后"大部分用户倾向于7天以内的邮轮行程，5天以内的行程安排更佳。6天以上的邮轮行程在"50后"中最受欢迎，该人群对长线多国巡游甚至跨洋巡航都有着积极的反馈。

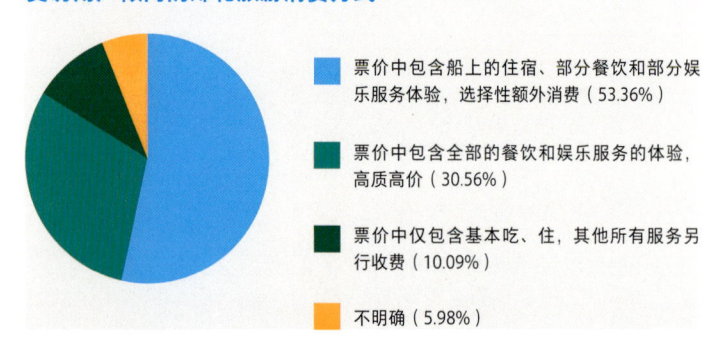

受访乘客年龄与期望旅行天数

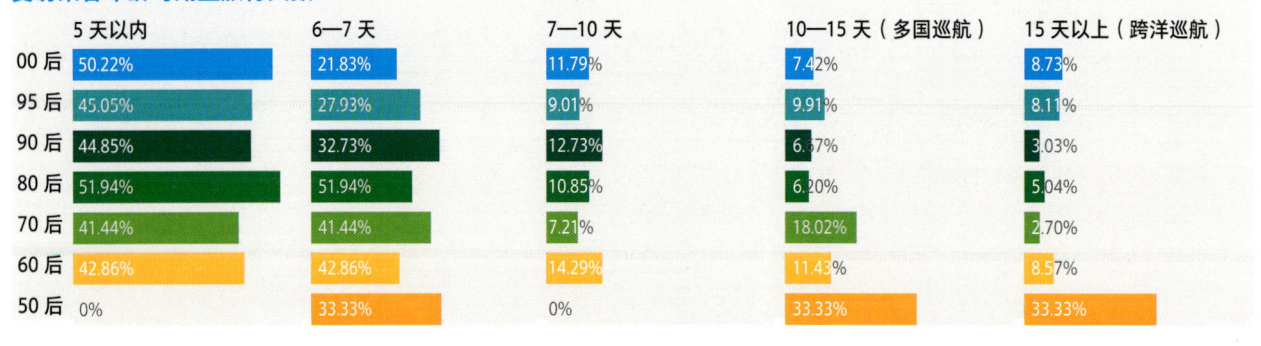

	5天以内	6—7天	7—10天	10—15天（多国巡航）	15天以上（跨洋巡航）
00后	50.22%	21.83%	11.79%	7.42%	8.73%
95后	45.05%	27.93%	9.01%	9.91%	8.11%
90后	44.85%	32.73%	12.73%	6.67%	3.03%
80后	51.94%	51.94%	10.85%	6.20%	5.04%
70后	41.44%	41.44%	7.21%	18.02%	2.70%
60后	42.86%	42.86%	14.29%	11.43%	8.57%
50后	0%	33.33%	0%	33.33%	33.33%

附录 1

受访用户认为邮轮旅行合适的价格区间

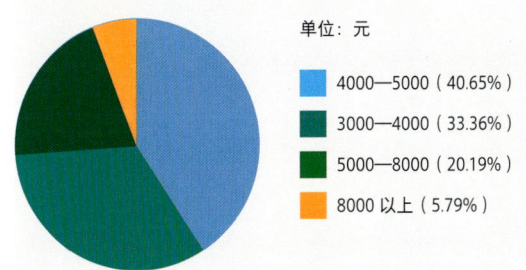

单位：元
- 4000—5000（40.65%）
- 3000—4000（33.36%）
- 5000—8000（20.19%）
- 8000 以上（5.79%）

是否乘坐邮轮对于受访用户价格区间看法的区别

单位：元　■ 是　■ 否

价格区间	是	否
3000—4000	11.2%	88.8%
4000—5000	15.4%	84.6%
5000—8000	20.37%	79.63%
8000 以上	11.29%	88.71%

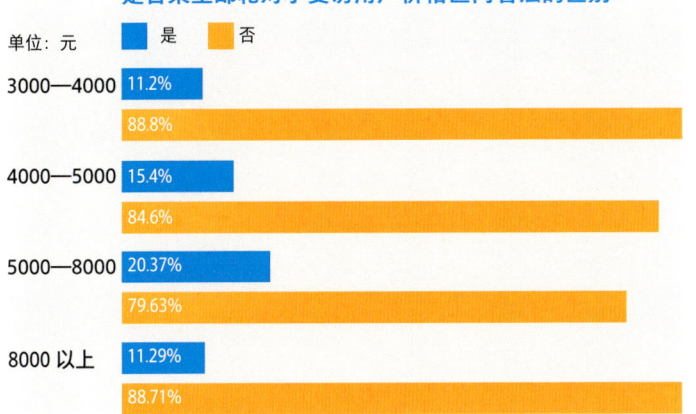

6）以国外某大型邮轮品牌为例，其运营的航线：中国—日本—中国，为期 6 天 5 晚的旅程，您认为更合适的船票价格区间是？

　　被调研者对于 6 天 5 晚的邮轮价格区间选项也是相对集中在 3000-5000 元段，不过未坐过邮轮的人选择区更为聚焦到 3000-4000 元段，这和答题人群的总体年龄段和收入高低不无关系。相对来说，乘坐过邮轮的人群对于价格区间的调研可能更有针对性，他们的价格主要聚焦在 4000-8000 元这一段，不排除他们更了解市场定价的原因。选定定价 8000 元以上的人群里，男性占据了 2/3 以上，而其他选项两性占比均等。按照收入来划分，其规律是收入越高的人会支持较高的邮轮价格。但也并非收入越高，邮轮消费意愿就越强，实际上反倒是年收入在 20 万 -30 万元的人群更愿意付出较高的价格来进行邮轮旅游，这也间接说明了他们对邮轮旅游的期许。而更高收入的人群可能由于选择更多，以及对邮轮旅游的不同看法，并不愿意支付更多的费用来进行邮轮旅游。

性别对于受访用户价格区间看法的区别

单位：元　■ 男　■ 女

价格区间	男	女
3000—4000	48.18%	51.82%
4000—5000	51.95%	48.05%
5000—8000	49.54%	50.46%
8000 以上	69.35%	30.65%

是否乘坐邮轮对于受访用户价格区间看法的区别

■ 是　■ 否

价格区间	是	否
3000—4000	11.2%	88.8%
4000—5000	15.4%	84.6%
5000—8000	20.37%	79.63%
8000 以上	11.29%	88.71%

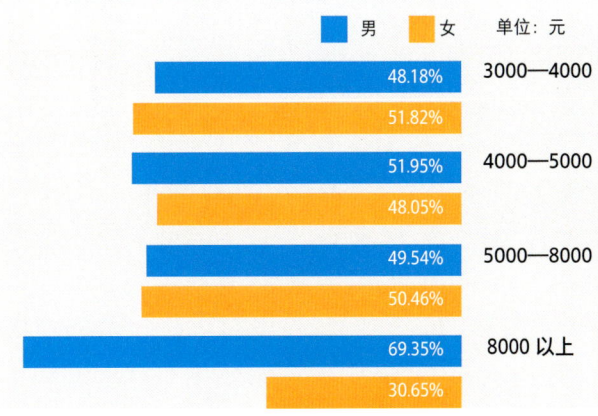

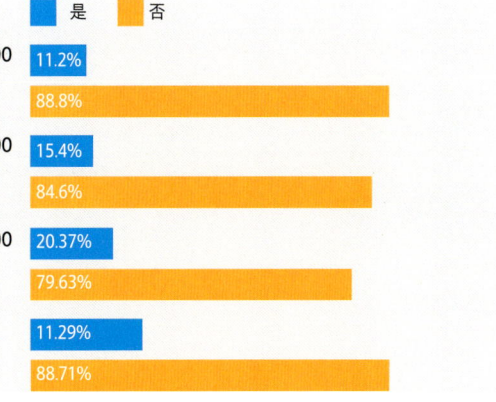

年收入对于受访用户价格区间看法的区别　　单位：元

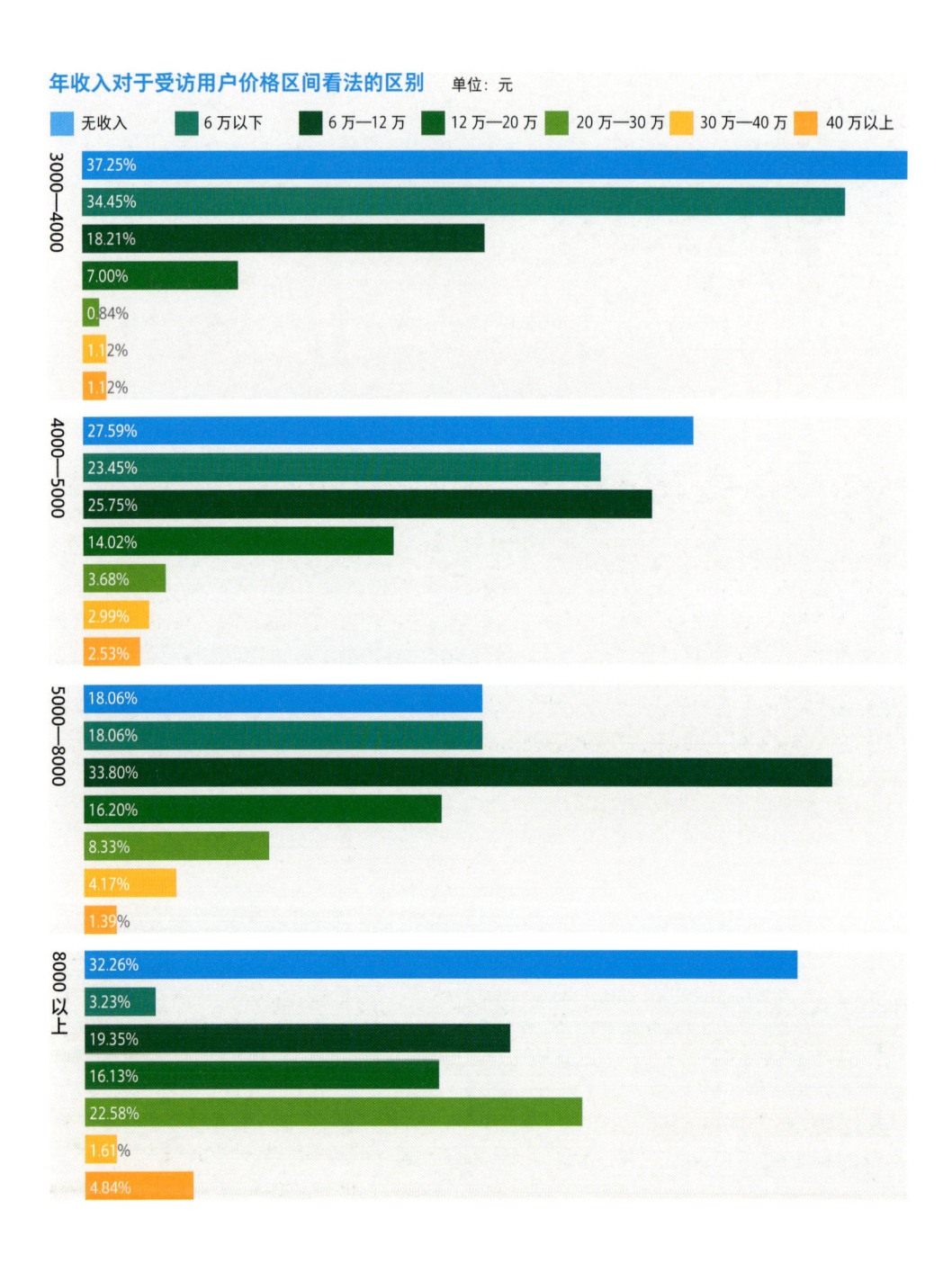

图例：无收入 | 6万以下 | 6万—12万 | 12万—20万 | 20万—30万 | 30万—40万 | 40万以上

3000—4000
- 无收入：37.25%
- 6万以下：34.45%
- 6万—12万：18.21%
- 12万—20万：7.00%
- 20万—30万：0.84%
- 30万—40万：1.12%
- 40万以上：1.12%

4000—5000
- 无收入：27.59%
- 6万以下：23.45%
- 6万—12万：25.75%
- 12万—20万：14.02%
- 20万—30万：3.68%
- 30万—40万：2.99%
- 40万以上：2.53%

5000—8000
- 无收入：18.06%
- 6万以下：18.06%
- 6万—12万：33.80%
- 12万—20万：16.20%
- 20万—30万：8.33%
- 30万—40万：4.17%
- 40万以上：1.39%

8000以上
- 无收入：32.26%
- 6万以下：3.23%
- 6万—12万：19.35%
- 12万—20万：16.13%
- 20万—30万：22.58%
- 30万—40万：1.61%
- 40万以上：4.84%

邮轮用户期望的邮轮旅行同伴

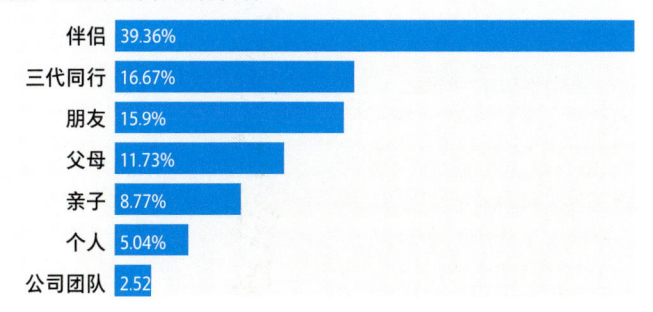

- 伴侣 39.36%
- 三代同行 16.67%
- 朋友 15.9%
- 父母 11.73%
- 亲子 8.77%
- 个人 5.04%
- 公司团队 2.52

7）如果有机会，您更倾向于和（ ）踏上邮轮之旅？

伴侣是邮轮用户进行邮轮之旅时最心仪的对象，占比 40%。其次是家庭和朋友。

受访用户在未来三年是否愿意尝试邮轮旅行

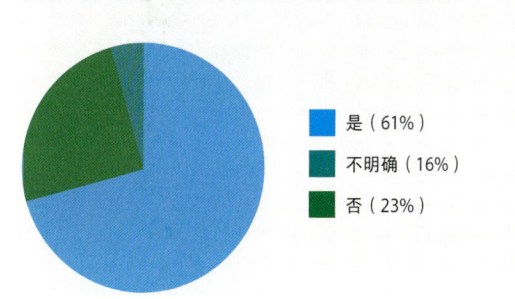

- 是（61%）
- 不明确（16%）
- 否（23%）

8）您在未来 3 年，是否有尝试/再次乘坐邮轮的打算？

超过 70% 的人准备在 3 年内乘坐邮轮，仅有 4% 的人表示不会乘坐邮轮。这说明大部分乘客对这种生活方式比较认可，意味着中国邮轮业还有很大的发展空间。另一方面，乘坐过邮轮的人中有 85% 打算在 3 年内再次乘坐邮轮，仅有不到 1% 的人放弃了 3 年内再次乘坐邮轮的想法。这说明邮轮体验成功地触动了人们再次乘船的意愿，是有复购吸引力的。

受访用户希望增加的娱乐项目

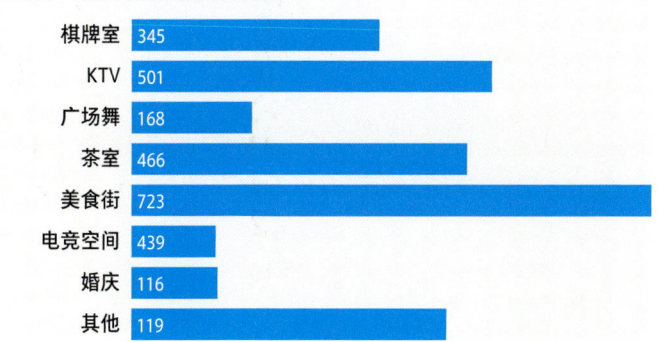

- 棋牌室 345
- KTV 501
- 广场舞 168
- 茶室 466
- 美食街 723
- 电竞空间 439
- 婚庆 116
- 其他 119

9）您认为邮轮加入哪些配套娱乐活动会更吸引人？

吃是中国游客最关心的内容，同时也是船上游客最容易提出不满的内容。中国游客希望邮轮上增加功能空间，美食街几乎是各年龄层的首选（只有"00 后"排在电竞空间后列第二位）；同时电竞空间在"90 后"至"00 后"人群中排在第二位；茶室在"80 后"到"50 后"人群中排在第二位；而 KTV 则在各年龄层中都排在第三位。

不同年龄阶段的受访用户希望增加的娱乐项目

	棋牌室	KTV	广场舞	茶室	美食街	电竞空间	婚庆	其他
00后	32.77%	48.94%	11.49%	34.47%	58.30%	61.28%	11.06%	15.74%
95后	33.59%	51.56%	10.16%	41.41%	63.28%	58.59%	12.5%	7.81%
90后	36.61%	43.72%	14.21%	40.98%	67.21%	45.90%	12.02%	7.65%
80后	25.47%	44.41%	18.94%	41.93%	76.40%	30.75%	10.25%	9.32%
70后	36.17%	46.81%	17.02%	60.99%	65.25%	19.86%	8.51%	12.77%
60后	40.38%	48.08%	26.92%	61.54%	73.08%	13.46%	11.54%	15.38%
50后	44.44%	66.67%	33.33%	44.44%	66.67%	22.22%	11.11%	22.22%

10）您认为以下哪些项目您完全不会参加？

整体上看，由于中西方文化的差异，对于中国邮轮乘客而言，赌场是最不受欢迎的娱乐项目，65.7%的用户完全不想尝试。其次是刺激的娱乐项目与酒吧，约30%的邮轮乘客完全不会体验。但是在以用户是否乘坐过邮轮为依据的调研中进行具体分析发现：在实际体验中，邮轮乘客对酒吧的接受程度相对良好，赌场和刺激娱乐项目最不受欢迎。

关于被试用户是否乘坐过邮轮对完全不会参与的邮轮娱乐项目的偏好差异

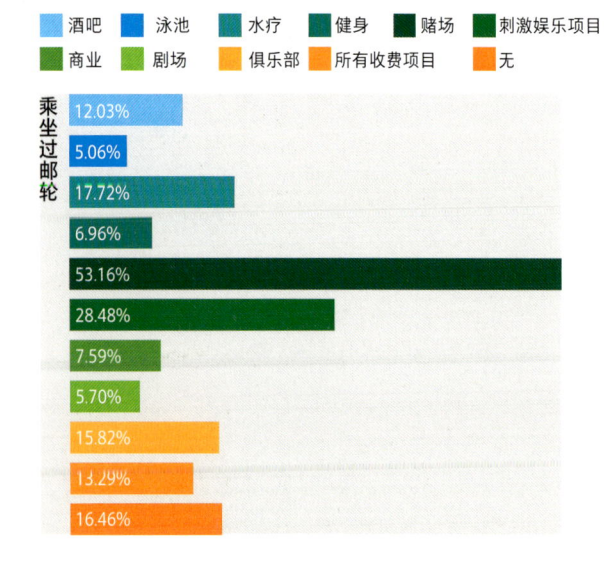

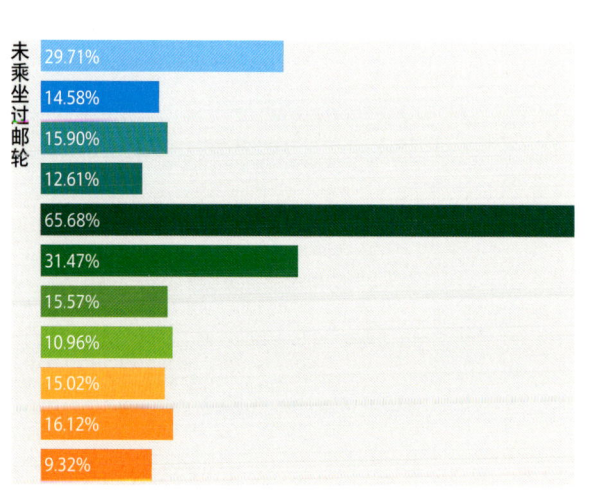

项目	乘坐过邮轮	未乘坐过邮轮
酒吧	12.03%	29.71%
泳池	5.06%	14.58%
水疗	17.72%	15.90%
健身	6.96%	12.61%
赌场	53.16%	65.68%
刺激娱乐项目	28.48%	31.47%
商业	7.59%	15.57%
剧场	5.70%	10.96%
俱乐部	15.82%	15.02%
所有收费项目	13.29%	16.12%
无	16.46%	9.32%

第四部分 风格设计

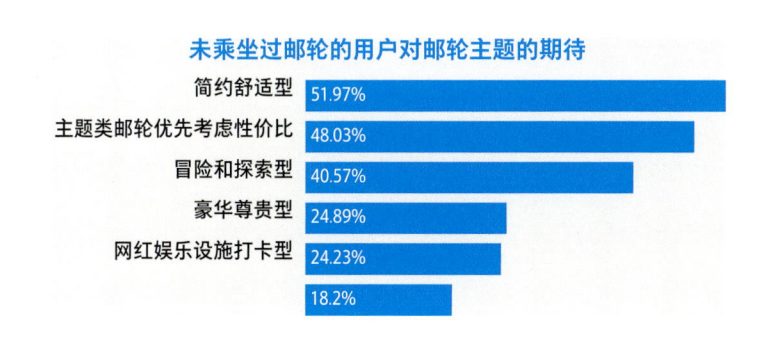

未乘坐过邮轮的用户对邮轮主题的期待

类型	百分比
简约舒适型	51.97%
主题类邮轮优先考虑性价比	48.03%
冒险和探索型	40.57%
豪华尊贵型	24.89%
网红娱乐设施打卡型	24.23%
	18.2%

1）您更希望邮轮的主题风格偏向于？

在未乘坐过邮轮的用户中，超过一半的调研人群偏爱简约舒适型邮轮。主题类型邮轮（类似迪士尼主题公园）也很受欢迎。网红娱乐设施打卡型邮轮的用户喜爱度最低。同时性价比也显然是大家关注的要素，结合年龄维度，年长的被试人群更看重邮轮旅程的性价比，并追求豪华尊贵型的邮轮体验。主题类邮轮在"90后"到"00后"的人群最受欢迎。随着年龄的增长，舒适型邮轮的占比增多，"60后"至"80后"对此类型邮轮接受度更高。喜欢冒险和探索型及网红娱乐设施打卡型的用户集中在"00后"和"95后"中，但整体占比低。

2）您更希望邮轮内部空间风格偏向于？

全部被调查者中的多数（超过70%）都希望邮轮上或多或少要有中国风格元素。不过有趣的是，被调查者有无乘坐邮轮经验，对邮轮设计风格的诉求有较大的区别。没坐过邮轮的被调研者有36%更希望邮轮以中国风格为主导，25%希望以异国格调为主；而坐过邮轮的被调研者正好相反，有41%的人希望以世界风情为主，仅20%希望邮轮以中国风格为主。进一步分析其中的原因可能是，未坐过邮轮的被调查者缺乏对邮轮的直观感受和了解，以及其中（6万以下年收入及没有收入）的学生及年轻人人数较多，而被调查者中乘坐过邮轮的主体是70-80后（占比超过60%），收入在6万-20万之间。因此总体看来，收入越高的人对风格接受更为宽泛，更希望是一种国际风格的邮轮环境。同时性别在中国风与中式点缀的中西合璧的风格偏好上也有较大的差异。女性邮轮乘客对展现东方文化的中式内部空间风格更加青睐，而男性邮轮乘客更喜欢中西合璧（中式风格点缀）的内部空间风格。

不同年龄用户对邮轮主题风格的偏好

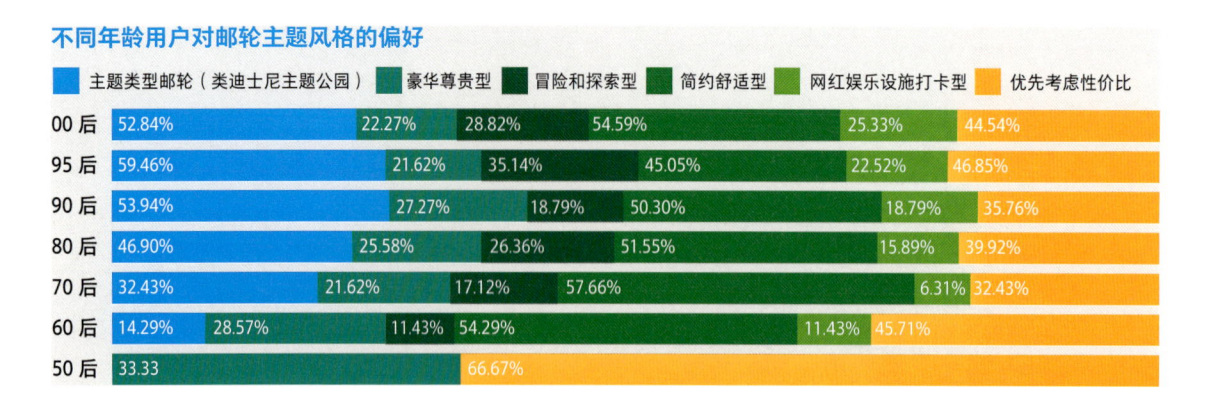

图例：主题类型邮轮（类迪士尼主题公园） | 豪华尊贵型 | 冒险和探索型 | 简约舒适型 | 网红娱乐设施打卡型 | 优先考虑性价比

年龄	主题类型邮轮	豪华尊贵型	冒险和探索型	简约舒适型	网红娱乐设施打卡型	优先考虑性价比
00后	52.84%	22.27%	28.82%	54.59%	25.33%	44.54%
95后	59.46%	21.62%	35.14%	45.05%	22.52%	46.85%
90后	53.94%	27.27%	18.79%	50.30%	18.79%	35.76%
80后	46.90%	25.58%	26.36%	51.55%	15.89%	39.92%
70后	32.43%	21.62%	17.12%	57.66%	6.31%	32.43%
60后	14.29%	28.57%	11.43%	54.29%	11.43%	45.71%
50后	33.33			66.67%		

性别对邮轮内部空间风格喜好的区别

风格	男	女
异国风情（展现世界文化）	44.30%	55.70%
中国风（展现东方文化）	54.21%	45.79%
中西合璧（中式风格点缀）	57.02%	42.98%
中西合璧（中式风格为主）	48.85%	51.15%

是否乘坐过邮轮对邮轮内部空间风格喜好

风格	是	否
异国风情（展现世界文化）	21.81%	78.19%
中国风（展现东方文化）	8.71%	91.29%
中西合璧（中式风格点缀）	15.29%	84.71%
中西合璧（中式风格为主）	14.37%	85.63%

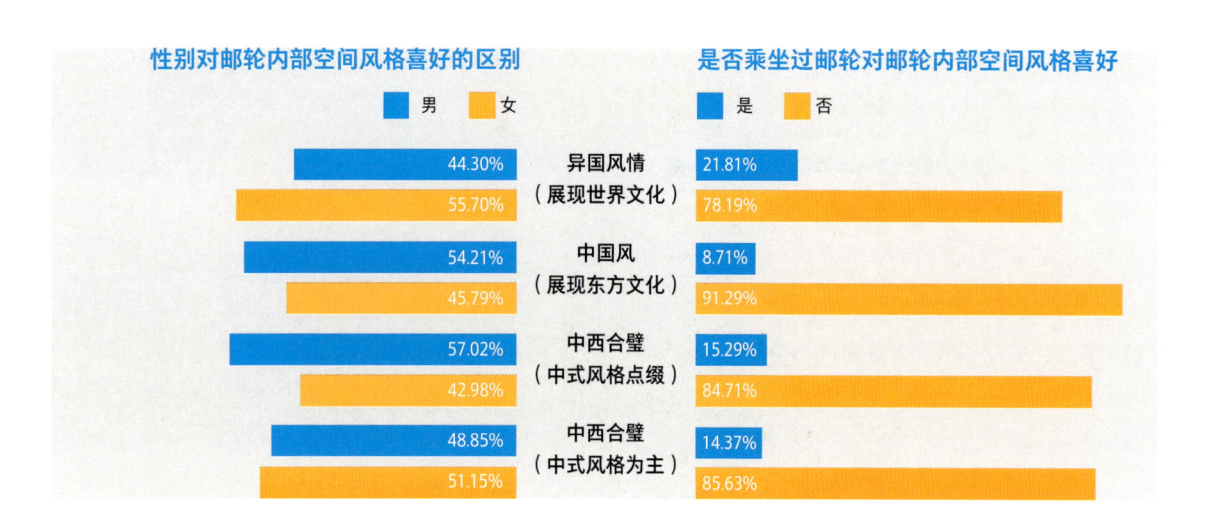

若以年龄来划分，坐过邮轮的年轻人更希望体验不同国家的异域风情，老年人和没坐过邮轮的人更亲近中国风。

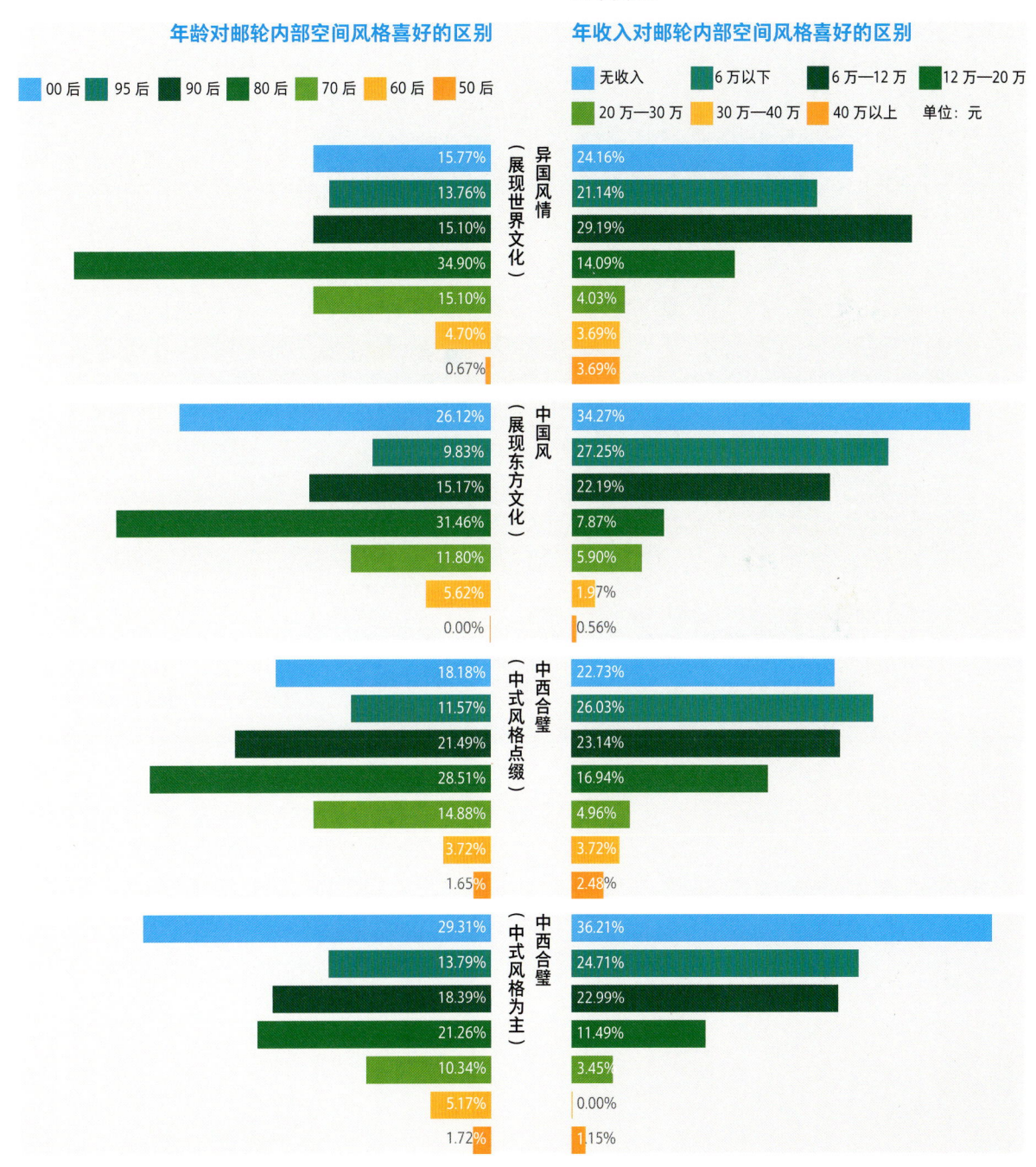

年龄对邮轮内部空间风格喜好的区别

■ 00后 ■ 95后 ■ 90后 ■ 80后 ■ 70后 ■ 60后 ■ 50后

异国风情（展现世界文化）
- 00后: 15.77%
- 95后: 13.76%
- 90后: 15.10%
- 80后: 34.90%
- 70后: 15.10%
- 60后: 4.70%
- 50后: 0.67%

中国风（展现东方文化）
- 00后: 26.12%
- 95后: 9.83%
- 90后: 15.17%
- 80后: 31.46%
- 70后: 11.80%
- 60后: 5.62%
- 50后: 0.00%

中西合璧（中式风格点缀）
- 00后: 18.18%
- 95后: 11.57%
- 90后: 21.49%
- 80后: 28.51%
- 70后: 14.88%
- 60后: 3.72%
- 50后: 1.65%

中西合璧（中式风格为主）
- 00后: 29.31%
- 95后: 13.79%
- 90后: 18.39%
- 80后: 21.26%
- 70后: 10.34%
- 60后: 5.17%
- 50后: 1.72%

年收入对邮轮内部空间风格喜好的区别

■ 无收入 ■ 6万以下 ■ 6万—12万 ■ 12万—20万 ■ 20万—30万 ■ 30万—40万 ■ 40万以上　单位：元

异国风情（展现世界文化）
- 无收入: 24.16%
- 6万以下: 21.14%
- 6万—12万: 29.19%
- 12万—20万: 14.09%
- 20万—30万: 4.03%
- 30万—40万: 3.69%
- 40万以上: 3.69%

中国风（展现东方文化）
- 无收入: 34.27%
- 6万以下: 27.25%
- 6万—12万: 22.19%
- 12万—20万: 7.87%
- 20万—30万: 5.90%
- 30万—40万: 1.97%
- 40万以上: 0.56%

中西合璧（中式风格点缀）
- 无收入: 22.73%
- 6万以下: 26.03%
- 6万—12万: 23.14%
- 12万—20万: 16.94%
- 20万—30万: 4.96%
- 30万—40万: 3.72%
- 40万以上: 2.48%

中西合璧（中式风格为主）
- 无收入: 36.21%
- 6万以下: 24.71%
- 6万—12万: 22.99%
- 12万—20万: 11.49%
- 20万—30万: 3.45%
- 30万—40万: 0.00%
- 40万以上: 1.15%

图表摘自清华大学美术学院邮轮课题组调研报告

3）您认为应该在哪些方面凸显中国国产邮轮特色？

关于中国风，无论受访用户是否乘坐过邮轮，被调查者的意见相对一致，中国文化活动被列为首位。中式餐饮以少量微差的得票数屈居第二。相比于其他年龄段，"50后"人群更注重实际体验，选择通用语言的占比明显更多，对通过视觉化凸显中国特色风格的兴趣一般。而"00后"与"95后"更注重邮轮环境的表现形式，对中国特色外观涂装和中式内饰更加期待。

不同年龄用户对邮轮如何凸显中国邮轮特色的看法的区别

年龄	外观涂装	中式餐饮	中国文化活动	内饰中式视觉元素	通用语言
00后	42.98%	66.38%	65.53%	45.96%	37.02%
95后	39.84%	60.16%	67.97%	46.09%	32.81%
90后	40.44%	67.21%	71.58%	51.37%	33.33%
80后	32.61%	63.98%	73.91%	50.31%	32.92%
70后	25.53%	67.38%	80.14%	51.77%	29.79%
60后	34.62%	73.08%	71.15%	40.38%	30.77%
50后	22.22%	66.67%	77.78%	33.33%	66.67%

是否乘坐过邮轮对邮轮如何凸显中国邮轮特色的看法的区别

	外观涂装	中式餐饮	中国文化活动	内饰中式视觉元素	通用语言
乘坐过邮轮	11.68%	27.25%	28.22%	20.68%	12.17%
未乘坐过邮轮	14.59%	25.36%	28.02%	18.73%	13.30%

附录 2：2019 年中国邮轮游客用户画像

用户画像是基于用户在使用产品或服务过程中的真实数据而建立起的用户行为模型。Alan Cooper 最早提出用户画像的概念，并强调用户画像是集合特定人群的行为特征和动机的虚拟人物形象【46】，他代表的是一类人，而不是某个人。用户画像的构建基于用户日常行为数据进行提取，目前已经成为以人为中心的设计中的基本方法之一。社会各领域都已经开始对用户画像的研究，尤其是以数据为支撑的信息产业在精准营销、推荐系统等方面，大量运用定量的用户数据分析，帮助企业建立以用户为中心的产品迭代与开发战略。

Cooper 定义的、设计师嘴里的"用户画像"是一种能够提升共情、聚焦设计目标的设计工具，提供了一种相对宏观的视角，可以帮助设计师直观地从感受上理解用户，辅佐设计师做出合理的设计决策。还有另一种"用户画像"，更多应用于网络中的算法推荐，我在这里称为"用户角色"。"用户角色"的基本逻辑是通过用户的特征、过往行为来推断用户的喜好、预测用户的行为，并根据一些固定逻辑将用户分成不同的类型、打上不同的标签，从而给他们合适的推荐。"用户角色"是从许许多多的自然人用户中抽象出一个具有行为共性的"虚拟人类"；自然人与最终的画像并不一定有完全的对应关系。

中国邮轮用户群体识别工作的核心不仅要对用户基本信息和行为数据进行收集、整理和分析，更要通过对其生活方式的调研找寻游客行为背后的动因，通过意识形态整理其生活方式，探寻不同生活方式的游客在邮轮上的需求。

乘坐邮轮的评论大数据可以体现游客的偏好和对邮轮服务的态度，这是游客感性评价和需求的体现，可以从中抽离出游客本体的特征，形成适用于普遍情况的用户画像。对评论大数据进行定量和定性研究，推论中国邮轮用户画像是一条有效的途径。

本次研究基于同程旅游提供的 2018 年的邮轮网络评论数据，包含皇家加勒比、歌诗达等 9 个邮轮品牌下的"海洋量子号""喜悦号"等 18 艘邮轮的评论，共 15902 条，采用了情感倾向分析法对在线文本进行分析。这些邮轮评论文本中承载着用户的观点和情感，从这些评论中可以分析出游客对邮轮服务的看法和态度，以及游客的偏好，据此形成中国邮轮游客用户画像。

网络评论来自不同地域、文化背景、教育阶段的群体，在语言的撰写上较为随意，因此首先要针对评论数据做清理，删除评论中的特殊字符、表情，剔除重复评论、字数较少和与邮轮无关的评论，后进行分词操作，统计每个词语出现的次数，再人工划分出邮轮评论的主题，为每一个主题维度确定维度词典。使用 Python 下的 Jieba 分词工具对评论文档进行分词，区分词性并统计每个词语出现的次数，根据分词中分出的名词，聚类评论的主题。最终通过人工聚类及词频排序后，得到 5 条主要主题维度："基础设施"，"体验设施"，"同行人"，"岸上游及风景"和"餐饮体验"。

建立主题维度词典可以在参考维度划分结果的基础上，通过人工选取的方式为每个维度选取合适的种子词；再利用维度词典扩充法构建出完整的维度词典：对拆分开的子句进行分词，计算子句中每个词语与各维度种子词的卡方统计值，选取卡方值最大的词语加入该维度的维度词典内，完成维度词典的扩充【47】。

在每条评论所属的维度已经确定的条件下，对每条评论子句进行情感计算。通过 Baidu NLP 情感倾向分析工具对每条评论句子进行情感分析计算，再通过评论次数进行权重计算，形成各维度的情感关注排序，指导定性研究中对各维度设置挖掘深度以及对情感分析结果假设的验证和探讨。依此设定定性访谈大纲中重点需要访问的内容。在各维度下设定的问题由常规问题、情感验证、情感矛盾探寻类问题组成，此外，还针对体验设施的正负向情绪都很高但评论占比没有预想中高的情况设置了单独问题，以便找到游客不愿意做评论的原因，如安全、人员服务、网络服务等。

被试者的招募通过网络平台进行，通过乘坐邮轮次数、年龄、性别、职业、地区等人口学特征及乘坐邮轮过程中的餐饮、同行、娱乐、购物状况，进行被试筛选，选取 31 名被试者做深度访谈，最终有效被试者为 26 位。访谈后对访谈材料进行转录分析编码后，共得到 6510 条用户原话。对游客原话进行洞察，分析背后原因后得到 5 条影响游客分类的关键因素，形成定义游客用户画像的 5 个维度：乘坐邮轮出游的理由、消费意愿、计划风格、游玩风格、同行人员。

访谈分析需要针对游客的行为做洞察，究其做出行为的动机，这种行为特征也会映射在用户的其他行为上，由此得出的游客用户画像具有通用性和适用性。在访谈中逐渐形成对游客的感性认知，在游客用户画像标签中逐渐被整合和归纳，最终形成 7 个具有代表性的用户标签。

7 类用户标签

	出游理由	消费意愿	计划风格	游玩风格	同行人员
追求体验发烧客	丰富体验	中等	领队型	尝鲜型	独自
享受人生夕阳红	社交娱乐	弱	甩手型	传统型	朋友
心中有家职场人	休闲消遣	强	随意型	清闲型	家人
独享闲适夫妻档	休闲消遣	中	随意型	尝鲜型	伴侣
分享人生海归派	陪伴家人	强	领队型	尝鲜型	家人
相亲相爱一家人	陪伴家人	弱	跟随型	传统型	家人
彰显自我网生代	丰富体验	中	随意型	尝鲜型	朋友/独自

A. 享受人生夕阳红

"享受人生夕阳红"一般选择集体出游,跟着领队省心游是她们的特质。她们在退休后,和跳广场舞的姐妹及家人们一起坐邮轮,去旅行社买票,领队会把一切都安排好,大家开心地跟团出游。自助餐厅是她们社交和沟通感情的主要场所,平时姐妹们都在家中有自己的事情,现在大家在邮轮上可以聚在一起聊天,边吃边聊家长里短,满足自己的社交需求。她们的消费观念非常冷静,便宜的内舱房是首选,只去免费餐厅,吃多少就是赚多少;免费的项目都要去玩一玩,刺激的项目看别人玩,"怕花钱"是被提及最多的消费态度。但有什么身体条件允许体验的新奇玩意儿也是愿意消费的。

用户原话:"就是闲聊天嘛,谁家的儿子结婚了,女儿有娃儿了。"

游客标语:花钱的地方都不敢去,刺激的项目我看别人玩。

B. 心中有家职场人

"心中有家职场人"平时不能抽出时间陪伴家人,一旦拥有假期就会陪伴着自己的家人,远离不必要的酒局,去到任何一个目的地都会愿意待在酒店里或者陪着孩子一起玩耍。他们希望能给家人买最好的东西,既能让家人开心,也能缓解他们平时没时间陪家人的内心愧疚感,这也是他们这一代人的快乐方式。他们也喜欢将生活中的点点滴滴用手机/相机记录下来。此类人群出行的主要目的并不是尝试新鲜刺激的体验,而是能陪家人一起出游,体验"在一起"的感觉。

用户原话:"去哪儿我都无所谓,只要和自己的家人一起去,就是最好的体验。"

游客标语:经常同家人一起游玩,度过每次休假时光。

C. 独享闲适夫妻档

"独享闲适夫妻档"追求双人舱房的快乐舒适,他们认为双人舱房是属于两个人的私密空间,夫妻俩会坐在附带的阳台处欣赏海景,享受相互陪伴的时光。夫妻两人第一次坐上邮轮,对邮轮上的一切都感到非常好奇,各种项目都想去看一眼或亲自尝试一下。在选择就餐方式时,夫妻俩大部分时间都会选择自助餐厅,偶尔想要体验更精致的服务时,就会选择特色餐厅。

用户原话:"正好我和我老婆都有假,我们就来体验一下邮轮。"

游客标语:通过邮轮出行,在繁忙的生活中偷得一份闲适。

D. 追求体验发烧客

"追求体验发烧客"有永远玩不够的项目,已有数十次乘坐邮轮的经验,喜欢挑选首航的邮轮,体验新项目,偏爱刺激类、运动类项目,短航程已经满足不了他们想要体验够所有项目的需求。他们时刻关注邮轮动态,在最后的时间抢购性价比最高的船票,对各家邮轮如数家珍,是满分攻略能手。他们对价格敏感,会在全平台比价,抢购性价比最高的船票。他们偏好沉浸式交友,认为出行是拓展社交的最好机会,乐于结识旅途中遇到的有缘人,也愿意参加邮轮会员酒会,寻找志同道合的朋友,在封闭的邮轮空间沉浸式享受与人的交流。

游客原话:"邮轮上的赛车想想都刺激,项目感觉玩不够。"

游客标语:享受每次的邮轮出行,期待下一次的邮轮新体验。

E. 分享人生海归派

"分享人生海归派"平日在外企工作,比较繁忙,休假时会带上父母孩子出行,邮轮出行既愉快又不累人,非常适合一家三代出行,也是他们在国外生活场景的一种回忆。他们会根据孩子的意愿选择出行,因为考虑到孩子的假期,会选择在旅游旺季出行,会选择适合孩子的邮轮出行。他们非常喜欢邮轮的体验设施,尤其是一些体育类项目。他们愿意在餐饮方面付费,更看重用餐环境的营造,付费餐厅的人较主餐厅而言少许多,用餐更方便、更舒适,但是如果家中的长辈出于节约考虑,他们也会听从长辈的意愿,去免费自助餐厅进餐。

用户原话:"事业家庭两手抓,成为人生大赢家。"

游客标语:带上父母孩子,一起去看看自己见过的世界。

F. 相亲相爱一家人

"相亲相爱一家人"跟着集体出游,家中长辈往往是被动乘坐邮轮,船票由儿女购买,自身退休,收入减少,经济并不宽裕;懵懵懂懂,看什么都新鲜,但还会将陆上的生活习惯带到邮轮上。他们能上邮轮旅游已经很满足了,对邮轮旅途的吃住行环境相当满意,同时大部分活动以儿孙的计划为主安排,享受儿孙满堂出游的幸福感。他们也觉得邮轮上的娱乐活动并不适合自己,很少为自己进行二次消费。

用户原话:"表演非常棒,不比电视的晚会差,每天的表演是必看项目,一场不落。"

游客标语:一次不错的体验,家人玩的都很开心!

G. 彰显自我网生代

"彰显自我网生代"对一切新鲜的事物充满期待,虽然没有丰富的乘坐游轮经验,但注重品质体验.在出行前会通过社交媒体及网络大量收集邮轮出游的攻略,选择适合自己的邮轮,会去体验邮轮上很多项目中的火热气氛,她们喜欢这种充满活力的环境,因为它能让自己感受到洋溢着青春气息的生命力。在旅行途中,她们喜欢不受约束地进行自由行,不在意在岸上脱离旅行团需要支付额外的费用,会去没有去过的地方游玩、进餐。她们希望在邮轮上依然和保持和社交圈的互动,保持社交媒体的互动,同时关注自我社交媒体中的形象塑造。

用户原话:"青春活力和开放的心态,愿为一切值得的新奇体验买单!"

游客标语:热爱生活,也热爱运动,追求的就是最好的体验。

附录 3：2012-2018 年下水的大型邮轮空间配比数据研究

　　通过开源资料，本数据库收集了 19 艘邮轮，其中重点是下表所列的近期下水的 15 艘大型邮轮（12 万 -16 万总吨范围内）不同功能空间的面积数据，也同时收录了其他 4 条典型超大型、小型邮轮的数据作为对比研究。我们旨在对不同功能空间占比、吨位等进行多维度分类对比，分析不同类型特点邮轮的空间功能设置，总结空间配比和运维规律。

编号	邮轮名称	是否走中国航线	下水年份	注册吨位（GT）	船体长度（m）	船体宽度（m）	甲板层数	客舱总数	空间比率	载客量（低床位）	船员人数	客服比率
1	Celebrity Edge	精致邮轮	否	2018	12.95	306	37.5	14	1467	44.1	2934	1320	2.2
2	Noewegian Joy	喜悦号	是	2018	16.77	333.5	41.5	20	1925	43.1	3802	1821	2.1
3	Noewegian Bliss	畅悦号	否	2018	16.8	333.5	41.5	20	2047	43	4004	1716	2.3
4	Noewegian Getaway	畅意号	否	2014	14.57	325.6	40.5	18	2010	36.7	3963	1646	2.4
5	AIDA Perla	珍珠号	否	2017	12.56	300	37.6	18	1643	37.7	3286	900	3.6
6	Majestic Princess	盛世公主	是	2017	14.4	330	38.6	15	1780	40.5	3560	1346	2.6
7	Carnival Vista	展望号	否	2016	13.35	321.5	31	15	2000	33.3	4000	1450	2.7
8	Genting Dream	云顶梦	是	2016	15.13	335.3	39.7	18	1680	45	3360	2030	1.6
9	Voyager Of The Seas	海洋航行者	否	2003	13.72	311	47	14	1557	44	3114	1176	2.6
10	Quantum Of The Seas	量子号	是	2014	16.87	348	49	16	2095	35	4180	1300	3.2
11	Costa Diadema	皇冠号	否	2013	13.25	306	37.2	14	1854	35.7	3708	1253	2.9
12	MSC Divina	神曲号	否	2012	13.9	333.3	38	17	1751	39.8	3502	1388	2.5
13	MSC Seaview	海平线号	否	2018	15.21	323	41	19	2087	37.1	4134	1413	2.9
14	MSC Splendida	辉煌号	是	2009	13.79	333.3	38	17	1637	42.1	3274	1370	2.3
15	Disney Fantasy	幻想号	否	2012	13	340	38	14	1263	51.8	4000	1450	2.8

船只的 AEF 空间占比

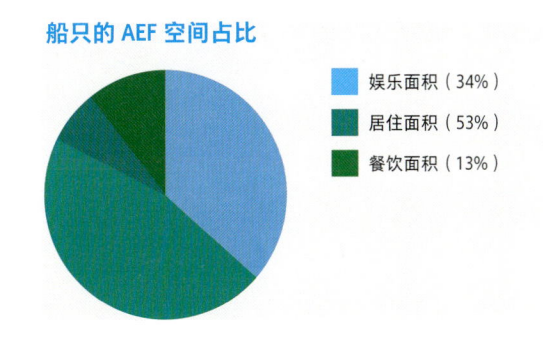

- 娱乐面积（34%）
- 居住面积（53%）
- 餐饮面积（13%）

娱乐空间占比

船名	占比
辉煌号	38%
海洋量子号	25%
盛世公主号	29%
喜悦号	47%
15 条船平均值	34%

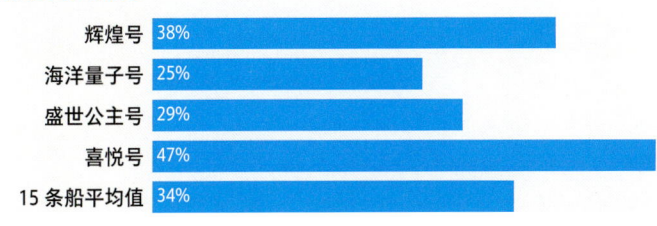

居住空间占比

辉煌号	45%
海洋量子号	58%
盛世公主号	59%
喜悦号	42%
15 条船平均值	53%

餐饮空间占比

辉煌号	17%
海洋量子号	17%
盛世公主号	12%
喜悦号	11%
15 条船平均值	13%

1）住宿、娱乐及餐饮功能平均面积配比（AEF 比率）

从数据结果可以看出住宿空间占邮轮主要空间，商业空间次之。平均住宿空间面积（Accommodation 简称 A）占总船只面积的 53%，娱乐面积（Entertainment 简称 E 包含甲板面积）占 34%，餐饮（Food 简称 F）面积占 13%。

2）单船住宿、娱乐及餐饮功能平均面积配比（AEF 比率）

"盛世公主号"和"海洋量子号"居住面积居于前二，占总面积近六成。"海洋量子号"虽然娱乐空间最小，但其在娱乐内容上进行大量创新，反而令人印象深刻，餐饮面积最大也有利于提高邮轮收益。

"辉煌号""海洋量子号"的餐饮区域相对面积占比更高。

"喜悦号"居住面积最小，但娱乐空间是最大的，约占邮轮面积的一半，这个设计可能是为了提升邮轮上商业的二次消费。

4）免费餐厅及付费餐厅比率

通过比较免费餐厅及付费餐厅面积占比，邮轮上以免费餐厅空间面积为主，平均约占整体餐厅空间的70%。

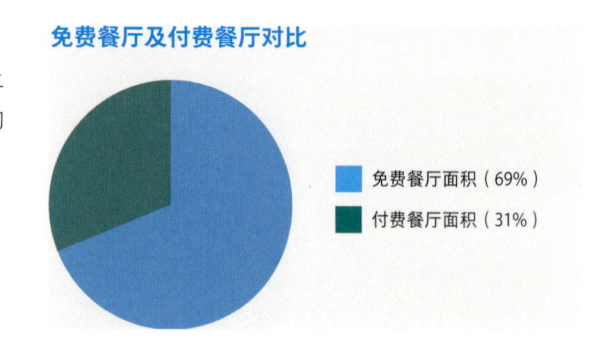

免费餐厅及付费餐厅对比

- 免费餐厅面积（69%）
- 付费餐厅面积（31%）

"盛世公主号"的免费餐厅面积占比最高，而"海洋量子号"的付费餐厅占比最高，远高于平均水平。

"辉煌号"的酒吧面积占比是最高的。（相较于全船总餐饮面积）

免费餐厅空间占比

船名	占比
辉煌号	49%
海洋量子号	54%
盛世公主号	74%
喜悦号	48%
15条船平均值	51%

付费餐厅空间占比

船名	占比
辉煌号	9%
海洋量子号	37%
盛世公主号	16%
喜悦号	23%
15条船平均值	23%

酒吧空间占比

船名	占比
辉煌号	42%
海洋量子号	9%
盛世公主号	10%
喜悦号	29%
15条船平均值	26%

5）套房、阳台房、海景房、内舱房占比

大型邮轮的房型主要由内舱房、海景房、阳台房及套房构成，阳台房最多，面积占比57%。（相较于全船总住宿面积）

套房、阳台房、海景房、内舱房占比

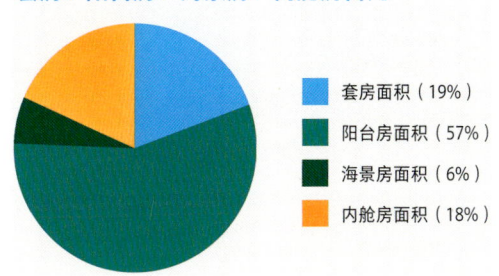

- 套房面积（19%）
- 阳台房面积（57%）
- 海景房面积（6%）
- 内舱房面积（18%）

对"辉煌号""海洋量子号"和"喜悦号"比较分析，"海洋量子号"和"喜悦号"增加了套房面积，相应减少了阳台房的面积占比。可以看出"喜悦号"对中国市场消费层级细分的一种考虑。

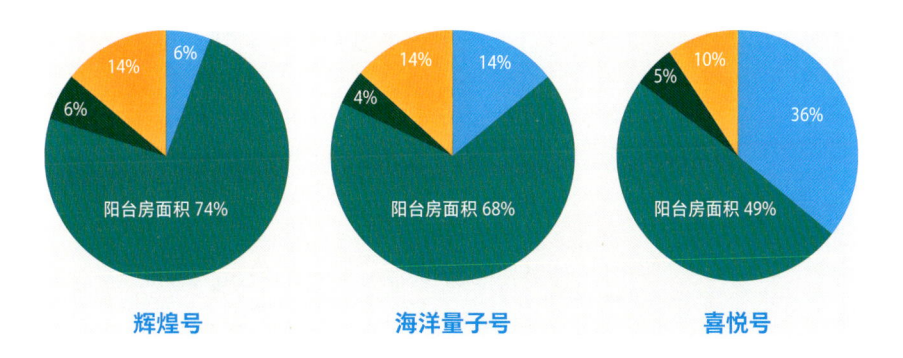

辉煌号：阳台房面积 74%，6%，14%，6%

海洋量子号：阳台房面积 68%，4%，14%，14%

喜悦号：阳台房面积 49%，5%，10%，36%

附录 4：邮轮中英文名称对照

爱达邮轮 / AIDA Cruises
1. 诺瓦号 / AIDA Nova
2. 珍珠号 / AIDA Perla
3. 普力马号 / AIDA Prima

嘉年华邮轮 / Carnival Cruise Lines
1. 胜利号 / Carnival Victory
2. 梦想号 / Carnival Dream
3. 凯旋号 / Carnival Triump
4. 地平线号 / Carnival Horizon
5. 狂欢号 / Carnival Ecstasy
6. 展望号 / Carnival Vista
7. 狂欢节号 / Mardi Gras

精致邮轮 / Celebrity Cruise
1. 爱极号 / Celebrity Edge
2. 水映号 / Celebrity Reflection

法兰西航运公司 / Compagnie Générale Transatlantique (CGT)
1. 诺曼底号 / SS Normandie
2. 法国号 / SS France

歌诗达邮轮 / Costa Cruises
1. 爱兰歌娜号 / Costa Allegra
2. 大西洋号 / Costa Atlantica
3. 经典号 / Costa Classica
4. 协和号 / Costa Concordia
5. 钻石皇冠号 / Costa Diadema
6. 佛罗伦萨号 / Costa Firenze
7. 幸运号 / Costa Fortuna
8. 地中海号 / Costa Mediterranea
9. 赛琳娜号 / Costa Serena
10. 斯梅拉达号 / Costa Smeralda
11. 托斯卡纳号 / Costa Toscana
12. 威尼斯号 / Costa Venezia
13. 维多利亚号 / Costa Victoria
14. 费德瑞克 C 号 / SS Federico C

水晶邮轮 / Crystal Cruises
1. 尚宁号 / Serenity
2. 和韵号 / Symphony

冠达邮轮 / Cunard Cruise
1. 毛里塔尼亚号 / RMS Mauretani
2. 玛丽皇后号 / RMS Queen Mary
3. 玛丽皇后 2 号 / RMS Queen Mary 2
4. 伊丽莎白女王 2 号 / RMS Queen Elizabeth 2

星梦邮轮 / Dream Cruises
1. 云顶梦号 / Genting Dream
2. 世界梦号 / World Dream

东方航运公司 / Eastern Navigation Company
1. 大东方号 / Great Eastern
2. 大西方号 / Great Western

汉堡 - 美洲航运公司 / Hamburg-Amerika Linie
维多利亚皇后号 / SS Kaiserin Auguste Victoria

劳埃德・特里斯蒂诺公司 / Lloyd Triestino
1. 大洋洲号 / Oceania
2. 非洲号 / Africa

地中海邮轮 / MSC Cruises
1. 荣耀号 / MSC Bellissima
2. 神曲号 / MSC Divina

3. 欧罗巴号 / MSC World Europa
4. 抒情号 / MSC Lirica
5. 传奇号 / MSC Meraviglia
6. 诗歌号 / MSC Poesia
7. 珍爱号 / MSC Preziosa
8. 海平线号 / MSC Seaview
9. 辉煌号 / MSC Splendida
10. 华彩号 / MSC Virtusa

北德意志劳埃德公司 / Norddeutscher Lloyd

诺唯真邮轮 / Norwegian Cruises Line
1. 畅悦号 / Noewegian Bliss
2. 史诗号 / Noewegian Epic
3. 畅意号 / Noewegian Getaway
4. 喜悦号 / Noewegian Joy
5. 之勇号 / Norwegian Spirit
6. 向阳号 / MS Sunward

大英轮船公司 /P&O
阿维亚号 / Arvia

公主邮轮 / Princess Cruises
1. 钻石公主号 / Diamond Princess
2. 至尊公主号 / Grand Princess
3. 盛世公主号 / Majestic Princess
4. 蓝宝石公主号 / Sapphire Princess

皇家加勒比国际游轮 / Royal Caribbean International
1. 海洋水手号 / Mariner of the Seas
2. 海洋绿洲号 / Oasis of the Seas
3. 海洋赞礼号 / Ovation of the Seas
4. 海洋量子号 / Quantum of The Seas
5. 海洋迎风号 / Rhapsody of the Seas
6. 海洋光谱号 / Spectrum of the seas
7. 海洋航行者号 / Voyager of The Seas

8. 海洋奇观号 / Wonder of the seas
9. 挪威之歌号 / Song of Norway
10. 北欧王子号 / Nordic Prince
11. 太阳海盗号 / Sun Viking

撒加邮轮公司 /Saga Cruises
1. 冒险精神号 / Spirit of Adventure
2. 探索精神号 / Spirit of Discovery
3 蓝宝石号 / Saga Sapphire
4. 珍珠号 / Saga Pearl II

意大利航运公司 / Società Italia di Navigazione-Italian Line
1. 格兰德伯爵号 / Conte Grand
2. 比安卡马诺伯爵号 / Conte Biancamano
3. 安德里亚·多利亚号 /Andrea Doria
4. 凯撒大帝号 /Giulio Cesare

丽星邮轮 /Star Cruises
1. 白羊星号 / MegaStar Aries
2. 摩羯星号 / MegaStar Capricorn
3. 射手星号 / MegaStar Sagittarius
4. 双子星号 / SuperStar Gemini
5. 狮子星号 / SuperStar Leo
6. 处女星号 / SuperStar Virgo

美国航运公司 / United States Lines
1. 美国号 / SS America
2. 合众国号 / SS United States

维珍邮轮 / Virgin Voyages
猩红女郎号 / The Scarlet Lady

白星邮轮 / White Star Line
泰坦尼克号 / RMS Titanic

参考文献

专　著

[1] （美）大卫 E. 奈. 百年流水线：一部工业技术进步史 [M]. 史雷，译. 北京：机械工业出版社，2017
[2] （德）魏伯乐，（瑞典）安德斯·维杰克曼. 翻转极限-生态文明的觉醒之路 [M]. 程一恒，译. 上海：同济大学出版社，2018
[3] （美）詹姆斯 P. 沃麦克，（英）丹尼尔 T. 琼斯，（美）丹尼尔·鲁斯. 改变世界的机器：精益生产之道 [M]. 余锋，张冬，陶建刚，译. 北京机械工业出版社，2015
[4] （美）杰弗里·韦斯特. 规模 [M]. 张培，译. 北京：中信出版社，2018，6.
[5] （英）亚当·斯密. 国富论 [M]. 孙善春，李春长，译. 北京：中国华侨出版社，2011
[6] （美）阿尔文·托夫勒. 未来的冲击 [M]. 黄明坚，译. 北京：中信出版集团，2018
[7] （美）罗伯特·文丘里，丹尼尔·斯科特·布朗，斯蒂文·艾泽努尔. 向拉斯维加斯学习 [M]. 徐怡芳，王健，译. 南京：江苏科学技术出版社，2017
[8] （美）罗伯特·文丘里. 建筑的复杂性与矛盾性 [M]. 周卜颐，译. 北京：中国建筑工业出版社，1991
[9] （美）布莱恩·阿瑟. 技术的本质：技术是什么，它是如何进化的 [M]. 曹东溟，王健，译. 杭州：浙江人民出版社，2018
[10] （美）芒福德. 技术与文明 [M]. 陈允明，王克仁，李华山，译. 北京：中国建筑工业出版社，2009
[11] 王笑宇. 中产阶层旅游：中外旅游目的地案例分析 [M]. 北京：中国社会科学出版社，2018
[12] 徐敏，汪民安. 物质文化与当代日常生活变迁 [M]. 北京：北京大学出版社，2018
[13] （法）让·波德里亚. 消费社会 [M]. 刘成富，全志钢，译. 南京：南京大学出版社，2014[14] 姚建华主编. 数字劳工：产消合一者和玩工 [M]. 北京：商务印书馆，2019
[15] （美）道格拉斯·霍尔特，道格拉斯·卡梅隆. 文化战略：以创新的意识形态建构独特的文化品牌 [M]. 汪凯，译. 北京：商务印书馆，2013
[16] （英）盖伊·朱利耶. 设计的文化 [M]. 钱凤根，译. 南京：译林出版社，2015
[17] （美）欧文·戈夫曼. 日常生活中的自我呈现 [M]. 冯钢，译. 北京：北京大学出版社，2008
[18] 李凌. 中国居民消费需求研究 [M]. 上海：上海社会科学院出版社，2016
[19] （荷）约翰·赫伊津哈. 游戏的人：文化中游戏成分的研究（Kindle 版本）[M]. 何道宽，译. 广州：花城出版社，2017
[20] （美）派恩二世，吉尔摩. 体验经济 [M]. 夏业良，鲁炜，译. 北京：机械工业出版社，2008
[21] （美）奇普·希思，丹·希思. 行为设计学：打造峰值体验（Kindle 版本）[M]. 靳婷婷，译. 北京：中信出版社，2018
[22] （美）大卫·林登. 寻找爽点（Kindle 版本）[M]. 覃薇薇，译. 杭州：浙江人民出版社，2018
[23] 郑也夫. 后物欲时代的来临（Kindle 版本）[M]. 北京：中信出版社，2016
[24] （美）玛丽·劳尔·瑞安. 故事变身 [M]. 张新军，译. 北京：译林出版社，2014
[25] （英）约翰·厄里，乔纳斯·拉森. 游客的凝视 [M]. 黄宛瑜，译. 上海：格致出版社，2016
[26] （美）托斯丹·凡勃伦. 炫耀性消费（Kindle 版本）[M]. 任海音，译. 北京：中国对外翻译出版有限公司，2012
[27] （英）齐格蒙特·鲍曼. 工作、消费主义和新穷人 [M]. 郭楠，译. 上海：上海社会科学院出版社，2021

[28]（美）B.J. 福格 . 福格行为模型 [M]. 徐毅，译 . 天津：天津科学技术出版社，2021

[29] 古镇煌 . 邮轮旅行秘笈（Kindle 版本）[M]. 北京：中信出版社，2016

[30]（美）丹尼尔 · 贝尔 . 资本主义文化矛盾 [M]. 蒲隆，赵一凡，任晓晋，译 . 北京：三联书店，1989

[31] 刘淄楠 . 大洋上的绿洲：中国游轮这十年 [M]. 北京：作家出版社，2019

[32] 符国群，彭泗清 . 中国城镇家庭消费报告 2016[M]. 北京：北京大学出版社，2016

[33]（美）丹尼尔 · 贝尔 . 后工业社会的来临 [M]. 高铦，王宏周，魏章玲，译 . 南昌：江西人民出版社，2018

[34]（美）罗兰 · 罗伯森 . 全球化：社会理论和全球文化 [M]. 梁光严，译 . 上海：上海人民出版社，2000

[35]（英）英国 DK 出版社著 . 社会学百科 [M]. 郭娜译 . 北京：电子工业出版社，2017

[36]（美）泰德 · 菲什曼 . 当世界又老又穷: 全球老龄化大冲击[M]. 黄煜文，译.北京: 生活 · 读书 · 新知三联书店，2018(2019 重印)

[37] 涂山 . 邮轮体验设计 [M]. 南京：江苏凤凰美术出版社，2021

[38]（美）瑞泽尔 . 汉堡统治世界？——社会的麦当劳化（20 周年纪念版）[M]. 姚伟，等译 . 北京：中国人民大学出版社，2014

[39] Ross Dowling，Clare Weeden.Cruise Ship Tourism[G]. CABI，2019

[40] Craig A. Munsart. A Cruise Ship Primer-History & Operation[M].Schiff[M]er Publishing，2015

[41] Klass Van Dokkum.Ship Knowledge[M].Dokmar Marintime Publisher B.V.，2011

[42] Gary · Bembridge. The Cruise Traveler's Handbook: How to find and enjoy unforgettable cruise vacations[M]. Full Flight Press，2021

[43] Philip Dawson. Cruise Ships-An Evolution in Design[M].Conway Maritime，2000

[44] Philip Dawson, Bruce Peter.Ship Style[M]. Conway，2011

[45] Douglas Ward. Berlitz 2019 Cruising & Cruise Ships[M]. Apa Publications (UK) Ltd., 2018

论　文

[1] 张言庆，马波，刘涛 . 国际邮轮旅游市场特征及中国展望 [J]. 旅游论坛，2010，3(04): 468-472.

[2] 孙晓东，倪荣鑫 . 中国邮轮游客的产品认知、情感表达与品牌形象感知——基于在线点评的内容分析 [J]. 地理研究，2018，37(06):1159-1180.

[3] 梅俊青，叶欣梁 . "包船模式"——中国邮轮旅游市场独特分销模式研究 [J]. 四川旅游学院学报，201 8(01):45-48.

[4] 鲍青青 . 邮轮业游客满意度调查分析——以丽星邮轮双鱼号为例 [J]. 旅游纵览（下半月），2014，(12):117.

[5] 陈梅，刘晶晶，崔枫，等 . 邮轮旅游者未来价值评估与潜类分析模型——以大陆，香港和台湾为例 [J]. 人文地理，2017，32(2):152-160.

[6] 张琦，石晶，张曙光，刘斌 . 迈尔豪华邮轮建造的生产组织模式与启示 [J]. 江苏船舶，2022，39(03):50-52.DOI:10.19646/j.cnki.32-1230.2022.03.016.

[7] 辛欣，马珑鑫，田旭冬，曲延瑞，刘伟 . 基于评论大数据聚类的中国邮轮游客用户画像构建 [J]. 装饰，2022(02):40-45. DOI:10.16272/j.cnki.cn11-1392.j.2022.02.002.

[8] 涂山 . 欲求的创造——现代邮轮体验设计的原点 [J]. 装饰，2022(02):12-18.DOI:10.16272/j.cnki.cn11-1392.j.2022.02.035.

[9] 刘岗，冼枫，陈芷薇，刘志国．邮轮定制化舱室中的标准模块化设计研究[J].装饰，2022(02):19-22.DOI:10.16272/j.cnki.cn11-1392/j.2022.02.001.

[10] 田壮，崔笑声．漂浮的博物馆：20世纪二三十年代法国邮轮的空间布局与装饰特征[J].装饰，2022(02):36-39.DOI:10.16272/j.cnki.cn11-1392/j.2022.02.034.

[11] 周瀚翔，崔笑声．基于中国首制邮轮室内设计的传统空间元素转化方法分析[J].工业工程设计，2021，3(03):71-83.DOI:10.19798/j.cnki.2096-6946.2021.03.011.

[12] 石晶，朱亚楠，万敏．芬坎蒂尼豪华邮轮建造的生产组织模式与启示[J].中国水运，2021(04):53-56.DOI:10.13646/j.cnki.42-1395/u.2021.04.018.

[13] 涂山，吴婷婷．邮轮还是游轮[J].艺术与设计（理论），2021，2(03):69-73.DOI:10.16824/j.cnki.issn10082832.2021.03.015.

[14] 田壮，崔笑声．空间体验与叙事——中国首制邮轮的设计方法分析[J].艺术与设计（理论），2021，2(03):64-68.DOI:10.16824/j.cnki.issn10082832.2021.03.014.

[15] 涂山．邮轮上的需求和消费符号的变迁[J].工业工程设计，2021，3(01):76-82.DOI:10.19798/j.cnki.2096-6946.2021.01.011.

[16] 汪行福．空间哲学与空间政治——福柯异托邦理论的阐释与批判[J].天津社会科学，2009(03):11-16.DOI:10.16240/j.cnki.1002-3976.2009.03.002.

[17] 蔡雅男，闫国东，梅俊青，刘双双．我国国产邮轮建造相关政策研究[J].中国水运（下半月），2018，18(01):35-37.

[18] 吕晋．现代日本邮轮旅游研究与分析[J].旅游纵览（下半月），2017(16):180-183.

[19] 金世源．基于中日韩比较的釜山邮轮港竞争力研究[D].上海社会科学院，2017.

[20] 刘萧．三菱重工转身[J].中国船检，2016(12):40-43.

[21] 刘军．规制视角的中国邮轮（旅游）母港发展研究[D].复旦大学，2011.

[22] 骆行有．邮轮船型特征及船型参数分析[J].船舶工程，2021，43(S1):188-193+222.

[23] 朱园园，程爵浩．全球邮轮船型参数发展趋势研究[J].海洋开发与管理，2021，38(07):37-42.

[24] 朱永斌，蒋旻昱．基于游客行为的现代邮轮空间设计研究[J].工业设计，2021(04):92-93.

[25] 衣博文，史达．文化适应与文化认同：基于中国邮轮游客的行为研究[J].云南民族大学学报（哲学社会科学版），2021，38(02):19-29.

[26] 孙晓东，林冰洁．谁主沉浮？全球邮轮航线网络结构及区域差异研究[J].旅游学刊，2020,35(11):115-128.

[27] 方茹茹，马仁锋，朱保羽，解鹏超．世界邮轮建造业的空间演化与区位分析[J].世界地理研究，2021，30(01):148-156.

[28] 赵志滨、刘欢、姚兰、于戈：《中文产品评论的维度挖掘及情感分析技术研究》[J]，《计算机科学与探索》，2018，12(03):341-349.

[29] Stephanie Newton.Meet Callie Tedder-Hares creative director for vigin vayages' first vessl[EB/OL]. (2019-05-03). https://cruiseshipinteriors-expo.com/meet-callie-tedder-hares-creative-director-for-virgin-voyages-first-vessel.

[30] Natashah Hitti.Tom Dixon designs retro-futurist suites for Virgin's first cruise ship[EB/OL].(2019-01-16). https://www.dezeen.com/2019/01/16/tom-dixon-scarlett-lady-virgin-voyages-cruise-ship-design.

[31] Richard H. Wagner.The art of design cruise ships:A conversation with ship archtitect Joseph Farcus[EB/OL].(2019-01-18). https://beyondships.com/Carnival-art-Farcus.html.

[32] Cheryl Rosen, CLIA Identifies Top Cruise Trends for 2019, Selling Tips for Agents.[EB/OL].(2018-12-17).
https://www.travelmarketreport.com/articles/CLIA-Identifies-TopCruise-Trends-for-2019-Selling-Tips-for-Agents.
[33] Rebecca Kleinman.This New $5 Billion Class of Cruise Ships Exceeds the Boundaries of Innovation[EB/OL].[2017-03-15].
https://www.architecturaldigest.com/story/celebrity-edge-cruise-ship-nate-berkus.
[34] Ayesha Khan.Aboard the World's Most High-Design Cruise Ship[EB/OL].(2019-01-03).
https://www.architecturaldigest.com/story/celebrity-edge-design.
[35] Ayesha Khan. Secrets of a cruise ship designer[EB/OL].(2017-10-27).
https://www.cntraveler.com/story/secrets-of-a-cruise-ship-designer.
[36] Faig Abbasov, Thomas Earl, Nicolas Jeanne, Bill Hemmings, Lucy Gilliam, and Carlos Calvo Ambel.
One Corporation to Pollute Them All –Luxury cruise air emissions in Europe[EB/OL].(2019-06).
https://www.transportenvironment.org/wp-content/uploads/2021/07/One%20Corporation%20to%20Pollute%20Them%20All_English.pdf.
[37] Øyvind Endresen, Eirik Sørgård, Jostein K. Sundet, Stig B. Dalsøren, Ivar S. A. Isaksen, Tore F. Berglen, Gjermund Gravir.
Emission from international sea transportation and environmental impact.[EB/OL].(2003-09-13).
https://agupubs.onlinelibrary.wiley.com/doi/full/10.1029/2002JD002898..

报 告

[1] 汪泓. 邮轮绿皮书：中国邮轮产业发展报告（2014）[M]. 北京：社会科学文献出版社，2014.
[2] 汪泓. 邮轮绿皮书：中国邮轮产业发展报告（2020）[M]. 北京：社会科学文献出版社，2020.
[3] 中国船级社. 邮轮规范 [S]. 北京：人民交通出版社，2017.
[4] 中国国家旅游局. 旅游饭店星级的划分与评定 GB/T 14308-2010[S]. 北京：中国标准出版社，2010.
[5] 达比咨询. 2018 年中国在线邮轮市场年度报告 [EB/OL]. (2019-01-11).
http://www.bigdata-research.cn/content/201901/914.html.
[6] CLIA.2019 Global Year In Review.
[7] CLIA.2019 Asia Deployment and Capacity – Cruise Industry Report[S].www.cliaasia.org
[8] CLIA.2019 Global Market Report.
[9] CLIA.2019 North American Market Report-update.
[10] CLI6984_US EIS Overview 2019_LIVE.
[11] Fincantieri.Fincantieri | Financial Data.
[12] Cruise Indutry News.CIN2019_Design Trends.
[13] Cruise Indutry News.CIN2021_Pandemic Cruising.
[14] Cruise Indutry News.CIN2021_Sustainable Sailing.

网络信息来源：

Cruise Market Watch： http://www.cruisemarketwatch.com

GP Wild International Ltd： http://www.gpwild.co.uk/index.html

Cruise Ship Deaths： http://www.cruiseshipdeaths.com

Cruise Junkie： http://www.cruisejunkie.com

Cruise Critic： http://www.cruisecritic.com

Cruise Deck Plans： https://www.cruisedeckplans.com/DP/deckplans/index.php

Cruise Europe： http://www.cruiseeurope.com/statistics

MedCruise： http://www.medcruise.com

Cruise Mapper： http://www.cruisemapper.com

达比咨询数据中心： http://www.bigdata-research.cn

Avalon: https://www.avalonwaterways.com/

Carnival： https://www.carnival.com/

Celebrity： https://www.celebritycruises.com

Costa： https://www.costachina.com

Costa： https://www.costacruises.com

Crystal Cruises: https://www.crystalcruises.com/

Fred Olsen: https://www.fredolsencruises.com/

Genting HK: https://www.gentinghk.com/

Hapag-Lloyd: https://www.hl-cruises.com/

Iberocruceros: https://www.costacruceros.es/

MSC Cruises: https://www.msccruises.co.za/

Norwegian Cruise Line: https：//www.ncl.com/

Orion: https：//au.exPeditions.com/

Paul Gauguin: https：//www.pgcruises.com/

RCCL： https://www.rcclchina.com.cn

SAGA： https://travel.saga.co.uk/cruises/ocean.aspx

SilverSea: https：//www.silversea.com/

Star Cruises： https://www.starcruises.com/us/en

Uniworld: https：//uniworld.com/

Windstar: https：//www.xanterra.com/what-we-do/cruises/

Cruise Lines International Association (CLIA)： https://www.cruising.org/

Friends of the Earth： https://www.foe.org/cruise-report-card

Florida Caribbean Cruise Association： http://www.f-cca.com/research.html

Fincantieri S.p.A： https://www.fincantieri.com/en

Meyer Werft GmbH： https://www.meyerwerft.de/en/

MV WERFTEN： https://www.mv-werften.com/en/ships/global.html

Atkins： https://m.atkinsglobal.com

DJDI： http://www.dejoriodesign.it

HBA： https://hba.com

Gensler： https://www.gensler.com

Kelly Hoppen Interior： https://kellyhoppeninteriors.com

Jouin Manku： http://www.patrickjouin.com/en/projects/jouin-manku/

Partner Ship Design： https://psd.de/en/shipdesign

Patricia Urquiola： https://patriciaurquiola.com

RTKL： https://www.callisonrtkl.com

Water Studio： https://www.waterstudio.nl

Wilson Bulter Architects： https://www.wilsonbutler.com/

WKK： https://wkkarchitects.com

STATISTA： https://www.statista.com

索 引

【1】（美）刘易斯·芒福德. 技术与文明 [M]. 陈允明，王克仁，李华山，译. 北京：中国建筑工业出版社，2009.P151

【2】刘淄楠. 大洋上的绿洲：中国游轮这十年 [M]. 北京：作家出版社，2019.P66

【3】（英）杰弗里·韦斯特. 规模 [M]. 张培译. 北京：中信出版社，2018.P17

【4】http://www.beachapedia.org/Cruise_Ship_Pollution#cite_note-8

【5】（美）大卫 E. 奈. 百年流水线：一部工业技术进步史（Kindle 版本）[M]. 史雷，译. 北京：机械工业出版社，2017.P174

【6】（美）布莱恩·阿瑟. 技术的本质：技术是什么，它是如何进化的 [M]. 曹东溟，王健，译. 杭州：浙江人民出版社，2018.P359

【7】（美）布莱恩·阿瑟. 技术的本质：技术是什么，它是如何进化的 [M]. 曹东溟，王健，译. 杭州：浙江人民出版社，2018.P99

【8】（美）大卫 E. 奈（David E. Nye）. 百年流水线：一部工业技术进步史（Kindle 版本）[M]. 史雷，译. 北京：机械工业出版社，2017. P861-862.

【9】涂山. 邮轮体验设计 [M]. 南京：江苏风凰美术出版社，2021.P212

【10】（美）瑞泽尔. 汉堡统治世界：社会的麦当劳化（20 周年纪念版）[M]. 姚伟，等，译. 北京：中国人民大学出版社，2013. P185

【11】（英）盖伊·朱利耶. 设计的文化 [M]. 钱凤根，译. 南京：译林出版社，2015.P239

【12】（英）约翰·厄里，（丹）乔纳斯·拉森. 游客的凝视（第三版，Kindle 版本）[M]. 黄宛瑜，译. 上海：格致出版社，上海人民出版社，2020.P926—934.

【13】Philip Dawson, Bruce Peter. Ship Style[M]. Conway, 2011.P116

【14】（意大利）Massimo Musio-Sale. 游艇设计：从概念到实物 [M]. 涂山，等，译. 北京：中国水利水电出版社，2017.P3

【15】（英）约翰·厄里，（丹）乔纳斯·拉森. 游客的凝视（第三版，Kindle 版本）[M]. 黄宛瑜，译. 上海：格致出版社，上海人民出版社，2020.P128—138

【16】（法）吉勒·利波维茨基. 轻文明（Kindle 版本）[M]. 郁梦非，译. 北京：中信出版社，2017.P431—432

【17】（英）约翰·厄里，（丹）乔纳斯·拉森. 游客的凝视 [M]. 黄宛瑜，译. 上海：格致出版社，上海人民出版社，2016.P138

【18】（法）吉勒·利波维茨基. 轻文明（Kindle 版本）[M]. 郁梦非，译. 北京：中信出版社，2017.P432—433

【19】Douglas Ward. Berlitz-2019 Cruising & Cruise Ships[M]. Apa Publications (UK) Ltd., 2018. P779

【20】（英）齐格蒙特·鲍曼. 流动的现代性 [M]. 欧阳景根，译. 北京：中国人民大学出版社，2017.P134

【21】Ross Dowling, Clare Weeden. Cruise Ship Tourism[G]. CABI 2019.P143

【22】（英）齐格蒙特·鲍曼. 工作、消费主义和新穷人（Kindle 版本）[M]. 郭楠，译. 上海：上海社会科学院出版社，2021. P453—462

【23】（美）大卫·林登. 寻找爽点（Kindle 版本）[M]. 覃薇薇，译. 杭州：浙江人民出版社，2018.P34

【24】（美）亚当·奥尔特. 欲罢不能 - 刷屏时代如何摆脱行为上瘾 [M]. 闫佳，译. 北京：机械工业出版社，2018.P60

【25】（英）约翰·沃克，朱迪·阿特菲尔德. 设计史与设计的历史 [M]. 周丹丹，易菲，译. 南京：江苏美术出版社，2011.P145

【26】（美）B.J. 福格. 福格行为模型（Kindle 版本）[M]. 徐毅，译. 天津：天津科学技术出版社，2021.P44

【27】（英）安迪·劳. 活在网络里 - 大升级时代的人类新进化 [M]. 郑长青，译. 北京：电子工业出版社，2018.P23

【28】（美）亚当·奥尔特. 欲罢不能 - 刷屏时代如何摆脱行为上瘾 [M]. 闫佳，译. 北京：机械工业出版社，2018.P30

【29】 古镇煌.邮轮旅行秘笈（Kindle版本）[M].北京：中信出版社，2016.P2122—2126

【30】（英）齐格蒙特·鲍曼.全球化：人类的后果[M].郭国良，徐建华，译.北京：商务印书馆，2013（2020.6重印）.P13

【31】（英）约翰·厄里，（丹）乔纳斯·拉森.游客的凝视（第三版，Kindle版本）[M].黄宛瑜，译.上海：格致出版社，上海人民出版社，2020.P2027—2031

【32】（美）罗兰·罗伯森.全球化：社会理论和全球文化[M].梁光严，译.上海：上海人民出版社，2000.P144

【33】（英）英国DK出版社.社会学百科[M].郭娜，译.北京：电子工业出版社，2017.P147

【34】（美）泰德·菲什曼.当世界又老又穷：全球老龄化大冲击[M].黄煜文，译.北京：生活·读书·新知三联书店，2018（2019重印）.P327

【35】符国群，彭泗清.中国城镇家庭消费报告2016[M].北京：北京大学出版社，2016.P12

【36】（美）杰佛瑞·戈比.你生命中的休闲[M].康筝，译.昆明：云南人民出版社，2000.P227

【37】海南省统计局2018年鉴

【38】Business Research & Economic Advisors.The Contribution of the International Cruise Industry to the U.S. Economy in 2019-CLIA[R]. 2020

【39】CLIA.2019 Global Market Report[R]

【40】上海社会科学院.国家高端智库.邮轮对中国的经济贡献研究报告[R].2021,P2

【41】Business Research & Economic Advisors. The Contribution of the International Cruise Industry to the U.S. Economy in 2019 CLIA[R]. 2020,P15

【42】文汇客户端，4570万人次！2019年上海口岸出入境人数位居全国首位……[EB/OL],
https://wenhui.whb.cn/third/baidu/202001/01/311734.html

【43】（美）丹尼尔·贝尔.后工业社会的来临[M].高铦，王宏周，魏章玲，译.南昌：江西人民出版社，2018（2019重印）.P9

【44】新华网，习近平在第七十五届联合国大会一般性辩论上的讲话（全文）[EB/OL],
https://baijiahao.baidu.com/s?id=1678546728556033497&wfr=spider&for=pc

【45】（加）德里克.德克霍夫.文化的肌肤：半个世纪的技术变革和文化变证（第二版）[M] 何道宽，译 北京：中国大百科全书出版社，2020.P336

【46】Cooper A. The Inmates are Running the Asylum: Why High-Tech Products Drive Us Crazy and How to Restore the Sanity [M]. New Jersey: Sams Publishing, 2004, 261.

【47】赵志滨、刘欢、姚兰、于戈：《中文产品评论的维度挖掘及情感分析技术研究》[J]，《计算机科学与探索》，2018.12(03)，P341—349

感　谢

　　本书的内容是以清华大学美术学院邮轮研究课题组部分调研成果为基础写成的。对邮轮基础的一手调研非常重要，但费时费力，即便花费了数年以及很多的人手的调研工作，却也未见的能说已经有了足够的研究基础。这只是一个开始，需要日后持续投入，保持更新和迭代才能得到有价值的产出。

　　书末附录是对三项调研工作的总结，调研内容和过程难以全面展现，在这里简单做个介绍。其中"清华大学美术学院邮轮用户问卷调研"2018年开始工作，2019年徐朝琦、晓帆、白明康、王守强、周静琦、刘岗、马亚龙等同志组成的小组分头登船调研，有多批次学生帮助进行了问卷数据梳理，最终整理完成；"中国邮轮乘客画像"则是在2021年课题组和北京师范大学心理学系用户体验方向的辛欣老师带领的团队 - 马珑鑫、吴倩倩、余悦、吴梓君、孙星、周泽楷合作进行通过问卷筛选访谈对象、并从大数据分析建立访谈的维度，抽离出游客本体的特征，借助 Ai 工具进行定量和定性研究推论中国邮轮用户画像；北京师范大学心理学系和清华大学美术学院环境艺术设计系的课程合作对于邮轮用户调研、访谈提供了非常重要的支撑，是院校合作和学科交叉的典型范例，这里要感谢北京师范大学心理学系王大华教授、刘伟老师、辛欣老师的支持；"近期下水的大型邮轮空间配比数据研究"则于2018年初开始由杨潇辉、王守强、何肖肖、周静琦、肖丽杰、徐朝琦通过建立数据库、统计相关的信息、核算数据并输入耗费近半年的时间完成的有关邮轮空间布局方面的数据库；同程旅游研究院提供了邮轮用户评论，并分享同程旅游宝贵的运营和调研数据，2019年同程的导游协助课题小组在不同的邮轮上进行调研问卷的分发、乘客的访谈并参与了焦点小组的活动，帮助调研工作打下了坚实的基础。

　　书中同时记录了2018-2022年期间课题组组织的多次研讨会和工作坊，参与的老师、专家以及学生很多难以计数，这样的活动的开展，特别是在疫情期间的活动，相当不易。参加的人员都克服了各种困难，把学术交流和研究碰撞放在了更重要的位置，彰显了求真务实的学术研究态度和精神。对当时的场景和内容回顾一直滋养着作者。

　　本书对调研结果使用大量分析图表，信息的可视化在本书占有重要的份额，陈芷薇在研究软件、整理信息绘制图表、排版设计上付出了大量精力和耐心，将调研信息呈现成为精美的图型，起了关键的作用；欧阳海莉设计绘制了不同的非常巧妙的分析比较图，邓书钦则设计绘制了典型7中邮轮用户人物形象；吴婷婷、陈芷薇、欧阳海莉、孙丽媛组成的编辑小组帮助校对、勘误整理细碎的信息，没有他们的努力和付出本书不可能得以出版。时光飞逝，白驹过隙，课题组吴婷婷去往日本、晓帆已远在加拿大，而孙俪媛也赴苏格兰留学，课题组许多其他成员也开枝散叶去往了不同的城市和单位，愿他们在做好本职工作的同时，有机会继续为中国的邮轮事业做出贡献。

　　书中的图片除了作者、调研团队拍摄、绘制和制作的以外，还使用了部分授权图片。感谢 Royal Caribbean International、MSC、Costa Crociere、谭平教授、Knude Hansen 授权使用相关的图片。课题研究期间在美院四年级综合设计课程当中以邮轮及文旅为课题教授学生在设计当中纳入更多的社会及文化要素的考量，书中录入了高斯宇、李夏溪、张善锐、欧阳海莉、巫鑫洁、赵航、孙丽媛、王峥杰、王逸然部分作业，以及参与这几年工作坊学生的概念设计作品，可以感受到学生们的不同的思考角度；本书同时采用的少量源于网络的图片，尽管通过邮件试图联系版权授权，但确实有未能得到回复的情况，在采用的时候注明了出处，感谢版权人的理解，如对图片使用有异议，请和作者联系。

　　写作过程中清华大学美术学院副院长方晓风教授、崔笑声老师一直给予我帮助、鼓励和建议，和他们的交流一直使我获益匪浅；本书的封面及内页排版由赵健教授进行指导，郭紫玉和江苏凤凰美术出版社应祖金编辑共同设计，多次的反复和调整使得本书延续了"邮轮体验设计"设计语言，保持了较高的设计水准和阅读的体验。

　　感谢杨国兵董事长、苏丹先生为本书写序。作为深耕船舶建造领域的"邮轮人"，杨董事长强调邮轮自主研发设计能力和本土化的进展，对国产邮轮提出了期许；而苏老师则将 2013 年的一个发言节选作序，逝去的时间愈发证明了他的先见之明。

　　感谢陈映秋先生、陈然峰总经理、马赛院长百忙之中为本书写下了珍贵的推介词。

　　最后感谢江苏凤凰美术出版社的方晓松主编、以及责任编辑王左佐对作者的耐心、帮助和理解，最终使此书得以面世。

感谢对本书以及相关研究的提供过支持单位：
中船集团外高桥造船厂
中船邮轮科技发展有限公司
爱达邮轮
北京师范大学心理学系
同程旅游
中国旅游车船协会邮轮游船游艇分会
清华大学教育基金会

本书由清华大学美术学院及信中利集团汪潮涌学长发起成立的清华大学水上环境及帆船教育交流基金支持出版。

图书在版编目（CIP）数据

人与船 / 涂山著. -- 南京：江苏凤凰美术出版社，
2023.10

ISBN 978-7-5741-0686-4

Ⅰ.①人… Ⅱ.①涂… Ⅲ.①旅游船-旅游业发展-
研究-中国 Ⅳ.①F592.68

中国版本图书馆CIP数据核字（2023）第189774号

责任编辑　王左佐

责任监印　唐　虎

责任校对　刁海裕

设计指导　赵　健

装帧设计　郭紫玉

书　　名	人与船
著　　者	涂　山
出版发行	江苏凤凰美术出版社（南京市湖南路1号　邮编：210009）
印　　刷	天津图文方嘉印刷有限公司
开　　本	787mm×1092mm　1/16
印　　张	14.5
版　　次	2023年10月第1版　2023年10月第1次印刷
标准书号	ISBN 978-7-5741-0686-4
定　　价	158.00元

营销部电话　025-68155675　营销部地址　南京市湖南路1号
江苏凤凰美术出版社图书凡印装错误可向承印厂调换